Domenica ⚭ Tobias Hofmann

In uns geh' durch unsere Zeit

Die Spiritualität Schönstatts in unserer Familie

Bibliografische Information der Deutschen Bibliothek

Die Deutsche Nationalbibliothek verzeichnet diese Publikation in der Deutschen Nationalbibliografie; detaillierte bibliografische Daten sind im Internet über http://dnb.ddb.de abrufbar.

In uns geh' durch unsere Zeit
Die Spiritualität Schönstatts in unserer Familie

Alle Rechte vorbehalten
©2024 Patris Verlag

Satz: Judith Bihlmaier, Vallendar
Druck: WIRmachenDRUCK GmbH, Backnang

ISBN: 978-3-946982-32-6

In dankbarer Verbundenheit gewidmet:

Maria-Theresia und Hubertus Brantzen
Judith und Andreas Gerner
P. Heinrich Walter (ISch) und P. Stefan Strecker (ISch)

und allen, die sich im Rahmen des Projektes der Akademie für Ehe und Familie engagieren.

Domenica ⚭ Tobias Hofmann

In uns geh' durch unsere Zeit

Die Spiritualität Schönstatts in unserer Familie

Inhaltsverzeichnis

Vorbemerkungen

> *„Die Stabilität einer Ehe hängt wesentlich davon ab, ob es dem Paar gelingt, der ehelichen Gemeinschaft einen tieferen Sinn zu geben und zu erhalten. Dieser Sinngrund ist eine lebenslange Aufgabe.“*[1]

Diese These von Hubertus Brantzen steht am Beginn dieses Buches. Für uns als Ehepaar und Eltern von drei kleinen Wirbelwinden liegt die derzeit täglich erfahrbare Sinnhaftigkeit unserer Ehe im Dasein für unsere Töchter. Uns ist wohl bewusst, dass diese Zeit mit den Kleinkindern, so schön und herausfordernd zugleich sie auch sein mag, nicht von Dauer ist. Einen tieferen Sinn unserer Ehe gilt es daher immer wieder neu, beziehungsweise weiter zu entdecken. Die Spur, die uns unsere Kinder dabei gelegt haben, zeigt uns, dass für uns nur etwas als wirklich sinnstiftend erfahren werden kann, das über uns hinausgeht. Eine weitere Spur ist unsere gemeinsame Grundlage und Verwurzelung im christlichen Glauben und die Beheimatung in der Spiritualität Schönstatts.

„In uns geh' durch unsere Zeit“ ist ein Zitat aus dem sogenannten Werkzeugslied Pater Joseph Kentenichs, das dieser in seiner Gefangenschaft im Konzentrationslager Dachau verfasst hat. ‚In uns geh durch unsere Zeit‘ drückt für uns als Ehepaar und Familie viel von

1 Brantzen, Hubertus: Mehr als Worte und Gefühle, Liebe leben in Partnerschaft, Ehe und Familie, Freiburg i. Br. 2022, S. 198.

dem aus, was die Spiritualität Schönstatts ausmacht. Drei Linien lassen sich für uns daraus ablesen:

1. Wir wollen als Familie etwas von dem Ausstrahlen, was unser Leben prägt. Durch unser Sein und Tun wollen wir hinweisen auf eine Wirklichkeit, die uns selbst übersteigt. Wir wollen hinweisen auf einen lebendigen Gott, der Grundlage und Quelle, Wegbegleiter und Zielpunkt unseres Lebens ist. Dieser Gott soll durch uns für andere erfahrbar sein und so ‚in uns durch diese Zeit' gehen.

2. Uns ist sehr wohl bewusst, dass im originalen Kontext dieser Liedzeile die Gottesmutter Maria mitgedacht ist, die in uns durch diese Zeit gehen soll um sie für Christus zu bereiten. Dieser marianische Aspekt, der im Titel dieses Buches mitschwingt, ist eine weitere Urdimension innerhalb der Spiritualität Schönstatts.

3. Das ‚durch unsere Zeit' verweist auf einen Realismus und eine Spiritualität, die kontext- und zeitgebunden attraktiv ist. Die Symbiose aus Kernelementen Schönstatts mit den Situationen und Rahmenbedingungen unserer Zeit ist etwas, das grundsätzlich zur DNA Schönstatts gehört. Jede Generation muss Schönstatt neu gründen und für sich und die eigene Zeit erschließen. Diese Aufgabe, die P. Kentenich formuliert, korrespondiert mit der urchristlichen Überzeugung seit Bestehen des Christentums, dass es immer eine Übersetzung der Botschaft des Evangeliums in die kulturellen, sozialen und zeitbedingten Lebenswirklichkeiten der Menschen braucht.

Ausgangspunkt und Fragestellung

„Entdecken Sie Gott! Suchen Sie ihn in den Seelen der Menschen und reden sie mit anderen darüber. Studieren Sie. Lernen Sie über Schönstatt und übersetzen Sie das, was Sie verstanden haben für andere Familien." So oder so ähnlich lautete der sinngemäße Auftrag eines Paters, den er an uns als Ehepaar im Rahmen einer Pfingsttagung für Familien formulierte.

Inspiriert von diesem Gespräch, einigen Vorträgen, den Gesprächen mit anderen Familien und im letzten auch durch einen inneren Impuls, haben wir uns dann die uralte biblische Frage gestellt: Wie soll das geschehen? (Lk 1,34a)

Zunächst haben wir in zahlreichen, wöchentlich stattfindenden Eheabend-Gesprächen darüber geredet, was für uns eigentlich Schönstatt ist, was diese Spiritualität für uns bedeutet und was aus unserer Erfahrung heraus Kernelemente dieser Spiritualität sind. Im nächsten haben wir vieles in Beziehung gesetzt: Wir haben Texte vom Schönstattgründer Pater Joseph Kentenich durchgearbeitet und für unsere Familie ins Hier und Heute übertragen. Wir haben Impulse aus unseren Gesprächen und den Texten für unsere Zeit und unsere Familie gedeutet und mit unseren Erfahrungen in Verbindung gebracht.

Diese persönlichen und familiären Erfahrungen sind der Resonanzraum für unsere Erkenntnisse.

Vorgehensweise

Im Rahmen dieser Ausführungen wird auf zwölf Aspekte der Spiritualität Schönstatts eingegangen. Jeder dieser Aspekte wird in einem eigenen Kapitel behandelt. Dadurch, dass die einzelnen Aspekte keineswegs trennscharf zu formulieren sind, wird es an unterschiedlichen Stellen immer wieder Querverweise auf ausführlichere Darstellungen an anderer Stelle dieses Buches geben. Einleitend zu allen Kapiteln findet sich ein kurzer aussagekräftiger Text von Pater Kentenich als Einstieg zum jeweiligen Thema. Dieser Kerngedanke wird dann kompakt erklärend theologisch, pädagogisch und psychologisch verortet.

Schließlich erfolgt jeweils die erfahrungstheologische Einordnung – gewissermaßen als Herzstück dieser Arbeit. Diese Erfahrungen sind persönliche Familien- und Lebensbeispiele aus unserer Familie. Uns ist sehr wohl bewusst, dass jeder Mensch und nochmal mehr jede Familie, unterschiedlich ist und vorgegebene Denkmuster allenfalls als Anmaßung wahrgenommen werden könnten. Unsere Ausführungen sollen an diesem Punkt daher ausdrücklich nicht als Handlungsanweisungen oder gar Nachahmungsempfehlungen verstanden werden. **Mit unseren persönlichen Erzählungen wollen wir einen Resonanzraum eröffnen, der andere Personen und Familien die Spur zur Melodie des jeweils eigenen Lebens eröffnet.** Wir wollen Ihnen als Lesende uns und einen Teil unseres Erfahrungsschatzes so zur Verfügung stellen, dass man an die ganz eigenen persönlichen inneren Kostbarkeiten gelangen kann.[2]

Am Ende eines jeden Kapitels stehen einige Impulsfragen für die persönliche Auseinandersetzung (auch als Ehepaar und Familie), sowie ein Gebets- oder Meditationstext, um die eigenen und gemeinsamen Gedanken vor Gott zu bringen. Die Fragen bieten in sich in der Regel so viel Potential, dass es sich lohnt, diese in einer angenehmen Atmosphäre zu thematisieren. Möglicherweise hilft es, wenn man sich exklusiv Zeit zu zweit nimmt und in einem Rahmen über die Themen ins Gespräch kommen kann, der es erlaubt auch längere, tiefere Gespräche zu führen, um miteinander zu wachsen. Herzliche Einladung dazu.

Wer sind „wir“?

Es ist in der Regel eher ungewöhnlich, wenn der literarische Ich-Erzähler aus der Perspektive eines kollektiven „Wir“ berichtet. Für den vorliegenden Text ist dieses „Wir“ aber das Mittel der Wahl. Hierbei handelt es sich eben nicht nur um eine rein literarische Erzählung, sondern um einen lebensgestützten Annäherungsversuch an die Spiritualität Schönstatts für Familien. Dem Grundsatz entsprechend „von Ehepaaren für Ehepaare“ bzw. „von Familien für Familien“ ist auch die vorliegende Abhandlung von *uns*, einem Ehepaar, geschrieben. Unabhängig davon wird es immer auch Erzählungen, Berichte und Beschreibungen geben, die aus der Position eines Ich-Erzählers geschrieben sind.

---

2 Vgl. ausführlich zum Thema Resonanz: Rosa, Hartmut: Resonanz, Eine Soziologie der Weltbeziehung, Berlin [6]2019.

Ich (Domenica) habe einen Bachelor in Wirtschaftswissenschaften und habe bisher bei einem mittelständischen Unternehmen im Supply Chain Management und der Exportkontrolle gearbeitet. Derzeit bin ich in einem Projekt für Ausbilderweiterbildung bei einem Bildungsträger angestellt.

Ich (Tobias) bin promovierter Theologe und arbeite im Erzbistum Freiburg als Pastoralreferent auf Dekanatsebene und bin derzeit intensiv mit dem großen Thema Kirchenentwicklung beschäftigt.

***

Domenica: „Möglicherweise ist das der geeignete Zeitpunkt um herauszustellen, wie sinnvoll diese Verbindung aus Theologie und Wirtschaft ist."

Tobias: „Zumindest ergänzen wir uns gut – nicht nur, was die jeweilige Profession angeht. Du hast die Zahlen und Fakten im Blick und schaust mit einem gesunden Realismus auf die Welt."

Domenica: „Während du dich manchmal bewundernswert leicht in abstrakten Theorien verlieren kannst. Ich schätze dabei aber sehr, dass du immer wieder diese Offenheit für Transzendenz mit einbringst oder praktisch ausgedrückt: Die gesunde Portion Gottvertrauen, die alle Zahlen übersteigt."

***

Ich (Tobias) zeige Domenica, welche Begriffe ich ausgewählt habe, um die Spiritualität Schönstatts hier zu beschreiben. Sie zeigt mir ihre. Die allermeisten unserer Begriffe sind deckungsgleich. Nachdem ich sie schließlich final zusammengefast habe, fragt sie verwundert: „Das sind also unsere zwölf Begriffe?"

Ich bin ein wenig irritiert aufgrund der Verwunderung und gebe ihr nur zurück: „Na klar, diese Begriffe sind in meinen Augen ein Kondensat unserer Gedanken, was die Spiritualität Schönstatts anbelangt."

„Ein Kondensat!", lacht meine Frau, „wo hast du das denn her? Versuch doch eine verständlichere Sprache an den Tag zu legen – und dabei sind wir noch nicht einmal bei theologischen Spezifika."

„Aber das Wort ‚Spezifika' ist besser?", ich schaue herausfordernd zu Domenica.

„Immerhin haben wir jetzt unsere Begriffe." Und wieder einmal ist eine Diskussion erfolgreich beendet – zumindest aus Domenicas Sicht.

Begriffsklärungen

Bei den hier angeführten Begriffsklärungen wird auf ‚Fachwörter' und Einzelbegriffe, die innerhalb eines der Kapitel relevant sind, verzichtet. Diese Erklärungen tauchen dann an Ort und Stelle im jeweiligen Text auf. Hier soll es vordringlich um allgemeine Begriffe gehen, die den Rahmen abstecken sollen, um Zugang zu den einzelnen Texten zu bekommen.

Die Seelen der Menschen sind ein Ort der Gotteserkenntnis und somit letztlich auch ein locus theologicus – ein Ort theologischer Erkenntnis. Diese Verortung von Theologie und Gotteserkenntnis im eigenen Leben ist kennzeichnend für die Spiritualität Schönstatts.[3] So war auch P. Kentenich „kein Fachmann und kein Bücherschreiber“[4], sondern ein Pädagoge, der immer wieder selbst vor allem auf erfahrungstheologischen Ursprung seiner Gedanken und Ausführungen hingewiesen hat.[5] Den Anspruch, annäherungshaft diese für Familien zu erschließen legt die Vorgehensweise nahe, konkret an der Erfahrungswelt einer Familie anzusetzen. Dies ist selbstredend immer subjektiv und persönlich. Dennoch soll hierin ein Reflexionshorizont eröffnet werden, der wiederum Resonanzraum für die je eigenen und persönlichen Erfahrungen anderer Familien sein kann und will. Um dem Vorwurf der reinen Subjektivität zu entgehen, soll eine kurze theologisch, pädagogisch und psychologisch fundierte Einordnung des jeweiligen Ausgangstextes erfolgen. Eine solche

3 In beeindruckender Weise zeigen die 84 ‚Fackelläufer von 2014' auf, was praktizierte Erfahrungstheologie innerhalb der Spiritualität Schönstatts bedeutet. Vgl. hierzu Geyer, Felix; Göttke, Peter; Jehle, Stephan und weitere: Jemand muss sie tragen!, Fackelläufer erzählen, Vallendar-Schönstatt 2015. Auch Bischof Michael Gerber greift auf Erfahrungstheologie zurück, wenn er unter anderem ausgehend von den Klettererfahrungen mit Patenkindern Überlegungen anstellt, wie gelebtes Christsein heute gelingen kann. Vgl. Gerber, Michael: Barfuß klettern, Ermutigungen für Christen heute, Freiburg i. Br. 2015.

4 Vautier, Paul: Maria, die Erzieherin, Vallendar-Schönstatt 1981, S. 299.

5 Vgl. ebd., S. 299.

Einordnung kann nur helfen anfänglich anzudeuten, wo und in welchem Rahmen die jeweiligen Positionen und Aspekte wissenschaftlich verortet sind. Dabei gibt es keine Anmaßung des Anspruchs auf Vollständigkeit. Das Herzstück dieser Arbeit stellt aber die Erfahrungstheologie dar. So sollen an entsprechenden Stellen Hinweise auf weiterführende Literatur gegeben werden, ohne diese in Gänze zu erläutern und einzuordnen.

Familie

Es scheint eigenartig, den Begriff „Familie" bei einer solchen Begriffsklärungsreihe aufzuführen, da doch jeder emotionale und sehr tiefe Bilder davon im Kopf und im Herzen hat, was Familie ist. Die große Zahl der Lebens-Konstellationen, die unter dem Begriff Familie subsumiert werden, macht es notwendig zu erklären, was wir innerhalb dieses Buches unter dem Begriff ‚Familie' verstehen. Für uns ist Familie der Ort gelebter Beziehung, wo Eltern als Vater und Mutter mit ihren Kindern zusammenleben.

Kinderlose Paare, gleichgeschlechtlich lebende Paare, egal ob mit oder ohne Kindern, alleinerziehende und verwitwete Menschen, so genannte Patchworkfamilien und noch viele mehr, sind für uns Realitäten unserer Zeit – auch sie sind Familie. Unsere Ausführungen lassen sich bis zu einem gewissen Grad analogiehaft auch auf diese Familienkontexte beziehen. Das zu konkretisieren, übersteigt aber den Rahmen dieses Buches und wird daher hier nicht weiter thematisiert.[6]

6 Vgl. exemplarisch weiterführend die Insa-Familienstudie:

Wir sind davon überzeugt, dass Familien die unersetzbar wichtigen Fundamente und Keimzellen für unsere Gesellschafft und Kirche(n) sind. In Zeiten, in denen der Megatrend des Individualismus und die Gefahr der Vereinzelung und Vereinsamung[7] um sich greift, gilt es die Lernorte von Beziehung hochzuhalten. In diesem Sinne ist die Familie ein Imperativ unserer Zeit. P. Kentenich selbst hat das Familienwerk 1945 als jüngstes und wichtigstes Kind der Schönstattbewegung angesehen und es als „Fundament und Krone“[8] bezeichnet.[9]

Gott

Nachdem nun Familie begrifflich umrissen wurde, nun auch noch ‚Gott‘? Zurecht wird man einwenden, dass man Gott nicht fassen könne und schon gar nicht in einem Kurztext der Vorbemerkungen. Uns geht es vielmehr darum, einige Prämissen der Gottesrede vorne weg zu benennen. Genauer gesagt vier Prämissen, auf denen unsere Erfahrung aufbaut.

---

https://www.insa-consulere.de/wp-content/uploads/2022/05/PM-Familienstudie-2022.pdf (zuletzt aufgerufen am 06.06.2023).

7 Vgl. https://www.zukunftsinstitut.de/dossier/megatrends/ (zuletzt aufgerufen am 06.06.2023).

8 Martin, Nobert: Dr. Friedrich Kühr, Eine Biographie an Hand von Dokumenten, Gesprächen und Berichten, Vallendar-Schönstatt 1975, S. 75.

9 Vgl. Brantzen, Hubertus: Familienwerk, Familienbewegung, in: Brantzen, Hubertus; King, Herbert; Penners, Lothar; Pollak, Gertrud; Schlosser, Herta; Schmiedl, Joachim und Wolf, Peter (alle Hg.): Schönstattlexikon, Fakten Ideen Leben, Vallendar-Schönstatt [2]2002, S. 81f. Hier S. 82.

1. Wir gehen davon aus, dass es Gott gibt.
2. Wir gehen weiter davon aus, dass wir diesen Gott erfahren können.
3. Außerdem denken wir diesen Gott als personalen Gott – durchaus gut christlich als den Dreifaltigen.
4. Und schließlich sind wir davon überzeugt, dass es dieser Gott gut mit den Menschen und im Letzten auch mit uns persönlich meint.

Grundsatzfragen zu diesen einzelnen Aspekten werden im Rahmen dieser Abhandlung gestreift, aber nicht allgemeingültig beantwortet – sofern das überhaupt möglich ist. Grundsatzfragen wie: Die atheistische Frage nach Gott; die Frage nach einer Rechtfertigung Gottes (Theodizee) und die Frage nach Gott als reinem Abstraktum; die Frage nach Gott als bloßem Produkt menschlicher Einbildung und die Frage nach Gottes Rolle im Angesicht von Bösem und Schlimmem in der Welt.

Auch wenn die Existenz Gottes begründet angenommen wird, kultivieren doch unsere Zweifel an ihm im Letzten unser eigenes Gottesbild. Sie sorgen dafür, dass Gott nicht als bloßes dogmengeschichtliches Faktum, sondern als Gott des Lebens erfahrbar bleibt.

Psychologie

P. Kentenich war selbst kein Psychologe in dem Sinn, wie heute das Wort verstanden wird. Dennoch bindet er viele Lebensprozesse und -vorgänge an psychologische

Erkenntnisse, soweit sie ihm bekannt waren, beziehungsweise überhaupt schon erforscht worden sind. Als seine größte psychologische Wissensquelle benennt er die unzähligen Erfahrungen, bei denen er selbst als Beichtvater und Seelsorger aus den Biographien und Seelen der Menschen lernen durfte. Vielfach werden heute für psychologische Phänomene wie sie P. Kentenich beschreibt andere Begriffe verwendet. Er selbst hatte nie den Anspruch wissenschaftlicher Psychologe zu sein, so dass viele seiner Aussagen auf diesem Gebiet aus heutiger Perspektive einer Rückbindung an die wissenschaftliche Psychologie bedürfen, um die Erkenntnisse und psychologischen Implikationen innerhalb der Spiritualität Schönstatts zu reflektieren, zu verantworten und für die Zukunft fruchtbar werden zu lassen. Dennoch lässt sich festhalten, dass die Offenheit und der Blick für psychologische Vorgänge und Probleme, verbunden mit der Fähigkeit, diese mit aktuellen und historischen Positionen zu vergleichen und in einer ungewöhnlichen, lebensmäßigen Kraft der Zusammenschau zu integrieren, den Ansatz Pater Kentenichs auszeichnet.[10] Psychologie und psychologische Erkenntnisse sind für ihn selbstverständlich integraler Bestandteil der Spiritualität Schönstatts, da er die allgemein gegebenen Gesetzmäßigkeiten in der Entwicklung des Menschen auf Gott als den großen Psychologen und Schöpfer aller Dinge ansieht, der in den Menschen diese Grundlagen gelegt hat.

---

10 Vgl. Czarkowski, Hans: Psychologie als Organismuslehre, Joseph Kentenich und die moderne Psychologie unter besonderer Berücksichtigung der Tiefenpsychologie, Vallendar-Schönstatt 1978, S. 256.

Schönstatt

Schönstatt ist zunächst ein physischer Ort in der politischen Gemeinde in Vallendar bei Koblenz. Schönstatt ist aber auch gleichzeitig der Name der internationalen, apostolischen Bewegung, die dort entstanden ist. Gegründet wurde diese Bewegung von P. Joseph Kentenich. Es handelt sich dabei um eine kirchliche Bewegung, die föderal strukturiert ist und sich als Teil der römisch-katholischen Kirche versteht. Einige Adjektive, die die Bewegung beschreiben sind marianisch, pädagogisch, geistlich, sendungsbewusst, persönlichkeitsbildend, christlich, zukunftsorientiert und gründungsbewusst, inspiriert, aktiv, familienbewusst, gemeinschaftlich und menschlich. Für uns ist die Schönstattbewegung unsere geistliche Heimat.

Spiritualität

Spiritualität ist ein geläufiges Wort, das hier die Praxis eines geistlichen Lebens meint. In der Spiritualität Schönstatts finden sich viele Schätze der katholischen Tradition, die es keinesfalls exklusiv in dieser Bewegung gibt. Darüber hinaus gibt es auch einige Formen und Inhalte, die sich als genuin „schönstättisch“ bezeichnen lassen, wie etwa die marianische Bündnisfrömmigkeit[11] oder die Bindung an die sogenannten Schönstatt-Kapellchen (Heiligtümer) und deren Wirksamkeit.

11 Vgl. Wolf, Peter: Spiritualität, in: Brantzen, Hubertus; King, Herbert; Penners, Lothar; Pollak, Gertrud; Schlosser, Herta; Schmiedl, Joachim und Wolf, Peter (alle Hg.): Schönstattlexikon, Fakten Ideen Leben, Vallendar-Schönstatt ²2002, S. 383-384.

Zur Person: Pater Joseph Kentenich (1985 – 1968)

Die Geschichte und Spiritualität Schönstatts ist aufs Engste verbunden mit der Person ihres Gründers, Pater Joseph Kentenich (1985-1968). So kann einer seiner Mitarbeiter, Günther Boll festhalten, dass es ihm häufig in der Sprechweise bei den persönlichen Begegnungen mit P. Kentenich aufgefallen sei, dass P. Kentenich sehr oft ‚Schönstatt hat …' oder ‚Schönstatt ist …' gesagt hat und damit nicht selten meinte ‚Ich habe …' oder ‚Ich bin …'.[12] Diese Nähe zwischen Gründer und Gründung ändert sich auch nicht durch die sogenannte Causa Kentenich. Ausgangspunkt hierfür sind Vorwürfe gegenüber seiner Person des geistlichen und sexuellen Missbrauchs. Die endgültige Bewertung der intensiven Studien- und Quellentexte steht noch aus. Um sich ein eigenes Bild der Lage zu verschaffen, sei an dieser Stelle auf die entsprechenden Dokumente verwiesen.[13] Allem Anschein nach ließen sich die Vorwürfe des sexuellen

---

12 Vgl. Boll, Günther: … vor allem mein Herz, Joseph Kentenich – Pädagoge und Gründer, Vallendar-Schönstatt 2012, S. 43.

13 Vgl. Dokumente zur Geschichte der Schönstattbewegung:

- Aguirre, Eduardo (Hg.): Berichte der Bischöflichen und Apostolischen Visitationen 1949-1953, Vallendar-Schönstatt, 2021.
- Dokumente zur Geschichte der Schönstatt-Bewegung, Aguirre, Eduardo (Hg.): Korrespondenz und Ansprachen zur Bischöflichen Visitation 1949, Briefverkehr zwischen Pater Kentenich und Weihbischof Dr. Bernhard Stein, Trier, Vallendar-Schönstatt, 2022.
- Aguirre, Eduardo (Hg.): Auseinandersetzung mit dem Heiligen Offizium, Der Briefverkehr zwischen Pater Kentenich und Generalrektor Turowski SAC, Bd. 1-3, Vallendar-Schönstatt, 2022/2023.

Missbrauchs nicht bestätigen. Um die Frage nach geistlichem Missbrauch zu bewerten, bedarf es sicherlich neben wissenschaftlich fundierten Historikern auch die Einschätzungen von Pädagogen und Psychologen, die die Wissenslage vor dem Hintergrund ihres jeweiligen Fachgebietes ebenfalls untersuchen.

Pater Kentenich hat Zeit seines Lebens unzählige Vorträge gehalten, Briefe verfasst, Gespräche geführt, Gedankengänge niedergeschrieben und vieles mehr. Dennoch lässt sich zudem grundsätzlich festhalten, dass P. Kentenich kein Wissenschaftler im eigentlichen Sinne war und vielfach auch nicht den Anspruch hatte, mit seinen Vorträgen und Ausführungen in einen theologisch, pädagogisch oder auch psychologisch wissenschaftlichen Diskurs zu treten.[14] Das stellt eine adäquate wissenschaftliche Beschäftigung mit seinen Thesen und Ausführungen vor zahlreiche Herausforderungen. Mindestens ebenso herausfordernd ist das Aufgreifen psychologischer Phänomene aus dem ‚Lesen der Seelen'

14 Vgl. Vautier, Paul: Maria, die Erzieherin, Vallendar-Schönstatt 1981, S. 16f. Vautier charakterisiert P. Kentenich eher als „Anreger" (ebd., S. 300), denn als Fachtheologen. So kann er auch treffend festhalten: „Nimmt man ihn als Fachtheologen und misst man seine Darlegungen mit den Maßstäben, die man an ein theologisches Lehrbuch anlegt, ist man enttäuscht über das Fehlen von Aussagen, die er gar nicht machen will, und geht vielleicht am Wertvollsten vorbei, weil es noch nicht in einer ‚wissenschaftlichen Form' vorliegt. Es ist auch nicht sachgerecht, auf die Jagd nach gewagten und überspitzten Ausdrücken zu gehen. Solche kann man [...] viele finden. Hält man sich aber bei diesen Einzelfragen auf, kommt man nicht zum Verständnis der Gesamtkonzeption. Diese kann nur durch Zusammenschau von vielen inhaltlich ähnlichen Einzelaussagen gewonnen werden, und indem man sich bemüht, den Überblick über das Ganze zu erreichen." Ebd., S. 300.

heraus. Vieles von dem, was für ihn im Laufe der Jahre zur Gewissheit geworden ist, hat er durch zig-fache Beobachtung und Erfahrung innerer, menschlicher Vorgänge, aus der Erfahrung als Seelenführer beziehungsweise geistlicher Begleiter gewonnen. Auch die Tatsache, dass er sehr geschichtsbewusst die geistlichen Vorgänge aus den historischen Entwicklungen der Schönstattbewegung und seiner Biographie gedeutet und herausgelesen hat, zeugt einerseits zwar von einem faszinierend kindlichen, vorsehungsgläubigen Grundvertrauen gegenüber einem geschichtsmächtigen Gott, zum anderen aber lässt sich dies nur schwer als Quelle oder Erkenntnisgrund objektivieren.

Dennoch soll an dieser Stelle wenigstens ein kurzer biographischer Abriss folgen, um die zentralen Meilensteine der Schönstattgeschichte und der Biographie ihres Gründers zu benennen, so dass die spirituellen Ausführungen in den jeweiligen Kontext verortet werden können.[15]

- Am 16. November 1885 wird der kleine Joseph Kentenich als uneheliches Kind der Eltern Katharina Kentenich und Matthias Koep in Gymnich bei Köln geboren.

15 Die biographischen Daten und Wegpunkte sind größtenteils aus der Biographie Mengedodt, Karl-Heinz; Pollak, Gertrud; Schmiedl, Joachim: In seinem Herzen ein Feuer, Joseph Kentenich 1885-1968, Vallendar-Schönstatt 1999, S. 138-143, entnommen. Das korrigierte Geburtsdatum ist dem Buch Schlickmann, M. Dorothea: Die verborgenen Jahre, Pater Joseph Kentenich Kindheit und Jugend (1885-1910), Vallendar-Schönstatt 2007, S. 21 entnommen.

- Am 12. April 1894 mit neun Jahren muss Katharina Kentenich schweren Herzens ihren Sohn Joseph ins Waisenhaus nach Oberhausen geben. In der dortigen Kapelle weiht sie den kleinen Joseph der Gottesmutter, indem sie sie bittet, dass sie nun als Mutter und Erzieherin auf ihn aufpassen solle.

- Im Juli 1904 schließt Joseph Kentenich das Nachwuchsgymnasium der Pallotiner in Koblenz-Ehrenbreitstein ab und tritt im September ins Noviziat der Pallotiner in Limburg ein. Die uneheliche Herkunft Joseph Kentenich erschwert beziehungsweise verunmöglicht viele Wege dem Wunsch nachzukommen Priester zu werden.

- Am 08. Juli 1910 wird Joseph Kentenich nach mehreren Jahren Theologiestudium und zahlreichen persönlichen Höhen und Tiefen schließlich in Limburg zum Priester geweiht.

- Im Oktober 1912 wird der junge Pater, Joseph Kentenich, als Spiritual in das neu gebaute Studienheim der Pallottiner in Schönstatt eingesetzt. Am 27. Oktober hält er den Schülern und Studenten den Vortrag, der später als Vorgründungsurkunde Schönstatts bekannt wird: *„Ich stelle mich euch hiermit vollständig zur Verfügung mit allem, was ich bin und habe: mein Wissen und Nichtwissen, mein Können und Nichtkönnen, vor allem aber mein Herz."*[16]

- Nachdem im April 1914 die Marianische Kongregation im Studienheim in Schönstatt gegründet

16 Kentenich, Joseph: Schönstatt, Die Gründungsurkunden, Schönstatt-Verlag (Hg.), Vallendar-Schönstatt ^{7}1995, S. 11f.

wurde, wird derselben die alte Friedhofskapelle – das Michaelskapellchen – zur Verfügung gestellt. Am 18. Oktober 1914 hält P. Kentenich dann den Vortrag der als Gründungsurkunde Schönstatts bekannt wird: *„Ich möchte diesen Ort gerne zu einem Wallfahrts-, zu einem Gnadenort machen für unser Haus und für die ganze deutsche Provinz, vielleicht noch darüber hinaus. Alle, die hierher kommen, um zu beten, sollen die Herrlichkeit Mariens erfahren und bekennen: Hier ist wohl sein, hier wollen wir Hütten bauen, hier soll unser Lieblingsplätzchen sein!"*[17]

- Am 20. August 1919 wird in Hörde der Apostolische Bund gegründet. P. Kentenich entscheidet sich bewusst dafür nicht anwesend zu sein, so dass er sicher sein konnte, dass nicht ***seine persönlichen*** Vorstellungen zum Tragen kamen. Er vertraute ganz der inneren Führung Gottes und auf die Begleitung der Gottesmutter.

- Nachdem P. Kentenich für die Arbeit der aufkeimenden Schönstattbewegung freigestellt wurde und seit 1921 auch Frauen in den Apostolischen Bund aufgenommen wurden, werden am 01. Oktober 1926 die Schönstätter Marienschwestern gegründet.

- Von 1929-1941 gibt P. Kentenich zahlreiche Exerzitienkurse für Priester, er leitet diverse Tagungen und führt die Gründung des Schönstattwerkes fort.

- Am 20. September 1941 wird P. Joseph Kentenich von der Gestapo in Koblenz verhaftet. Nachdem er am 18. Oktober aus der Dunkelhaft entlassen wurde

17 Ebd., S. 24.

ist er noch bis Anfang März 1942 im Gewahrsam der Gestapo in Koblenz. Am 20. Januar 1942 entscheidet er sich bewusst gegen eine Untersuchung mit dem wahrscheinlichen Ausgang der Lagerunfähigkeit, um sein Leben und die Schönstattfamilie wieder ganz der Führung Gottes anzuvertrauen.

- Am 13. März 1942 kommt er im Konzentrationslager in Dachau an und wird im Block der polnischen Priester (später dann der deutschen Geistlichen) inhaftiert. Am 06. April 1945 wird er aus dem KZ entlassen. Während seiner Zeit im Konzentrationslager verfasst er heimlich diverse Schriften und hält Vorträge, er führt die Gründung Schönstatts im KZ fort. So gründet er neben den Marienbrüdern am 16. Juli 1942 beispielsweise mit Friedrich Kühr zusammen das Schönstätter Familienwerk. Am 17. Dezember 1944 wird der Schönstätter Karl Leisner in Dachau zum Priester geweiht. Am 26. Dezember feiert dieser dann dort seine erste und gleichzeitig einzige beziehungsweise letzte Messe.

- Während bereits 1936 die ersten Marienschwestern nach Chile und 1938 in die Schweiz geschickt wurden, sind es die Schwestern in Uruguay, die mit dem Kapellchen ‚Nueva Helvecia' das erste Filialheiligtum als Nachbildung des Michaelskapellchens errichten.

- Am 14. März 1947 hat P. Kentenich eine Privataudienz bei Papst Pius XII. In diesem Jahr kann er mit Hilfe vatikanischen Diplomatenvisums seine erste Südamerikareise (Argentinien, Brasilien, Chile, Uruguay) antreten. Auch die USA und Südafrika werden von ihm besucht.

- Im Februar 1949 wird das im Jahr zuvor, 1948, neu errichtete Säkularinstitut der Marienschwestern bischöflich visitiert. Im Rahmen seiner zweiten Südamerikareise verfasst P. Kentenich ein vergleichsweise scharf formuliertes Antwortschreiben auf den Visitationsbericht. Dieses legt er am 31. Mai auf den Altar des neu errichteten Heiligtums in Bellavista/Santiago de Chile. Dieser 31. Mai 1949 geht als sogenannter dritter Meilenstein in die Schönstattgeschichte ein, da dort die (Sonder-)Ideen, Spiritualität und Grundzüge Schönstatts von P. Kentenich bewusst zur Disposition und dem Urteil der kirchlichen Autoritäten unterstellt wurden.

- In der Karwoche 1951 folgt dementsprechend die päpstliche Visitation des Schönstattwerkes. In der Folge wird P. Kentenich ins kirchliche Exil geschickt und von Leitungsämtern innerhalb der Schönstattbewegung enthoben. Am 21. Juni 1952 kommt P. Kentenich in Milwaukee an, wo er in den kommenden Jahren als Seelsorger der deutschen Gemeinde in Milwaukee aktiv ist. Im Rahmen dieser Tätigkeit tut er sich vor allem auch als Familienseelsorger und -begleiter hervor. Im Rahmen des Erlaubten engagiert sich P. Kentenich entsprechend der Auflagen weiter für die Schönstattfamilie. Mit dem überraschenden Konzilsbeginn 1962 beginnt auch die kirchliche Neubewertung Schönstatts und der Person Pater Kentenichs.

- Durch ein nicht mehr rekonstruierbares Telegramm wird P. Kentenich am 13. September 1965 nach Rom bestellt. Am 20. Oktober werden die kirchlichen Sanktionen gegen P. Kentenich durch das Hl.

Offizium aufgehoben. Kurz darauf am 22. Oktober bestätigt Papst Paul VI. diesen Beschluss. Pater Kentenich wird durch Bischof Höffner in den Klerus der Diözese Münster aufgenommen und darf weiterhin ‚Pater' genannt werden.

- Am 08. Dezember 1965 hält P. Kentenich einen Vortrag in Belmonte, der die Schönstattbewegung auf die nachkonziliare Sendung der Kirche verpflichtet, dem Tag des Endes des Zweiten Vatikanischen Konzils (1962-65). Am 22. Dezember 1965 empfängt Papst Paul VI. P. Kentenich im Rahmen einer Audienz. An Heiligabend 1965 kehrt P. Kentenich nach 14 Jahren des kirchlichen Exils nach Schönstatt zurück und feiert die Weihnachtsmesse im Urheiligtum.

- Am 15. September 1968 verstirbt Pater Joseph Kentenich nach der Feier in der am 09. Juni konsekrierten Dreifaltigkeitskirche auf Berg Schönstatt. Die ehemalige Sakristei, sein Todesort, wird zum Ort seiner letzten Ruhestätte. Am 20. September wird er dort beigesetzt.

Auswahl ausführlicher Biographien über P. Joseph Kentenich:

- Feldmann, Christian: Gottes sanfter Rebell, Vallendar-Schönstatt 2005.

- Monnerjahn, Engelbert: P. Joseph Kentenich, Ein Leben für die Kirche, Vallendar-Schönstatt 1975.

- Schlickmann, M. Dorothea: Josef Kentenich, Ein Leben am Rande des Vulkans, Freiburg 2019.

Kapitel 1: Maria

Maria, die Erzieherin oder „Wer erzieht hier eigentlich wen?“

O-Ton P. Kentenich: Mit Maria hoffnungsfreudig und siegesgewiss in die neueste Zeit

Am 15. September 1968 starb P. Kentenich in der damaligen Sakristei der neuen Dreifaltigkeitskirche auf Berg Schönstatt. Eine Woche zuvor am 7.9.1968 schrieb er ein Grußwort für die Teilnehmenden der Schönstattfamilie am Katholikentag in Essen. Sein Wunsch: Hinein in die Kirche! „Mit Maria hoffnungsfreudig und siegesgewiss in die neueste Zeit! Wie wenn der Gründer geahnt hätte, dass dieses Grußwort sein letztes Wort, gleichsam sein Testament sein würde, fasst es im Rückblick auf die Schönstattgeschichte im Horizont der Zeit und im Blick auf die Kirche die Überzeugung seiner marianischen Sendung und damit auch sein eigenes Leben zusammen.“[18]

„Seit 1914 haben wir uns Jahr für Jahr wachsend durch unser Liebesbündnis mit der MTA (Mater ter admirabilis = Maria) sinngemäß zu der Parole verpflichtet: Mit Maria hoffnungsfreudig und siegesgewiss in die neueste Zeit! Alle verflossenen Jahre hindurch war unser Blick unausgesetzt auf das neueste Zeitenufer für

18 Locher, Peter; Niehaus, Jonathan; Unkel, Hans-Werner; Vautier, Paul (alle Hg.): Kentenich Reader, Band I, Dem Vater begegnen, Vallendar-Schönstatt 2008, S. 246.

Welt und Kirche gerichtet. So wollen alle literarischen Äußerungen über die Zeit aufgefasst werden. Wir wissen, dass wir ob dieser Einstellung lange von kirchlichen Kreisen, die sich unausgesetzt am alten Zeitenufer zu einseitig orientierten, nicht verstanden wurden. Unser Liebesbündnis verpflichtete beide Partner. Wir wollten uns ihr, Maria, vollkommen ausliefern, uns von ihr erziehen lassen. Und sie, die große Volks- und Völkererzieherin, hat sich verpflichtet, uns von ihrem Heiligtume aus an sich zu ziehen, um uns zu erziehen zu brauchbaren Werkzeugen in ihrer Hand für die marianische Christusgestaltung der kommenden Welt zur Verherrlichung des Vaters. Wie beide Partner ihre Aufgabe gelöst haben, ist uns bekannt. Wir haben das ja alle selber mehr oder weniger miterlebt. Sie hat sich nicht nur als meisterhafte Erzieherin von Elite und Masse vom Heiligtum aus erwiesen. Sie hat sich nicht nur als große Missionarin, die unausgesetzt seelische Wandlungs-, Fruchtbarkeits- und Beheimatungswunder gewirkt hat, sondern sie hat sich auch im Raum der vielfältigen Gliederungen der Familie als glänzende Reformatorin der menschlichen Gesellschaft im Kleinen und als Schlachtenleiterin im Kampf für Christus und gegen alle diabolischen Mächte bewährt. […] Mit dieser Haltung schreiten wir hinaus in die Zukunft. Wir tun es mit der Parole: Mit Maria hoffnungsfreudig und siegesgewiss in die neueste Zeit! […] Ich glaube fest, dass nie zugrunde geht, wer treu zu seinem Liebesbündnis steht.“[19]

---

19 Kentenich, Joseph: Propheta locutus est. Vorträge und Ansprachen von Pater J. Kentenich aus seinen drei letzten Lebensjahren, Grußwort vom 07.09.1968 anlässlich des Katholikentages in Essen, in: Locher, Peter; Niehaus, Jonathan; Unkel, Hans-Werner; Vautier, Paul (alle Hg.):

Einordnende Kommentierung: Maria

„Was geht mich die Mutter Jesu an, wenn sich mein Glaube um Jesus Christus bewegt?“[20], so fragt Gisbert Greshake polemisch einleitend zu seinem Werk über Maria. In seiner Kurzzusammenfassung aus dem Jahr 2016 analysiert er danach treffend: „Diese minimalistische, um nicht zu sagen: ganz fehlende positive Einstellung zu Maria ist (auch) eine Folge des Zweiten Vatikanischen Konzils, das ungewollt aber *faktisch* den besonders seit der Neuzeit in der katholischen Kirche herrschenden Überschwang in Sachen Maria kräftig reduzierte und damit – so Joseph Ratzinger – ‚einen Kollaps in der [bis dahin praktizierten] Mariologie‘[21] herbeiführte.“[22] Ob man denn dann für den christlichen Glauben Maria überhaupt noch brauche, beziehungsweise ob es nicht auch im Katholischen ohne sie ginge, zitiert er den großen evangelischen Theologen Karl Barth.[23] Für die Spiritualität der Schönstattbewegung ist so eine Anfrage eine Herausforderung, dem Anspruch gerecht zu werden Maria als wirkmächtige,

---

Kentenich Reader, Band I, Dem Vater begegnen, Vallendar-Schönstatt 2008, S. 246f.

20 Greshake Gisbert: Maria ist die Kirche, Aktuelle Herausforderungen eines alten Themas. Kevelaer 2016, S. 10.

21 Ratzinger, Joseph: Erwägungen zur Stellung der Mariologie und Marienfrömmigkeit im Ganzen von Glaube und Theologie. In: ders. und von Balthasar, Hans-Urs (beide Hg.): Maria – Kirche im Ursprung, Einsiedeln-Freiburg [5]2005, S. 15-30. Hier: S. 22.

22 Greshake Gisbert: Maria ist die Kirche, Aktuelle Herausforderungen eines alten Themas. Kevelaer 2016, S. 10.

23 Ebd., S. 10.

tatsächliche Person zu künden. Eine Person, die in Kirche und Welt auch heute noch durch ihr Wirken und Sein als eine Realität erfahrbar ist.

Domenica: „Bist du nicht der Meinung, dass das ein zu steiler und komplizierter Einstieg in diesen Kommentierungsteil ist? Das klingt doch sehr wissenschaftlich abgehoben …

Tobias: „Wissenschaftlich abgehoben – wir wollen doch einordnen und kommentieren. Da braucht es doch auch ein gewisses theologisches Grundgerüst."

Domenica: „Greshake, Ratzinger, Barth … Aus meiner Sicht sind das viel zu viele Männer, wenn es doch um die Frau Maria gehen soll."

Tobias: „Sollen wir das trotzdem so stehen lassen?"

Domenica: „Lass es ruhig stehen. Ich bin nur daran interessiert, dass diese beeindruckend mutige junge Frau aus Nazareth nicht hinter diesen mariologischen Ausführungen verschwindet."

So ist Maria eine zentrale Person in der Spiritualität Schönstatts. Sie wird als die große Erzieherin verehrt und wird sehr eng in Bezug auf die drei göttlichen Personen gesehen: In lautmalerischen Metaphern, als Mutter und Braut des Sohnes, als Kind des Vaters, als Gefäß des Geistes. P. Kentenich spricht davon, dass sie eine Stimme im Rat des dreifaltigen Gottes habe.[24] In

24 Vautier, Paul: Maria, die Erzieherin, Vallendar-Schönstatt 1981, S. 73. Vautier weist in diesem Kontext darauf hin, dass dieses Stimmrecht im Sinne Kentenichs keinesfalls exklusiv der Gottesmutter zuzuschreiben sei, sondern schlichtweg allen Getauften zukäme (vgl. ebd., S. 73). Vgl. dazu auch bspw. Kentenich, Joseph, Unsere marianische Sendung, Vorträge auf der Liebfrauenhöhe, Mai-Juni 1966, S. 30f.

der Theologie gibt es mit der Mariologie einen eigenen Zweig, der sich mit Maria auseinandersetzt. In den Dokumenten des Zweiten Vatikanischen Konzils wird Maria explizit im Rahmen der Kirchenkonstitution Lumen Gentium verortet. Davon ausgehend lässt sich die derzeitige kirchlich theologische Position zu Maria wohl am ehesten als ekklesiologische Mariologie bezeichnen. Das lässt sich dann auch wieder in der Arbeit von Greshake erkennen. Dem entgegen ist der Ansatz Pater Kentenichs vor allem einer, der den Menschen Maria in den Mittelpunkt stellt. Seine Mariologie ließe sich wohl am ehesten als anthropologische Mariologie einordnen, die um die heilsgeschichtliche Dimension erweitert wird: Maria als der vollerlöste Mensch. Paul Vautier ergänzt hierbei, dass P. Kentenich der Meinung war, dass die Bedeutung Marias in der Kirche der Zukunft erheblich zunehmen und die Theologie das Verhältnis Mariens zu den Gläubigen noch mehr herausarbeiten würde. Vautier sieht diese faktische Bestätigung durch das achte Kapitel von Lumen Gentium gegeben, das sich seiner Meinung nach schon wesentlich mit der Mariologie Kentenichs decke. Im deutschsprachigen Raum nahm P. Kentenich, gemäß den Ausführungen von Vautier, die Vorbehalte gegenüber einer marianischen Spiritualität als tief verwurzelt an. [25]

---

25 Vgl. Vautier, Paul: Maria, in: Brantzen, Hubertus; King, Herbert; Penners, Lothar; Pollak, Gertrud; Schlosser, Herta; Schmiedl, Joachim und Wolf, Peter (alle Hg.): Schönstattlexikon, Fakten Ideen Leben, Vallendar-Schönstatt [2]2002, 242-246. Hier: S. 245f. Vautier weist auf die Diskrepanz hin, dass P. Kentenich das achte Kapitel von Lumen Gentium zwar „als großartige Bestätigung für sein Marienbild auffasste" (Vautier, Paul: Maria, die Erzieherin, Vallendar-Schönstatt 1981,

Domenica: „Jetzt schwebst du wieder."

Tobias: „Wie meinst du das?"

Domenica: „Man gewinnt bei Formulierungen wie ‚vollerlöster Mensch' oder ‚ekklesiologische Mariologie' einen sehr abgehobenen Eindruck. Lass uns konkreter werden und nicht den Eindruck vermitteln, dass Maria entrückt und gottgleich dargestellt wird."

So könnte man den Eindruck gewinnen, dass Maria als entrückt und gottgleich dargestellt wird. Tatsächlich wird in vielen Ausführungen P. Kentenichs aber deutlich, dass es ihm gerade nicht darum geht Maria ihr Mensch-Sein abzusprechen – ganz im Gegenteil. Alles Menschliche im Wesen Mariens wird besonders hervorgehoben. Für P. Kentenich ist sie schlicht das Bild des erlösten Menschen als solches und nicht ein von vornherein über die Maßen mit Gnaden gesegnetes Wesen. Mit Vautier lässt sich zudem festhalten, dass die Originalität Schönstatts im Marianischen nicht in der Darstellung oder Auslegung des biblischen und dogmatischen Marienbildes liegt, sondern vor allem in seiner pädagogischen und pastoralen Dimension.[26]

S. 321), aber vergleichsweise spärlich darauf in den seinen Ausführungen 1965-1968 einging.

26 Vgl. etwa Vautier, Paul: Maria, in: Brantzen, Hubertus; King, Herbert; Penners, Lothar; Pollak, Gertrud; Schlosser, Herta; Schmiedl, Joachim und Wolf, Peter (alle Hg.): Schönstattlexikon, Fakten Ideen Leben, Vallendar-Schönstatt ^{2}2002, S. 243.

In Schönstatt ist die Wirkung der Gottesmutter erfahrbar. Es sind jedoch nicht die physischen Wunder, die von ihr ausgehen. Vielmehr wird Maria als die große Erzieherin verehrt, die Königin und Mutter, die beim seelischen, inneren Wachstum tatkräftig mitwirkt. Vautier bringt dies auf den Punkt, wenn er im Sinne P. Kentenichs davon schreibt, dass die mütterliche Aufgabe Marias uns gegenüber als Erziehungsaufgabe anzusehen ist und auch eine „Abkehr vom Wunderhaften und eine Zuwendung zum Alltag“[27] bedeutet. Dennoch lässt sich feststellen, dass sich bei dem breiten Spektrum der marianischen Verkündigung P. Kentenichs vielfach Referenzen zu sämtlichen biblischen Bildern, Ausführungen zu allgemeinen Mariendarstellungen und Bezug zu den marianischen Dogmen finden – auch wenn es sich dabei nicht um den Kern des schönstättischen Marienbildes ‚Maria als Erzieherin‘ handelt.[28]

In Anlehnung an Mathias Joseph Scheeben, einem bedeutenden Dogmatiker des 19. Jahrhunderts, befasst sich P. Kentenich ausgiebig mit dem sogenannten ‚Personalcharakter Mariens‘ und betont dabei besonders das Fundamentalprinzip der Gefährtenschaft Christi

27 Vautier, Paul: Maria, die Erzieherin, Vallendar-Schönstatt 1981, S. 316. Vautier weist in diesem Zusammenhang darauf hin, dass mit der Einbeziehung des Erziehungsgeschehens eine persönliche Nähe ausgesprochen wird, „die jeden herausfordert und all jenen ärgerlich erscheinen wird, die mit ‚Erziehung‘ nichts Positives verbinden können“ (ebd., S. 317).

28 Vgl. Vautier, Paul: Maria, in: Brantzen, Hubertus; King, Herbert; Penners, Lothar; Pollak, Gertrud; Schlosser, Herta; Schmiedl, Joachim und Wolf, Peter (alle Hg.): Schönstattlexikon, Fakten Ideen Leben, Vallendar-Schönstatt [2]2002, S. 244.

als Braut, Gefährtin und Partnerin (sponsa, socia, consors) als das der Gottesmutterschaft.[29] P. Kentenich ging es prinzipiell nicht darum, die Schönstattbewegung auf theologische Spezialfragen zu reduzieren – auch nicht im mariologischen Bereich. Dennoch lässt sich festhalten, dass er oft in Bezug auf den Personalcharakter Mariens von der „Zweieinheit von Christus und Maria“[30] gesprochen hat um Maria als die amtliche Dauergefährtin und Dauerhelferin Christi beim Erlösungswerk zu verdeutlichen.[31] Vautier arbeitet zudem heraus, dass auch die Interpretation der marianischen Dogmen in der Spiritualität Schönstatts vor allem aus einer eher pädagogisch-psychologischen Perspektive geschieht, um die anthropologische Prägung Mariens als die Erzieherin, die selbst das Vorbild des angestrebten neuen Menschen ist, zu verdeutlichen.[32] Bei der Auslegung der marianischen Dogmen nimmt vor allem das Dogma der Unbefleckten Empfängnis von 1854[33] einen

29 Vgl. ausführlich Vautier, Paul: Maria, die Erzieherin, Vallendar-Schönstatt 1981, S. 64-120.

30 Vgl. bspw. Kentenich Joseph: Marianische Werkzeugsfrömmigkeit, gehalten April-Juni 1944, bearbeitete Nachschrift durch Freitag, Maria, Schönstatt-Vallendar 1974, hier u.a.: S. 73.91.148.154. Vgl. zudem Vautier, Paul: Maria, die Erzieherin, Vallendar-Schönstatt 1981, S. 67, Fußnote 93.

31 Vgl. Vautier, Paul: Maria, in: Brantzen, Hubertus; King, Herbert; Penners, Lothar; Pollak, Gertrud; Schlosser, Herta; Schmiedl, Joachim und Wolf, Peter (alle Hg.): Schönstattlexikon, Fakten Ideen Leben, Vallendar-Schönstatt ²2002, S. 245.

32 Vgl. ebd., S. 245. Vgl. dazu auch Ders.: Maria, die Erzieherin, Vallendar-Schönstatt 1981, S. 163-166.

33 Papst Pius IX.: Bulle „Ineffabilis Deus" vom 8. Dezember 1854, in: Denzinger, Heinrich und Hünermann, Peter (Hg.): Kompendium der

großen Raum ein. Dabei ist für P. Kentenich zunächst die Frage zentral, wie Gott den Menschen ursprünglich gedacht hat (Paradies und Urstand) und weniger die negative Abgrenzung (Bewahrung vor der Erbsünde). Ihm geht es auch hier vor allem um die anthropologische Deutung und Dimension, des positiven Aspekts der natürlichen und übernatürlichen Lebensfülle.[34] Auch die biblischen Auslegungen P. Kentenichs orientieren sich am (Glaubens-)Weg Mariens und wollen Maria als gegenwärtig wirksame, am ‚Erlösungswerk Christi' beteiligte Frau herausstellen.[35] Er setzt damit andere Akzente als eine bis dahin häufig als ‚Privilegienmariologie' bezeichnete Stellung Mariens in der katholischen Theologie und Darstellung Mariens.

Domenica: „Sollen wir das hier nicht irgendwie auf den Punkt bringen."

Tobias: „Du hast Recht."

Domenica: „Lass uns doch die zwei Linien von Vautier zusammenfassen."

Vautier fasst daher treffend zusammen, dass es zwei Linien sind, die die Mariologie Schönstatts charakterisieren: Zum einen eine anthropologische und zum

---

Glaubensbekenntnisse und kirchlichen Lehrentscheidungen, verbessert, erweitert, ins Deutsche übertragen unter Mitarbeit von Hoping, Helmut, Freiburg im Breisgau, Basel, Rom, Wien [37]1991, 2800–2804, S. 774–776.

34 Vgl. Vautier, Paul: Maria, in: Brantzen, Hubertus; King, Herbert; Penners, Lothar; Pollak, Gertrud; Schlosser, Herta; Schmiedl, Joachim und Wolf, Peter (alle Hg.): Schönstattlexikon, Fakten Ideen Leben, Vallendar-Schönstatt [2]2002, S. 245.

35 Ebd., S. 245.

anderen eine heilsgeschichtliche, die sich beide in der Darstellung von Maria als Erzieherin treffen.[36] Dazu gehört als zentrales Charakteristikum Schönstatts das sogenannte Liebesbündnis: Ein Bündnis mit Maria. Dieses aus freiem Willen geschlossene Bündnis charakterisiert sich vor allem durch zwei Elemente: die lokale Gebundenheit (ans Kapellchen, ans Haus- und Herzensheiligtum) und die Gegenseitigkeit.[37] Die Beziehung zu Maria soll eine konkrete sein. Ausführlicher wird dieses Bündnis in Kapitel 2 dieses Werks beschrieben.[38] Maria soll als Erzieherin im Alltag der Menschen erfahrbar sein. Es geht in erster Linie nicht darum in außerordentlichen Aufgaben und Gebetsanliegen die Wirkweise Mariens zu erfahren, sondern im alltäglichen Leben mit all den ‚normalen' Sorgen und Herausforderungen, den ganz gewöhnlichen Aufgaben, Wünschen und Hoffnungen. Interessanterweise wird die Beziehung zu Maria innerhalb der Spiritualität Schönstatts in erster Linie als eine menschliche

---

36 Vautier, Paul: Maria, die Erzieherin, Vallendar-Schönstatt 1981. Hier: S. 300. Vautier formuliert dazu weiter, dass gerade vor dem Hintergrund „vieler wunderhafter Privilegienmariologien und Marienbücher, die den Geist frommer Unmündigkeit atmen, [...] die Nüchternheit und das Ernstnehmen der freien, aktiven Persönlichkeit der Gläubigen in der Mariologie wichtig" (ebd., S. 317) ist, weil sie für den Markenkern schönstättischer Spiritualität von großer Relevanz wäre.

37 Vgl. etwa Vautier, Paul: Maria, in: Brantzen, Hubertus; King, Herbert; Penners, Lothar; Pollak, Gertrud; Schlosser, Herta; Schmiedl, Joachim und Wolf, Peter (alle Hg.): Schönstattlexikon, Fakten Ideen Leben, Vallendar-Schönstatt [2]2002, S. 242-246.

38 Vgl. weiter unten Kapitel 2: Das Liebesbündnis oder „Warum ich mein Einhorn mit anderen teilen würde".

Beziehung gedeutet und der kultische Aspekt tritt dabei eher in den Hintergrund.[39]

Domenica: „Das finde ich jetzt verständlich und wichtig, dass wir das so herausstellen."

Tobias: „Sollen wir jetzt noch was zu Pädagogik oder Psychologie schreiben?"

Domenica: „Für P. Kentenich war das immer wichtig. Von daher macht das schon Sinn. Wir sollten nur schauen, dass wir es kompakt halten …"

Die Marienfrömmigkeit in der Spiritualität Schönstatts und die darin verankerte Bindung an die Gottesmutter wollen mehr sein, als lediglich psychologisch begründete Bindungsunterstützung. Dennoch dient für P. Kentenich die Psychologie neben der Theologie, der Pädagogik und den zahlreichen subjektiven Erfahrungen als ein Fundament auf dem er die Begründung an die Bindung zu Maria ansiedelt. So kann P. Kentenich beispielsweise davon sprechen, dass Maria „als menschliche Veranschaulichung des mütterlichen Prinzips in Gott verhindert […], dass der Gottesgedanke sich in Abstraktheit und Ferne verflüchtigt."[40] Dieser Gedanke basiert auf der entwicklungspsychologischen Erkenntnis, wonach vor allem die Bindung an die Mutter als erste Bezugsperson überhaupt maßgeblich ist für das Ausbilden des sogenannten Grundvertrauens

39 Vgl. Vautier, Paul: Maria, die Erzieherin, Vallendar-Schönstatt 1981, S. 301.

40 Kentenich, Joseph: Dass neue Menschen werden: Eine pädagogische Religionspsychologie, Tagung von 1951, Vallendar-Schönstatt 1971, S. 76.

beziehungsweise Urvertrauens.[41] Dieses Vertrauen ist – mit Erik Erikson gesprochen – grundlegend für weitere Bindungen an sich selbst, an andere Menschen und zur Welt: „Mit ‚Vertrauen' meine ich das, was man im Allgemeinen als ein Gefühl des Sich-Verlassen-Dürfens kennt, und zwar in Bezug auf Glaubwürdigkeit anderer wie die Zuverlässigkeit seiner selbst. Wenn ich davon als *Ur*-Erfahrung spreche, so meine ich damit, dass weder diese noch die später hinzutretenden Komponenten sonderlich bewusst sind."[42] Der Kinderarzt Donald Winnicott weist hierbei besonders darauf hin, dass die Mutter-Kind-Bindung eine notwendige ist, da erst durch die Ich-Stützung der mütterlichen Fürsorge das Kind befähigt wird, sich zu entwickeln beziehungsweise überhaupt zu leben.[43] John Bowlby seinerseits begründet ausgehend von der Theorie des Urvertrauens die Vorrangstellung der Mutter dem Vater gegenüber:

41 Vgl. Erikson, Erik: Identität und Lebenszyklus, Berlin [29]1973, S. 62. In der theologischen Deutung dieses Urvertrauens nimmt Hans Küng wohl eine Extremposition ein, die anthropologisch so nicht zu halten ist: Er vertritt die These, dass Urvertrauen ohne Gottesglaube letztlich ins Nichts führt und demzufolge erst in der Religion die eigentliche Begründung erfährt (vgl. Küng, Hans: Existiert Gott?, Antwort auf die Gottesfrage der Neuzeit, München 1978, S. 618 und S. 627). P. Kentenichs Denkansatz würde dem entgegen wohl eher die These Wolfhart Pannenbergs stützen, wonach das Urvertrauen letztlich in Gott gründet und bereits ein erster Hinweis auf die unbedingte göttliche Liebe ist (vgl. Pannenberg, Wolfhart: Anthropologie in theologischer Perspektive, Göttingen 1983, S. 223f.).

42 Erikson, Erik: Identität und Lebenszyklus, Berlin [29]1973, S. 62.

43 Vgl. Winnicott, Donald: Reifungsprozesse und fördernde Umwelt, 3. Auflage der unveränderten Neuauflage von 2001 der deutschen Erstausgabe, Berlin 1974, S. 48.

„Vom Standpunkt des kleinen Kindes betrachtet, spielt der Vater nur die zweite Geige, und seine Bedeutung vergrößert sich nur in dem Maß, als es lernt selbstständiger zu werden."[44] Ob diese These Bowlbys so heute noch zu halten ist, sei dahingestellt. Grundsätzlich beinhaltet die Mariologie P. Kentenichs aber genau diesen entwicklungspsychologischen Aspekt. So verweist P. Kentenich darauf, dass Gott als der große Pädagoge genau dies in den Blick nimmt und dieses Urbedürfnis einer Mutter dadurch zu stillen versucht, dass er Maria als menschliche Mutter jedem persönlich als Bindungsschlüssel und Gotteszugang zur Verfügung stellt. Angelika Schulz erläutert dieses kentenichianische Denken, indem sie schreibt, dass „Maria […] als Muttergestalt tiefliegende Grunderfahrung [bestätigt] und […] sie quasi an die Transzendenz (an)bindet."[45] Mit Blick auf die psychologische Relevanz der Mutter ist es mit der Psychologin Gertraud Diem-Wille wichtig ergänzend hierzu zu betonen, dass prinzipiell auch eine andere Bezugsperson, ein anderes sogenanntes „Primärobjekt"[46] als die Mutter für den Säugling so eine Bindungsperson sein kann.[47] Hierbei erscheint die Ergänzung von Winnicott hilfreich, der vom notwendigen „mütterlichen

44 Bowlby, John: Mutterliebe und kindliche Entwicklung, München/Basel 1972, S. 13.

45 Schulz, Angelika: Identitätsbindung, Der Pädagoge Pater J. Kentenich und die Identitätstheorie von Erik H. Erikson, Vallendar-Schönstatt 1995, S. 105.

46 Diem-Wille, Gertraud: Das Kleinkind und seine Eltern, Perspektiven psychoanalytischer Babybeobachtungen, Stuttgart 2003, S. 84.

47 Vgl. Diem-Wille, Gertraud: Das Kleinkind und seine Eltern, Perspektiven psychoanalytischer Babybeobachtungen, Stuttgart 2003, S. 84f.

Einfühlungsvermögen"[48] spricht und damit ausdrücken will, dass die Mutter um die Bedürfnisse ihres Kindes weiß, wenn dieses auch noch nicht in der Lage ist dieselben zu kommunizieren. In Anlehnung an die entwicklungspsychologischen Prämissen von Erikson, wonach in den ersten drei Lebensjahren nacheinander Bindungen relevant werden (zuerst die Mutter, dann kommt der Vater dazu und schließlich schließt der Nahbereich mit Geschwistern und Großeltern, sprich Familie, an), sieht P. Kentenich auch eine organische Hinführung des Menschen zur Transzendenz. So ist für ihn zunächst der Zugang über die mütterliche Person Maria hin zu einem väterlichen, göttlichen Du, das dann weiterführt zu einer Christusbeziehung, die in sich die Offenheit für andere Menschen beinhaltet. Festzuhalten bleibt, dass durch das Fördern der Relation zwischen Mutter und Kind das Urvertrauen wächst, das letztlich auch die Grundlage für alle späteren Beziehungen und im Letzten auch für das Gottvertrauen sein kann. Diese Mutter-Kind-Beziehung ist analoghaft auch als psychologische Begründung für die Beziehung auf die Gottesmutter hin anwendbar – weniger als Notwendigkeit, sondern eher als sinnvolle Option um in der Übernatur verwurzelt zu werden und gebunden zu sein. Erikson selbst zieht in Bezug auf seine Theorie des ‚Urvertrauens' die analoghafte Parallele zur Gottesmutter: „Das innere Licht der Mutter-Kind-Welt, das die Madonnendarstellungen als so ausschließlich und sicher vermittelt haben […] darf tatsächlich nicht aufhören, durch

48 Winnicott, Donald: Reifungsprozesse und fördernde Umwelt, 3. Auflage der unveränderten Neuauflage von 2001 der deutschen Erstausgabe, Berlin 1974, S. 48.

das Chaos vieler Krisen hindurch zu leuchten, seien es zufällige oder Reifekrisen."[49]

Domenica: „Ich hab' den Eindruck, dass wir das fast zu ausführlich dargestellt haben."

Tobias: „Meinst du?"

Domenica: „Ja, für diese überblicksartige, einordnende Kommentierung geht das doch zu sehr in die Tiefe."

Tobias: „Ich denke aber, dass wenigstens beim ersten Kapitel diese Einordnung doch auch andeuten soll, dass wir hier einen Schatz nur oberflächlich streifen können, der es lohnt auch in die Tiefe zu schürfen."

Domenica: „Dann schürf' mal noch ein bisschen, aber denk' dran, eigentlich ist das Herzstück unseres Buches der Resonanzraum, den wir in der Erfahrungstheologie eröffnen."

Aufgabe der Mutter ist es die Seele des Kindes in einen gesunden Wachstumsprozess hineinzuführen. Winnicott fügt aus psychoanalytischer Sicht hierzu an, dass „der Hauptgrund, warum der Säugling in seiner Entwicklung gewöhnlich fähig wird, das Es zu beherr-

49 Erikson, Erik: Einsicht und Verantwortung, Die Rolle des Ethischen in der Psychoanalyse, Stuttgart 1966, S. 106. Grundsätzlich ist mit Erikson zudem festzuhalten, dass Religion „eine kulturelle und traditionshaltige Institution [ist], die eng mit den Fragen des Vertrauens verbunden ist." (Erikson, Erik: Identität und Lebenszyklus, Berlin 1973, S. 74). Um seine These zu untermauern spricht Erikson davon, dass man nicht umher komme zu sehen, dass es Millionen von Menschen gäbe, die ohne Religion nicht leben (können) und diejenigen, die sich damit rühmten ohne Religion/Gott auszukommen, kämen ihm vor wie die Kinder die im Dunkeln singen. (Vgl. Erikson, Erik: Identität und Lebenszyklus, Berlin 1973, S. 74).

schen, und warum das Ich lernt, das Es einzubeziehen, [ist] die Tatsache der mütterlichen Fürsorge, die Tatsache, dass das Ich des Säuglings durch das Ich der Mutter vertreten und so kraftvoll und stabil gemacht wird."[50] Mit den empirischen Ergebnissen von Winnicott formuliert dann Markus Knapp, dass es dieses Vertrauen ist in die „fortwährende Existenz einer zuverlässigen Mutter, die dem Kind die Ausbildung eines eigenständigen Ich erlaubt."[51]

Nur am Rande sollen an dieser Stelle auch mögliche negative Konsequenzen einer krankhaften Bindung an die Mutter wenigstens erwähnt werden. Die Erziehungswissenschaftlerin Gabriele Reiter macht in ihrer Studie zum Urvertrauen auch auf die Folgen einer zu starken Mutter-Kind-Beziehung aufmerksam. Sie beschreibt die schwierigen Folgen von Ablösungsunfähigkeit eines Kindes als das sogenannte „Mamasyndrom".[52] Letztlich ist es aber so, dass auch die Mutter, beziehungsweise der Vater, endlich sind und eben keine wie von Reiter negativ konnotierten „Übermütter/-väter".[53] Die Psychologie hinter geistlichen Prozessen

50 Winnicott, Donald: Reifungsprozesse und fördernde Umwelt, 3. Auflage der unveränderten Neuauflage von 2001 der deutschen Erstausgabe, Berlin 1974, S. 52.

51 Knapp, Markus: Verantwortetes Christsein heute, Theologie zwischen Metaphysik und Postmoderne, Freiburg/Basel/Wien 2006, S. 177f.

52 Reiter, Gabriele: Urvertrauen und Evolution der Kindheit, Untersuchung der psychogenetisch und familienhistorisch bedingten Störung von Eltern-Kind-Beziehungen, Frankfurt 1997, S. 28ff.

53 Bowlby, John: Das Glück und die Trauer, Herstellung und Lösung affektiver Bindungen, Stuttgart 1979/80, S. 32ff. Bowlby seinerseits macht deutlich, dass solche ‚Übermütter' selbst von ‚Übermüttern' erzogen

und Themen, wie hier bei der Bindung an Maria, sind nicht nur Beiwerk, sondern substantieller Bestandteil der Spiritualität Schönstatts. Paul Vautier hält daher fest, dass es wohl nie möglich sein wird „die marianische Lehre P. Kentenichs zu verstehen, wenn man sich nicht die Mühe nimmt, seiner pädagogisch-psychologischen Konzeption nachzugehen."[54] Gerade die psychologischen und pädagogischen Aspekte des Marienbildes in der Spiritualität Schönstatts lassen den Schluss zu, dass P. Kentenich neue Wege gegangen ist – auch über die neuscholastische Prägung seiner Zeit hinaus. Diese Wege gipfeln darin, dass versucht wird „die konkrete Auffassung von Heilsgeschichte und der Glaube an die Wirksamkeit Marias"[55] mit erfahrungstheologisch und pädagogisch-psychologisch fundierten Überlegungen zu einem „zeitbedingten Marienbild"[56] immer wieder neu zu entwickeln.

---

wurden und Auffälligkeiten im elterlichen Verhalten häufig auf die Eltern-Kind-Bindungen der Eltern in deren Kindheit zurückgehen.

54 Vautier, Paul: Maria, die Erzieherin, Vallendar-Schönstatt 1981, S. 299.

55 Ebd., S. 302.

56 Ebd., S. 302. Vautier merkt auch kritisch an, dass die theologischen und philosophischen Strömungen nach dem Tod P. Kentenichs kaum nennenswert eingeflossen sind in die Mariologie der Spiritualität Schönstatts. Beispielhaft benennt er hierbei die sprachphilosophische Infragestellung der Theologie sowie die Auseinandersetzung mit der kritischen Theologie oder der wissenssoziologischen Kritik (vgl. ebd., S. 303) und konstatiert deshalb eine mitunter sehr traditionell wahrgenommene Rezeption kirchlicher Lehre und weniger die impulsive vitale Kraft der ursprünglichen mariologischen Dimension der Spiritualität Schönstatts, deren Grundanliegen ‚Maria, die Erzieherin' es immer wieder zeitgebunden neu zu übersetzen gilt.

Greshake kommt im Rahmen seiner ausführlichen Betrachtungen und wissenschaftlichen Ausführungen über Maria am Ende zu dem Ergebnis, dass Maria wichtig und eigentlich unverzichtbar sei. Im Sinne der Spiritualität Schönstatts und P. Kentenichs kann er daher mit Hans-Urs von Balthasar auf Karl Barths Anfrage sagen: „Ohne Maria droht das Christentum unter der Hand unmenschlich zu werden. Die Kirche wird funktionalistisch, seelenlos, ein hektischer Betrieb ohne Ruhepunkt, in lauter Verplanung hinein verfremdet. Und weil in dieser mann-männlichen Welt nur immer neue Ideologien einander ablösen, wird alles polemisch, kritisch, bitter, humorlos und schließlich langweilig, und die Menschen laufen in Massen aus einer solchen Kirche davon.“ [57]

Domenica: „Gut, dass wir dieses Zitat gefunden haben. Das finde ich sehr ansprechend.“

Tobias: „Ja, ich auch. Die Formulierung der Gefahr dieser Humorlosigkeit in einer ‚mann-männlichen Welt‘ finde ich spannend.“

Domenica: „Dafür hast du dann mich. Ich sorg’ schon dafür, dass du nicht in humorlose Ideologie abdriftest.“

Tobias: „Wenn ich dich nicht hätte …“

57 Von Balthasar, Hans-Urs: Klarstellungen, Freiburg im Breisgau 1971, S. 72.

Erfahrungstheologie und Resonanzraum zum Thema: „Maria, die Erzieherin“

Die nachfolgenden Dialoge, Anekdoten und Erzählungen stellen einen persönlichen Erfahrungsschatz unserer Familie dar. Sie sollen hier als Resonanzangebot zur Verfügung gestellt werden um die davon sicherlich unterschiedlichen je eigenen familiären Zugänge und Erfahrungen zum Thema ‚Maria, die Erzieherin‘ zu eröffnen.

„Mama!“, tönt es durch unser Haus. Keine Reaktion. Zugegebenermaßen lässt die kleine Schreierin auch keine Reaktionszeit zu. Unverzüglich geht es mit einem um einige Dezibel lauterem „MAAAAAMAAAAA!“ weiter. „MAAAAAMAAAAA!“ Ich überlege kurz, ob ich als Papa meine Hilfe anbieten sollte, um meiner Frau eine kurze Verschnaufpause zu gönnen. Manchmal darf ich das. Manchmal werde ich tatsächlich als (wenn auch schwacher) Mama-Ersatz akzeptiert. Ich höre meine Frau die Treppe hocheilen und beschließe zunächst auf der Couch sitzen zu bleiben. Einige Minuten später zeigt sich, dass der Anlass für die Mama-Rufe lediglich die waren, dass einige Buntstifte hätten wieder gespitzt und somit funktionstüchtig gemacht werden sollen. Gut, das hätt’ ich tatsächlich auch noch hinbekommen. Dem entsprechend liebevoll sind die Blicke, die mir meine Frau zuwirft als sie von ihrer ‚Klara-Mission‘ zurückkommt.

Grundsätzlich lässt sich aus dieser Schilderung aber ablesen: Egal bei welchem Problem und Bedürfnis auch immer: die Mama ist in der Regel die erste Adresse.

Wie bei jeder Regel gibt es Ausnahmen. In diesem Fall sind die Ausnahmen konkret zu benennen, wenn es um Süßigkeiten oder den Wunsch Fernseh' zu schauen geht, dann wenden sich unsere drei kleinen Engel fast ausschließlich bittend an mich. Vermutlich weil sie sich dabei die weitaus größeren Erfolgsaussichten versprechen.

Domenica: „Das sagt schon sehr viel über dich und deine pädagogischen Qualitäten aus. Ich muss immer rennen und du sitzt auf der Couch und verteilst Süßigkeiten."

Tobias: „Mit dieser Absolutheit würde ich das jetzt so nicht beschreiben."

***

„Papa, ich hab' Angst!"

„Du brauchst keine Angst zu haben, meine Klara."

„Ich hab' trotzdem manchmal Angst."

„Das ist auch normal. Aber ich bin für dich da. Wovor hast du denn Angst?"

„Vor bösen Wölfen und Dinos und Drachen."

„Ich beschütz' dich!"

„Das ist schon ganz gut; aber was macht dann Maria?"

„Die passt auch auf dich auf."

„Kann die zaubern?"

„Naja, nicht so direkt, aber sie kann dir helfen, dass du deine Wut besser unter Kontrolle hast."

„Das ist schon ganz gut. Schau' mal wieviel Wut ich in mir habe."

Mit ihren kleinen zu Fäusten geballten Händen trommelt Klara nun auf meinem Bauch herum.

„Boah, soviel Wut“, staune ich.

„Da hat Maria ganz schön viel zu tun bei mir.“

„Und sie hilft dir, dass du keine Angst haben musst.“

„Genau wie du! Ich bin froh, dass ich dich hab’ und Maria.“

***

Domenica: „Seit ich selber Kinder habe, habe ich nochmal einen ganz eigenen und neuen Zugang zu Maria bekommen.“

Tobias: „Inwiefern hat sich da dein Bild verändert?“

Domenica: „Ich kann besser nachvollziehen was es heißt hochschwanger nach Bethlehem zu gehen, obwohl man keinen Bock drauf hat.

Was es heißt sein Kind zu suchen, wenn man schier verrückt wird vor Panik, weil es in Menschenmassen verloren ist. Was es heißt mit dem Kind mitzuleiden, wenn das Kind leidet. Lieber würde man ihm alles Leid abnehmen – und sei es „nur“ weil ein Zahn durchbricht. Und dieses „nur“ kann jemand eigentlich nicht mehr sagen, der schon mal ein Kind erlebt hat, das vor den Schmerzen einer Zahnungsnacht irgendwann erschöpft im Arm der Mama einschläft.“

Tobias: „Ich kann das unterschreiben. Du bist eine tolle Mama, aber so wie unsere Mädels uns immer wieder austesten und uns an unsere Grenzen bringen, so haben wir vieles auch nicht in der eigenen Hand. Als Erziehende unserer Kinder sind wir eben die größten Experten und zugleich die größten Dilettanten. Mir tut es gut, mit meinen eigenen pädagogischen Unzulänglichkeiten mich vertrauensvoll an Maria zu wenden: „Gottesmutter, kümmer' du dich mal da drum – wenn beispielsweise Klara mit ihren Emotionen nicht zurechtkommt oder wenn Sophia mal wieder sämtliches Essen ausspuckt." Und ich mache die Erfahrung, die Gottesmutter nimmt das ernst und kümmert sich."

***

Ich (Tobias) habe gute Erfahrungen gemacht mich mit meinen Anliegen an Maria, die Gottesmutter, zu wenden. Als Kind war es für mich eine Selbstverständlichkeit, dass immer, wenn ich bei meiner Oma zu Besuch war, wir zu einer Mariengrotte am Wegesrand spaziert sind, um dort die Blumen zu gießen und der Gottesmutter so „einen Gefallen zu tun" – wie es meine Oma nannte. Das Aufwachsen in einer, gut in der fränkischen Marienvolksfrömmigkeit verwurzelten, Familie brachte so manche Formen mit sich, die separat betrachtet und theologisch analysiert, mitunter schräg oder skurril anmuten würden. In dem Gesamtkontext, in dem ich aufwuchs, waren es aber vor allem psychologische Bindungs-Bausteine in meiner Beziehung zur Gottesmutter.

So weiß ich noch, dass es für uns eine Selbstverständlichkeit und gleichsam eine Ehre war, wenn im Mai im Winkel der 80er Jahre-Kücheneckbank jeder von uns Kindern ein Bild der Mutter Gottes aufstellen durfte. Die kleinen Vasen, die wir dazu bekamen, galt es konstant mit frischen Wiesenblumen zu befüllen, denn – so die mütterliche Instruktion – „Maria mag schöne Blumen". Ob das nun pädagogisch genial oder schlicht der Wunsch unserer eigenen Mutter war ist letztlich zweitrangig. Ich weiß aber, dass ich mich als Kind oft aufs Fahrrad geschwungen habe um zu den extra schönen Blumenwiesen, die sich einige Kilometer vom elterlichen Haus entfernt befanden, zu radeln und ‚für Maria, die ja schöne Blumen mag', fast täglich einen Strauß frischer Wiesenblumen zu pflücken. Selbstverständlich war mein ästhetisches Empfinden da häufig nicht deckungsgleich mit dem meiner Mutter, was denn einen schönen Blumenstrauß ausmachen würde. Für meine Mutter stand fest, dass Löwenzahn darin eigentlich keinen Platz habe, da es eher ‚Unkraut' sei. Für mich hingegen konnte es gar nicht gelb genug glänzen. Die braunen von Löwenzahnmilch verfärbten Hände gehörten für mich im Mai notwendigerweise dazu.

Neben dieser Tradition des Maialtares gehört es in meiner Familie fast schon zur Tradition, dass man im Rahmen von Erstkommunion nicht nur das obligatorische Gotteslob bzw. Gesangbuch geschenkt bekommt, sondern auch einen Rosenkranz. Überreicht wurde der mir von meiner Oma. Und da ich ein Junge war hatte mein erster Rosenkranz schwarze Perlen im Gegensatz zu den Rosenkränzen mit weißen Perlen, die meine Cousine und meine Schwester geschenkt bekamen. Der Platz für den Rosenkranz war das mit Marienbild geschmückte Weihwasserbehälterchen über meinem Bett.

Zur großmütterlichen Frömmigkeit gehörten es auch diverse Wallfahrten zu unterschiedlichsten Orten zu unternehmen. Neben dem Gebet für ihre Enkel war es für meine Oma fast schon eine Pflicht uns bei den unterschiedlichsten Devotionalienhändlern in Marienweiher, Altötting, Vierzehnheiligen oder sonst einem ihrer Zielorte, sich mit möglichst viel ‚heiligem Gruscht' einzudecken, den sie dann an uns Enkel weitergeben konnte. Dazu gehörten profane Glitzereulen, die je nach Wetter die Farbe ändern konnte, pädagogisch fragwürdige Heiligenbildchen und Legenden, die es, was die Blutrünstigkeit anbelangt, durchaus mit heutigen Fantasyserien aufnehmen konnten, und natürlich unterschiedlichste Muttergottessouvenirs wie Kerzen, Bilder, Gebetbüchchen und Ähnlichem.

Der Höhepunkt der großmütterlichen Wallfahrtsgeschenke war eine echte Pferdepeitsche, die sie aus Ungarn mitbrachte. Daran hatte ich nur kurz Freude, da sie von Mama ziemlich zügig einkassiert wurde. Aus heutiger Elternperspektive muss ich sagen, dass ich das, im Gegensatz zu meinem 10-jährigen Ich, gut nachvollziehen kann. Nun könnte man meinen, dass meine Beziehung und Bindung an Maria vor allem durch die Devotionalienshoppingtouren meiner Oma geprägt wurde. Ich will nicht leugnen, dass dies vielleicht einen Anteil hat, im Letzten waren das aber äußere Formen einer inneren Haltung, die mich viel nachhaltiger geprägt haben als alle Marienbildchen und Gewitterkerzen zusammen.

***

Tobias: „Marienverehrung hat für mich schon auch viel mit dem Herzen zu tun. So geht mir auch heute noch das Herz auf, wenn wir beispielsweise am 15. August zum Schönstattzentrum auf den Marienberg nahe Bamberg gehen und dort vor ‚meinem' Heiligtum fränkische Marienlieder gesungen werden, wie „O himmlische Frau Königin ...“.“

Domenica: „Das ist allerdings eine durch und durch fränkische Veranstaltung und ich habe nicht unbedingt immer einen Zugang zu einer solchen Art der volkstümlichen Marienfrömmigkeit, die dann klassischerweise mit Bier und Bratwurst endet.“

Tobias: „Vielleicht liegt es weniger an der Marienverehrung als vielmehr an den fränkischen kulinarischen Köstlichkeiten und deinem mangelnden Talent ansprechende Kräuterbüschel zu binden die deinen Zugang zu diesem Fest auf'm Berg erschweren.“

Domenica: „Das kann sein, aber ich finde es schon sehr beeindruckend – um das auch noch herauszustellen – mit wie viel Herzblut die Menschen dort die Gottesmutter verehren und für sie so ein Fest veranstalten.“

***

Nun ist es so, dass etwaige Leiderfahrungen auch bei uns in der Familie dazugehören. Für uns tut es dann gut, in den Momenten, wenn kleinere oder größere Katastrophen die eigenen Pläne über den Haufen werfen, dass wir uns vertrauensvoll an die Gottesmutter wenden dürfen. Wir können ihr, die vielfach als Pieta oder Schmerzensmadonna verehrt wird, auch all das hinhalten, was uns belastet. Diverse Andachtsformen und Gebete rund um die sieben Schmerzen Mariens sind ein Ausdruck im Gebetsschatz der Kirche. Auch wenn solche Gebetsformen für uns oft nicht passen, teilen wir doch die Haltung dahinter. Maria kennt Leid und Schmerz und ist ansprechbar für unsere Leiderfahrungen. Das ändert selten die Situation, aber es hilft uns und ändert uns und unseren Blick auf solche Lebensherausforderungen. Sich in die Schule der Gottesmutter zu begeben bedeutet auch, sich darauf verlassen zu dürfen, dass sie mitgeht – im Extremfall bis in die tiefsten Abgründe menschlichen Daseins.

Tobias: „Für mich kommt das in der dritten Strophe des ‚Segne du Maria' zum Ausdruck, wenn davon die Rede ist, dass die Gottesmutter für uns in Tod und Leben zum Segen werden soll. Ganz ähnlich dem ‚bitte für uns – jetzt und in der Stunde unseres Todes' wie es im Ave Maria gebetet wird."

Domenica: „An dieser Stelle darf ich einwerfen, dass vermutlich für dich und dein Leiden der Begriff der ‚Männergrippe' erfunden wurde, so dass du quasi jedesmal, wenn du mit einer – aus meiner Sicht – harmlosen Erkältung auf der Couch dahinsiechst in deiner Wahrnehmung kurz vorm Exitus zu stehen scheinst. Da kannst du dann aus ganzer Seele dein ‚jetzt und in der Stunde unseres Todes' beten."

Tobias: „Ich meine das gar nicht so humorvoll, wie du das darstellst."

Domenica: „Ich auch nicht ;)"

Grundsätzlich tut uns die innere Nähe zu Maria aber tatsächlich gut, wenn uns beispielsweise Krankheitsnachrichten aus unserm Umfeld erreichen, wenn jemand der uns wichtig ist als ‚austherapiert' gilt und die Krebsbehandlung nicht weiter fortgesetzt werden kann. Sie tut uns gut, wenn Personen, die Teil unserer Lebenswege mitgegangen sind sterben mussten; wenn Erfahrungen von psychischen Belastungen Leben fast unmöglich machen. Sie tut uns gut, wenn wir mit anderen Menschen fühlen, deren Kinderwunsch sich nicht erfüllt, wenn Schwangerschaften nicht immer nur ‚gut' ausgehen oder wenn Lebensträume zerplatzen. Die Nähe zu Maria hilft uns, wenn Beziehungen durch Streit und Konflikte überschattet oder zerrüttet sind; sie hilft uns, wenn Lebensbrüche, Belastungen und Erfahrungen des Scheiterns uns einholen. Sie hilft aber auch wenn unsere Mädels leiden, weil Mama und Papa ungerechterweise keine Schokolade mehr rausrücken wollen und dann ganz viel Wut in ganz wenig Körper irgendwie ausbrechen muss. Sie hilft, wenn Wachstums- und Zahnungsschmerzen das sonst so blühende, quirlige kleine Leben in ein Häufchen Elend verwandeln. Diese Liste ließe sich noch viel länger fortführen.

Tobias: „Nur eines noch: Und ja, sie hilft auch bei einer durchaus herausfordernden ‚Männergrippe'."

***

Maria ist für unsere Mädels aber nicht nur eine Person, die irgendwie abstrakt mit dabei ist. Sie ist auch modisches Vorbild. Ob das damit zu tun hat, dass sie eine der Hauptfiguren im Krippenspiel ist und wie selbstverständlich mit Weihnachten und der Weihnachtsgeschichte in Verbindung gebracht wird, lässt sich für uns als Eltern nicht rekonstruieren. Fest steht aber, dass sowohl Klara als auch Miriam mit einer Vorliebe Tücher um Kopf und Körper wickeln – in Anlehnung an diverse Marien- und Krippendarstellungen, die sie kennen – ihre Puppe und Plüschtiere als Baby auf den Arm nehmen und sich ins Spiel vertiefen. Selbst bei unserer Jüngsten, Sophia, lässt sich dieses identifizierende Rollenspiel schon erahnen.

„Mama und Papa, schaut mal. Ich bin Maria mit dem Baby." Das ‚Baby' ist bei zahlreichen ihrer Spiele zwar relevant, aber häufig auch nur ‚notwendiges Beiwerk'. So kann es mitunter sein, dass wahlweise die Plüschtiere der Paw Patrol, Peppa Wutz, Daisy oder Minnie Mouse als Jesuskind herhalten müssen. Nun ist uns sehr wohl bewusst, dass ein kleines rosa Schweinchen oder eine schwarze Disney-Maus nicht unbedingt eine sinnvolle Jesus-Analogie abgeben. Wenn man aber auf die Zuneigung schaut, die die drei ihren Plüschtieren entgegen bringen, ist das durchaus wieder beeindruckend. Aber eigentlich geht es, wie gesagt, bei diesem Spiel, nicht so sehr um das Baby und dessen Aussehen, sondern eher darum sich möglichst elegant die Tücher überzuwerfen und besonders schick auszusehen – wie Maria. Mit ein wenig Stolz in der Stimme verkündet dann Klara immer wieder, dass sie mit ihren dunklen Haaren natürlich viel eher den Marienbildern entsprechen würde, als Miriam, die mit dem blond gelockten Haar maximal als Engel in Frage käme. ‚Engel' ist dabei in der Kategorie ‚Fee' einzuordnen: das ist schon ganz okay, aber wer die Möglichkeit hat die modische Maria mit den Tüchern zu sein, der will keine Fee und auch kein Engel sein.

Impuls: Maria – in der Familie

Maria, Mia, Miriam, Marie, Maja (und ähnliche Namensformen von Maria) gehören auch heute weltweit zu den häufigsten Vornamen, die Eltern für Ihre Kinder aussuchen. Maria ist eine Person der Weltgeschichte. In vielen Weltreligionen wird sie als die Mutter Jesu verehrt. Und bei uns? Wie ist das in unserem Alltag, in unseren Beziehungen? Welche Personen kennen wir, die Maria heißen? Und vermitteln diese Personen etwas von dem, wie ich mir Maria, die große Erzieherin und Gottesmutter vorstelle? Manchmal tritt Maria, der Mensch, hinter die Symbolfigur Maria. Maria 2.0; Maria 1.0; feministische Theologie; traditionell-konservativ katholische Strömungen – jeder scheint eine eigene Vorstellung zu haben. Allen gemeinsam ist, dass diese Frau und Mutter, diese „Ja-Sagerin", diese „Unter-dem-Kreuze-Steherin" irgendwie anspricht und ansprechen will. Auch dich?

Zeit nehmen und austauschen:

1. Wer ist Maria für mich?

2. Maria hat Jesus sein ganzes Leben lang begleitet. Wen begleite ich– wie Maria?

3. Maria, die Erzieherin: Wer sind prägende Erziehungspersonen in meinem Leben?

Maria,
du hast „Ja" gesagt,
als junge Frau
als der Engel kam
‚Ja' zum Kind.
‚Ja' zum Auftrag.
‚Ja' zu Gott.

Maria,
Du hast Gott gesucht,
als Jesus 12 Jahre alt war
als Mutter.
Gesucht mit dem Verstand.
Gesucht mit dem Herzen.
Und gefunden.

Maria,
Du hast vertraut: „Was er euch sagt, das tut!"
Als der Wein ausging
Als das Fest zu kippen drohte.
Vertraut auf die Verbindung zu IHM.
Vertraut, dass er wirkt.
Vertraut, dass das Wunder geschieht.

Maria
Du warst dabei und warst mit IHM unterwegs
Als er ‚Vater unser' gebetet hat
Als er Wunden heilte.
Unterwegs zu den Menschen.
Unterwegs mit den Freunden.
Unterwegs zu Gott.

Maria
Am Kreuz schenkte ER uns dich als Mutter „Siehe,
deine Mutter!"
Als Er starb,
Als ER nichts mehr zu geben hatte,
gab er dich.
Du hast wieder „Ja" gesagt zu diesem Auftrag
Trotz des Schmerzes
Voll Vertrauen.

Maria
Du warst mit den Aposteln im Coenaculum
Als der Geist des Aufbruchs kam.
Als Pfingsten gefeiert wurde.
Miteinander beten.
Miteinander aufbrechen.
Miteinander unterwegs sein.

Maria
Als Erzieherin,
als Mutter,
als Königin.
Geh' mit uns.

Kapitel 2: Bündnisspiritualität

Das Liebesbündnis oder „Warum ich mein Einhorn mit anderen teilen würde“

O-Ton P. Kentenich: Das Liebesbündnis Schönstatts und der Heilsgeschichtliche Gottesbund

Der Auszug aus dem Brief, den P. Kentenich am 03. Mai 1952 an Prälat Joseph Schmitz, dem ersten Generalrektor des Schönstatt Priesterverbandes (ab 1945) geschickt hat, ist unter dem Namen Josephsbrief innerhalb der Schönstattbewegung bekannt geworden. Hierin reagiert P. Kentenich unter anderem auf die äußere Situation des bevorstehenden kirchlichen Exils und erläutert die konkreten Inhalte der Spiritualität Schönstatts noch einmal in aller Deutlichkeit:

„[…] Damit ist der Rahmen gezeichnet, in den wir unser Liebesbündnis hineinstellen dürfen. Wir haben es eine originelle, konkrete Form des Bundes genannt, den Gott mit den Menschen im Paradies geschlossen hat und durch die Heils- und Weltgeschichte verwirklichen will. Es fällt nicht schwer, Gleichheit und Ungleichheit hüben und drüben abzugrenzen.

Die Gleichheit besteht darin, dass unser Bündnis zunächst wie bei allen Christen in der Taufe begründet ist. Wie viele Christen singen voller Begeisterung: „Fest soll mein Taufbund immer steh’n …“ [Bspw. Gotteslob 2013, Bamberger Diözesanteil Nr. 870], sind sich aber nicht bewusst, dass ihre christliche Existenz in diesem Bund gründet, dass es sich dabei um ein wirkliches Bündnis zwischen zwei Partnern handelt – zwischen Christus und Seele –, um ein Bündnis, das beiden Partnern ernste Bundespflichten auferlegt und Bundesrechte gibt. Sie wissen nicht recht um Wesen und Forderungen des eingegangenen Taufbundes.

Der Glaubensgeist sagt uns, dass er drei Wesenselemente in sich schließt: Enteignung, Übereignung und Aneignung. Der Christ wird ausgesondert aus der Welt. Er wird sich selber enteignet, das heißt er ist nicht mehr sein eigener Herr, er kann nicht schlechthin machen, was er will. Er ist des Herrn, dem er übereignet worden ist und der ihn sich angeeignet und angeeint hat.

Daraus ergeben sich vielfältige Folgerungen und Forderungen für den menschlichen Christus- und Dreifaltigkeitspartner. Der Oktoberbrief 1948 beschäftigt sich angelegentlichst damit. Er spricht von vier Eigenschaften, die der Christuspartner haben muss. Die erste bezieht sich auf sein Sein, die drei anderen auf Gesinnung, Tat und Leben. Der Text lautet:

„Sowohl der Dreifaltigkeits- als der Christuspartner … muss vier Eigenschaften haben:

Erstens **Bündnisfähigkeit**.

Schließt ein

a) Gleichheit,
b) Ungleichheit im Sinne gegenseitiger Ergänzungsfähigkeit und -bedürftigkeit (bei Gott Ergänzungswilligkeit),

c) Gliedschaft (Gott schließt zuerst das Bündnis mit der Kirche und lässt deren Glieder daran teilnehmen),
d) Stetigkeit.

Zweitens **Bündniswilligkeit** (Geöffnetsein für den geöffneten Partner).

Drittens **Bündnisbewusstsein** (das Bewusstsein des Verschenkt-, des Angenommen-, des Reich- und Fruchtbarseins).

Viertens **Bündnistreue** (Hinweis auf die Treue des alttestamentlichen Bundesgottes in allen Situationen des historisch gewordenen Bündnisses mit Israel)."

Für uns ist das Liebesbündnis mit der Gottesmutter, wie es historisch geworden ist und sich auswirkt, eine tiefgreifende Erneuerung, Festigung und Sicherung des Taufbundes, das heißt des Bündnisses mit Christus und dem dreifaltigen Gott. Jede Weihe und jeder in ihr zum Ausdruck gebrachte erneuerte Bündnisschluss bedeutet für unser Denken und Wollen eine neue freigewählte und freigewollte Entscheidung für Christus: für seine Person, für seine Interessen und sein Reich. Sie schließt eine neue, eindeutige und kraftvolle Willensbewegung von unten nach oben, eine Neuentscheidung für ihn, den König der Welt und der Herzen, in sich, aber auch gleichzeitig eine Gnadenbewegung von oben nach unten, von ihm aus zu uns hin. Sie ist gleichbedeutend mit einem tieferen Hineinwachsen in eine enge Liebesgemeinschaft zwischen uns und ihm und dem dreifaltigen Gott. Der Bündnisgedanke ist so tief in unser Bewusstsein und Lebensgefühl hineingewachsen, dass wir ihn unbedenklich als unsere Grundform, unseren Grundsinn, unsere Grundkraft und unsere Grundnorm bezeichnen dürfen. So weit geht die Ähnlichkeit zwischen uns und dem alt- und neutestamentlichen Denken und Empfinden, Wollen und Handeln. Ich weiß nicht, ob es irgendeine religiöse Gemeinschaft in der Neuzeit gibt, die das im selben Ausmaße von sich aussagen kann […].“[58]

Einordnende Kommentierung: Liebesbündnis

Die NATO sei das wichtigste sicherheitspolitische ‚Bündnis' der Welt. Eine der derzeitigen Regierungsparteien in Deutschland trägt das Wort ‚Bündnis' in ihrem Namen und selbst bei der Ehe, egal ob zivilrechtlich oder kirchlich, wird nach wie vor von einem ‚Bund oder Bündnis fürs Leben' gesprochen. ‚Bündnis' beschreibt eine Allianz oder einen Pakt von Personen oder Staaten. Zu allermeist beruht ein solches Bündnis – egal ob formell oder informell geregelt – auf einer gemeinsamen Zielvorstellung der jeweiligen Bündnispartner.[59] Das Wort ‚Bündnis' ist im alltäglichen Sprachgebrauch durchaus vertraut. Um ein spezielles und durchaus einzigartiges Bündnis geht es beim sogenannten ‚Liebesbündnis'.

---

58 Kentenich, Joseph: Josephsbrief, Das Lebensgeheimnis Schönstatts, ab dem 03. Mai 1952, II. Teil Bündnisfrömmigkeit, in: Schmitz, Joseph (Hg.), Vallendar-Schönstatt 1971, S. 43-60.

59 Vgl. https://de.wikipedia.org/wiki/B%C3%BCndnis (zuletzt aufgerufen am 06.06.2023).

Domenica: „Erinnerst du dich noch an unseren Hochzeitstag?"

Tobias: „Klar. Unser Hochzeitstag – unser Bündnistag."

Domenica: „Ich meinte jetzt gar nicht so gedanklich abstrakt. Eher konkret, wie wir da vor der Kirche stehen, in der schon meine Eltern geheiratet haben."

Tobias: „Und du ein bisschen nervös wurdest, als dir durch die Blume mitgeteilt wurde, dass sich unser Priester verspätet."

Domenica: „Da werde ich heute noch unruhig. Aber ich denke vor allem auch an das Ja-Wort. Unser Ja-Wort. Da habe ich Gott ganz nahe gespürt."

Tobias „Ich auch. Jetzt aber raus aus der Nostalgieblase und wieder zurück zum Liebesbündnis."

Dieses Liebesbündnis mit der Gottesmutter Maria, die als die ‚dreimal wunderbare Mutter'[60] verehrt wird, bildet ein zentrales und konstitutives Element schönstättischer Spiritualität. Maria wird dabei als „der schnellste, sicherste und kürzeste Weg zu einem personalen Gottesbezug verstanden."[61] Äußere Form ist ein

60 Der Ehrentitel „Dreimal Wunderbare Mutter" (lat. Mater ter admirabilis) ist letztlich der Titel des in Schönstatt üblichen Marienbildes. Ursprünglich geht die Bezeichnung auf die Marianische Kongregation und P. Jakob Rem SJ (1546-1618) in Anlehnung an die lauretanische Litanei zurück. Für detailliertere Infos siehe: Schmiedl, Joachim: Dreimal Wunderbare Mutter (Mater ter admirabilis), in: Brantzen, Hubertus; King, Herbert; Penners, Lothar; Pollak, Gertrud; Schlosser, Herta; Schmiedl, Joachim und Wolf, Peter (alle Hg.): Schönstattlexikon, Fakten Ideen Leben, Vallendar-Schönstatt ²2002, S. 60-61.

61 Frömbgen, M. Erika: Bündnispädagogik, in: Brantzen, Hubertus; King, Herbert; Penners, Lothar; Pollak, Gertrud; Schlosser, Herta; Schmiedl,

kleines Weihegebet. Weit entscheidender ist die innere Bindung. Aufbauend auf einer Bündnispädagogik ist das Liebesbündnis mehr als nur eine geistlich mythische Ausdrucksform der Zuneigung. Vielmehr geht es um ein wirkliches Bündnis, das auf Wechselseitigkeit bzw. Gegenseitigkeit beruht. Diese Gegenseitigkeit wird gerade durch die Thematisierung des Erziehungsgeschehens in der Beziehung zwischen Maria und den Gläubigen stark hervorgehoben.[62] „Es geht also nicht primär um die Möglichkeit zu Hilferufen, wenn man in Not ist. P. Kentenich geht es um die Entfaltung und Formung unseres Lebens, was nur durch unsere freie Mitarbeit denkbar ist."[63]

Joachim und Wolf, Peter (alle Hg.): Schönstattlexikon, Fakten Ideen Leben, Vallendar-Schönstatt [2]2002, S. 49-52. Hier: S. 49. P. Kentenich spricht davon, dass dieses Liebesbündnis mit der Gottesmutter im Letzten hineinzuführen hat in das Liebesbündnis mit Gott: „Haben wir denn nicht immer gesagt und sind wir nicht stolz darauf gewesen, dass die Gottesmutter mit uns und wir mit der Gottesmutter ein Liebesbündnis geschlossen [haben]? Ja, aber die Gottesmutter ist nicht Gott! [...] Wenn wir uns an sie binden, das ist ähnlich, als wenn wir uns sonst an eine Kreatur binden. Die Bindung an die Gottesmutter kann an sich nur Ausdruck der Bindung an den ewigen Vater sein, kann nur Sicherung und Mittel dieser Bindung sein. [...] Aus dem Liebesbündnis mit der Gottesmutter ist langsam geworden das Liebesbündnis mit dem Heiland, mit dem Dreifaltigen Gott und als Exponent des Dreifaltigen Gottes mit dem Vatergott." Kentenich, Joseph: Vortrag für den Führungskreis der Schönstatt-Mädchenjugend vom 19.08.1967, in Boll, Günther; Stosiek, Nurrit; Wolf, Peter (alle Hg.): Geborgen im Vater-Gott, Ausgewählte Texte zum Gott-Vater-Jahr, Vallendar-Schönstatt 1998, S.84-86. Hier: S. 85f.

62 Vgl. Vautier, Paul: Maria, die Erzieherin, Vallendar-Schönstatt 1981, S. 316.

63 Ebd., S. 316.

Domenica: „Stichwort ‚freie Mitarbeit' – wie sieht's denn da bei dir aus? Konkret. Wenn es um die gefüllten Wäschekörbe in unserem Wohnzimmer geht? Hier wäre ein wenig mehr Erziehungsgeschehen aus meiner Sicht durchaus wünschenswert und notwendig."

Tobias: „Ich habe diesen Impuls schon auf meinem Appellohr zur Kenntnis genommen. Bevor wir jedoch anfangen aufzurechnen, wer von uns in welchem Haushaltsbereich noch motiviert werden müsste, lass uns weitermachen."

Die Wirksamkeit des Liebesbündnisses und die Wirksamkeit der Gottesmutter ordnet Paul Vautier durchaus kritisch ein, da „gemessen am Gewicht dieser Thesen, die theologische Klärung der Wirksamkeit Marias ausgesprochen dürftig"[64] ist. Er spricht aber nicht allein von einer rein schönstättischen, sondern einer eher allgemein ungeklärten Behauptung, die schwer messbar ist. Dessen unbenommen warnt er letztlich davor, auch wenn es keine konkrete theologische Erklärung gibt, dass man deswegen die Fürbitte und Wirksamkeit Mariens keinesfalls als nicht existent betrachten dürfe[65]; vielmehr gelte es die Spannung zwischen „der Glaubenserfahrung und der theologischen Klärung zu spüren."[66] Das Liebesbündnis mit der Gottesmutter, wie es die Grundlage schönstättischer Spiritualität ist, gründet im letzten auf dem Taufbündnis eines jeden Christen. Dieses wiederum ist Ausdruck des geschichtsübergreifenden Bündnisses Gottes mit den Menschen. Angefangen

64 Ebd., S. 319.

65 Vgl. ebd., S. 320.

66 Ebd., S. 320.

vom Bund Abrahams, Jakobs und Isaaks über die Zusage an Mose beim brennenden Dornbusch „Ich-bin-der-Ich-bin" und die Propheten bis hin zur Inkarnation und Offenbarung des menschgewordenen Logos der Person Jesus Christus. Günther Boll spricht deshalb zu Recht davon, dass das Bündnis die Urform der Beziehung zwischen Gott und dem Menschen ist.[67] Diese These wird von Hubertus Brantzen noch verstärkt, wenn er bezogen auf Ehepaare und Familien davon spricht, dass der Bund, die Beziehung Gottes zum Volk authentisch im Bild der Ehe, der liebenden Beziehung zwischen Frau und Mann ausgedrückt wird[68]: „So nah, wie Mann und Frau einander sind, so nah will Gott den Menschen sein. […] In der Liebe zwischen Mann und Frau ist wirklich die Liebe Gottes. Diese Sinnspur bedeutet für uns als Paar: […] Wir leben in der Liebe einen Strahl der göttlichen Liebe."[69]

Tobias: „Ich finde das einen sehr motivierenden und bestärkenden Gedanken."

Domenica: „Ich finde diese Zusage auch schön und kraftvoll – merke aber ebenfalls, dass diese Bildsprache ‚Wir leben in der Liebe einen Strahl der göttlichen Liebe' die herausfordernde Alltagsdynamik manchmal ein wenig zu sehr verklärt. Es ist ja nicht so, dass alles immer himmelhochjauchzend und romantisch ist."

Tobias: „Nein?"

---

67 Vgl. Boll, Günther: … vor allem mein Herz, Joseph Kentenich – Pädagoge und Gründer, Vallendar-Schönstatt 2012, S. 232.

68 Vgl. Brantzen, Hubertus: Mehr als Worte und Gefühle, Liebe leben in Partnerschaft, Ehe und Familie, Freiburg i. Br. 2022, S. 204.

69 Ebd., S. 204.

Domenica: „Dir ist schon bewusst, dass man den ironischen Unterton deines ‚Neins' nur sehr schwer schriftlich darstellen kann, oder?"

Tobias: „Aber zu deiner Ausgangsaussage zurück. Ich glaube gerade dann, wenn wir miteinander Alltag leben, dürfen wir darauf vertrauen, dass Gott dabei ist. In diesem Alltag. Und ja, auch in dieser Liebe, die manchmal unter dem Grau des Alltags und so manchen Streitigkeiten ein wenig verblasst."

Domenica: „Umso schöner ist es, wenn diese Liebe dann wieder auf Vorderglanz gebracht wird und wieder richtig strahlt. Weißt du, was auch mal wieder erstrahlen könnte? – Unsere Fenster! Magst du nicht nach dem Kapitel den Putzlappen nehmen und loslegen?"

Tobias: „Bevor wir doch noch tiefer in die Hausarbeitsdiskussion einsteigen, machen wir lieber weiter."

Lothar Penners erfasst systematisch die Traditionen auf denen das Liebesbündnis gründet: So skizziert er die Ursprünge in der Marienweihe der Marianischen Kongregationen, nennt die geistliche Vermählung Vinzenz Pallottis mit der Mutter der Barmherzigkeit und die inhaltliche Verwandtschaft zum ‚Geheimnis Mariä' bei Grignion de Montfort.[70]

P. Kentenich selbst bezeichnet das schönstättische Liebesbündnis als ein Proprium der Spiritualität Schönstatts und erkennt im Sinne des praktischen

70 Penners, Lothar: Liebesbündnis, in: Brantzen, Hubertus; King, Herbert; Penners, Lothar; Pollak, Gertrud; Schlosser, Herta; Schmiedl, Joachim und Wolf, Peter (alle Hg.): Schönstattlexikon, Fakten Ideen Leben, Vallendar-Schönstatt [2]2002, S. 229-233. Hier: 230f.

Vorsehungsglaubens[71] eine außergewöhnlich große schöpferische Resultante[72] bezogen auf die Wirkung dieses Liebesbündnisses, wie sie sich im Laufe der Geschichte der Schönstattbewegung immer wieder gezeigt hat.

Das Liebesbündnis gründet neben dem Prinzip der Gegenseitigkeit (die Gottesmutter wird als reale, konkrete Bündnispartnerin wahrgenommen) auch auf dem Prinzip der lokalen Gebundenheit. Dieses Liebesbündnis mit der Gottesmutter wird verortet im Kapellchen – dem Heiligtum. Über das Schönstattkapellchen hinaus vollzieht sich diese Bindung in gleicher Weise zum jeweiligen Haus- und dann zum Herzensheiligtum.[73]

Die besondere Bundesspiritualität Schönstatts ist eng verbunden mit dem marianischen Charakter. Da zudem grundsätzlich gilt, dass Bund wesenhaft Beziehung ist, steht die marianische Bundesspiritualität in einem

---

71 Vgl. weiter unten Kapitel 4 in diesem Werk: Kapitel 4: Der praktische Vorsehungsglaube oder „Wie sich Entdeckerinnen auf Gott-Suche begeben".

72 Unter der schöpferischen Resultante versteht P. Kentenich ein Prinzip, das besagt, dass wenn das positive Ergebnis von geschichtlichen Vorgängen über die Summe der einzelnen Ereignisse hinausreicht (positiver Überschuss), es ein Hinweis auf das Wirken göttlicher Kräfte sein kann. Zur Vertiefung siehe: Unkel, Hans-Werner: Schöpferische Resultante, in: Brantzen, Hubertus; King, Herbert; Penners, Lothar; Pollak, Gertrud; Schlosser, Herta; Schmiedl, Joachim und Wolf, Peter (alle Hg.): Schönstattlexikon, Fakten Ideen Leben, Vallendar-Schönstatt [2]2002, S. 365-367.

73 Vgl. weiter unten Kapitel 9: Heiligtum oder „Wo das schönste Land in Deutschlands Gauen liegt".

umfassenden Beziehungsgeflecht.[74] Dieses Beziehungsgeflecht, das durch das Liebesbündnis geprägt wird, hat sowohl eine vertikale als auch eine horizontale Dimension. So beinhaltet die vertikale Dimension des Liebesbündnis die Zielrichtung hinein in die Transzendenz. Dabei ist das Liebesbündnis eine Möglichkeit der Annäherung an Gott, da gemäß P. Kentenich der „wesentliche Urtrieb"[75] des Menschen die Liebe ist, die von Gott ausgeht und in sich auf Dialog und Beziehung ausgelegt ist. Der von Gott gewählte Heilsweg über den Menschen Maria ist auch eine Chance für uns – nur eben in umgekehrter Richtung. Die horizontale Dimension beinhaltet den Gemeinschaftsaspekt des Liebesbündnisses. Vergleichbar mit einem riesigen Netzwerk ist man durch das Liebesbündnis eingliedert in die verbindende Gemeinschaft derer, die selbst das Liebesbündnis als ihre Form der Verbindung zur Übernatur gewählt haben. Ähnlich wie Maria können auch andere Menschen zur Brücke werden, die einem den Zugang zu Gott eröffnen.

Tobias: „Da fallen mir einige Menschen ein. Freunde, Familienangehörige, Priester, Gruppenleiter … Lagerfeuergespräche und Lebensschulabende, Seelsorge-

74 Vgl. Penners, Lothar: Bundesspiritualität, in: Brantzen, Hubertus; King, Herbert; Penners, Lothar; Pollak, Gertrud; Schlosser, Herta; Schmiedl, Joachim und Wolf, Peter (alle Hg.): Schönstattlexikon, Fakten Ideen Leben, Vallendar-Schönstatt [2]2002, S. 43-49. Hier: S. 44.

75 Kentenich, Joseph: What is my philosophy of education?, in: Philosophie der Erziehung, Prinzipien zur Formung eines neuen Menschen- und Gemeinschaftstyps, aus dem Jahr 1961 bearbeitet von Schlosser, Herta, Vallendar-Schönstatt 1991, S. 39-89. Hier: S. 61. Vgl. dazu ausführlich: Mello, Alexandre: Das seelsorgliche Gespräch, Grundhaltungen nach Joseph Kentenich, Vallendar-Schönstatt 2001, S. 80.

gespräche und Emmausspaziergänge: Ich hab' etliche Menschen im Kopf, die mir mit ihrer Art das Geheimnis ‚Gott' ein wenig weiter aufgeschlossen haben. Die Gottesmutter Maria gehört auch dazu."

Domenica: „Das stimmt für mich auch. Für mich ist neben Maria und anderen Menschen die Musik auch immer ein ganz persönlicher Gotteszugang."

So charakterisiert Lother Penners das marianische Liebesbündnis vom 18. Oktober 1914 treffend als „Ausgangspunkt und Gestaltprinzip eines geistlichen Weges, der auf originelle Weise die Gesamtheit der christlichen Glaubenswelt vermitteln"[76] will. Weiter weist er darauf hin, dass auf induktivem Weg das Liebesbündnis über einzelne Strömungen hinweg hin zum Universalismus einer umfassenden Bundesspiritualität führt[77], „d.h. einem ausdrücklichen Bündnis mit den trinitarischen Personen (‚Dreifaltigkeitspartnern') [und] einem horizontalen Bündnis untereinander."[78] Die Bindung des Menschen an Menschen wird gemäß P. Kentenich hineingezogen in die Bindung an die Gottesmutter und diese dann in die Bindung an Jesus Christus und schließlich an den trinitarischen Gott.[79] Ähnliche

76 Penners, Lothar: Liebesbündnis, in: Brantzen, Hubertus; King, Herbert; Penners, Lothar; Pollak, Gertrud; Schlosser, Herta; Schmiedl, Joachim und Wolf, Peter (alle Hg.): Schönstattlexikon, Fakten Ideen Leben, Vallendar-Schönstatt [2]2002, S. 229-233. Hier: S. 230.

77 Vgl. ebd., S. 230.

78 Ebd., S. 230.

79 Vgl. Kentenich, Joseph: Christussinnigkeit des Werktagsheiligen, Exerzitien für Schönstätter Marienschwestern, 04.-11.03.1933, in: Boll, Günther; Buesge, Pia; Wolf, Peter (alle Hg.): Christus mein Leben, Ausgewählte Texte zum Christus-Jahr, Vallendar-Schönstatt

Überlegungen in Bezug auf die Heilsbedeutung anderer Menschen finden sich bei Karl Rahner, wenn dieser davon schreibt, dass in der einzigartigen Heilsmittlerschaft Christi „die Heilsbedeutung der Interkommunikation aller Menschen“[80] grundlegend vorausgesetzt werden muss und „die Liebe zu Gott und die Liebe zum nächsten für ihn eine unlösbare sich bedingende Einheit“[81] darstellen. Die sakramentale Ehe, die geprägt ist durch die Spiritualität Schönstatts und aus der Kraft des Liebesbündnisses lebt, stellt in sich eine besondere Form des Liebesbündnisses dar und verkörpert in sich sakramental begründet sowohl die horizontale als auch die vertikale Dimension dieses Liebesbündnisses. Dies lässt sich auch aus der Bibel ableiten, wenn man den ersten Johannesbrief ernst nimmt, müssten „Ehepaare ‚von Natur aus‘ Menschen sein, die Gott nahe sind“[82], da Gott ja die Liebe ist: „Gott ist Liebe, und wer in der Liebe bleibt, bleibt in Gott und Gott bleibt in ihm.“[83] Brantzen konstatiert daher zurecht, dass „gerade in der Familie ganzheitlich erfahrbar wird, was dieses

---

[3]1997, S. 46-49. Hier: S. 46. Vautier, Paul: Maria, die Erzieherin, Vallendar-Schönstatt 1981, S. 320, weist daraufhin, dass P. Kentenich die „Dimensionen einer personalen, zwischenmenschlichen Beziehung auf die Beziehung zu Maria in einem Maße angewandt [hat], dass es fast keine Unterschiede mehr zwischen einer menschlichen Beziehung in unserem Familien- und Freundeskreis und der Beziehung zu Maria zu geben scheint."

80 Fritsch, Harald: Vollendede Selbstmitteilung Gottes an seine Schöpfung, Die Eschatologie Karl Rahners, Würzburg 2006, S.251.

81 Ebd., S.251.

82 Brantzen, Hubertus: Mehr als Worte und Gefühle, Liebe leben in Partnerschaft, Ehe und Familie, Freiburg i. Br. 2022, S. 201.

83 1. Joh 4,16b.

Liebesbündnis bedeutet."[84] Das Band beziehungsweise der Bund der Liebe umfasst die beiden Ehepartner, aber geht letztlich von Gott aus und weist auch wieder auf ihn zurück. Überall dort, „wo echte Liebe zwischen Menschen lebt, ist Gott nahe."[85] So kann Gott erfahrbar sein,

- wenn beispielsweise Ehepaare in einem Gespräch näher zueinander finden,
- in den materiellen und immateriellen Gesten der Liebe,
- wenn gemeinsam Herausforderungen bewältigt werden,
- wenn die Launen des andern mitge- oder auch ertragen werden,
- wenn der eine den anderen so annimmt, wie man ist,
- wenn Versöhnung möglich ist und gelebt wird.[86]

In analoger Weise gilt dies auch für die elterliche Liebe in Bezug auf die Kinder. Über die Psychologie der Mutter-Kind-Bindung wurde bereits im vorherigen Kapitel einiges geschrieben.[87] In Bezug auf das Liebesbündnis

84 Vgl. Brantzen, Hubertus: Ehe, in: Brantzen, Hubertus; King, Herbert; Penners, Lothar; Pollak, Gertrud; Schlosser, Herta; Schmiedl, Joachim und Wolf, Peter (alle Hg.): Schönstattlexikon, Fakten Ideen Leben, Vallendar-Schönstatt [2]2002, S. 62-65. Hier: S. 64.

85 Brantzen, Hubertus: Mehr als Worte und Gefühle, Liebe leben in Partnerschaft, Ehe und Familie, Freiburg i. Br. 2022, S. 202.

86 Vgl. ebd., S. 202.

87 Vgl. Kapitel 1: Maria, die Erzieherin oder „Wer erzieht hier eigentlich wen?".

und dessen psychologische Dimension, lässt sich in Anlehnung an John Bowlby aber noch die Wechselseitigkeit der Mutter-Kind-Beziehung herausstellen: „Ebenso wie der Säugling das Gefühl braucht, zu seiner Mutter zu gehören, braucht die Mutter das Gefühl, zu diesem Kind zu gehören.“ [88] Diese für das Liebesbündnis grundlegende Wechselseitigkeit betont auch die Bindungspsychologin Mary Ainsworth. Auch sie stellt heraus, dass die Mutter-Kind-Interaktion ein wechselseitiges und kein einseitiges Geschehen ist, bei dem die Kinder passive Empfänger elterlicher Zuwendungen sind. [89]

Domenica: „Diese Erfahrung habe ich auch gemacht. Gerade im ersten Lebensjahr hab’ ich jede von unseren drei Töchtern gebraucht. Freilich auf eine andere Art und Weise als sie mich, aber diese Wechselseitigkeit würde ich doch auch so bestätigen.“

Nun mag das Liebesbündnis möglicherweise nicht so populär sein wie das eingangs erwähnte nordatlantische Militärbündnis; vermutlich ist auch mehr Personen in Deutschland der Parteinamen Bündnis 90/Die Grünen geläufig, aber mit dem geflügelten Wort vom ‚Bündnis beziehungsweise Bund fürs Leben‘ lässt sich eben nicht nur die Ehe, sondern auch das schönstättische Liebesbündnis beschreiben. ‚Bund fürs Leben‘ mag vielleicht

88 Bowlby, John: Mutterliebe und kindliche Entwicklung, München/Basel 1972, S. 69.

89 Vgl. Ainsworth. Mary: Muster von Bindungsverhalten, die vom Kind in der Interaktion mit seiner Mutter gezeigt werden, in: Grossmann, Karin und Grossmann Klaus Erwin (beide Hg.): Bindung und menschliche Entwicklung, John Bowlby, Mary Ainsworth und die Grundlagen der Bindungstheorie, Stuttgart 2003, S. 102-111. Hier: S. 102.

sogar die beste Analogie sein, um auszudrücken, was das Liebesbündnis bedeutet: Ein wechselseitiges, dauerhaftes Beziehungsgeschehen, das auf dem Fundament der liebenden Verbindung zweier Personen beruht.

Erfahrungstheologie und Resonanzraum zum Thema: „Liebesbündnis“

Aus dem Liebesbündnis zu leben hat für uns in der Familie mehrere Aspekte. Wir bemühen uns Gott und die Gottesmutter als Dialog- und Bündnispartner ernst zu nehmen und in unseren Alltag einzubeziehen. Daneben beinhaltet für uns das Liebesbündnis auf die alles verändernde Kraft der Liebe zu vertrauen und dies konkret in unserer Familie umzusetzen. Zudem gibt es für uns eine weitere Gemeinschaftsdimension, wenn wir uns in besonderer Weise mit anderen Menschen verbunden fühlen, die ebenfalls aus dieser Kraftquelle Liebesbündnis leben. Schließlich ermutigt uns das Liebesbündnis nicht bei uns selber stehen zu bleiben, sondern im Einsatz für andere das zu teilen, was wir durch dieses Bündnis der Liebe geschenkt bekommen haben.

***

Es gibt ein Einhorn-Plüschtier bei uns zuhause. Dieses weiß-rosa Plüschtier mit ausreichend Glitzer gehört Klara. Ihr allein. Um nichts in der Welt würde sie es hergeben. Natürlich ist die Frage berechtigt, warum das von Relevanz ist, wenn es um Erfahrungstheologie in Bezug auf das Liebesbündnis geht. In der Zuneigung, die sie zu diesem Stofftier empfindet wird deutlich, wie sehr sie ihr Glitzereinhorn mag.

„Klara, wer darf dein Einhorn haben?"

„Niemand."

„Und wenn es Sophia oder Miriam mal wollen?"

„Auch dann nicht."

„Und wenn es den beiden mal nicht gut geht?"

„Dann dürfen sie es sich ausleihen."

Klara wird ihr Einhorn behalten, aber mit ihren Schwestern würde sie es – zur Not – teilen. Sie kann mit dem Begriff ‚Liebe' nicht viel anfangen und doch versteht sie es auch mit ihren vier Jahren eine Meisterin darin zu sein andern zu zeigen, wie es geht für jemanden da zu sein; jemand gern zu haben und zu lieben. Auch wenn das bedeutet, das Glitzereinhorn zu teilen.

***

Ich frage Miriam was für sie Liebe ist. Ohne lange nachzudenken sagt sie spontan: „Mama und Papa." Dann wendet sie sich wieder ihrem Spiel zu. Derzeit ist sie gerade in einer ihrer vielen Phantasiewelten unterwegs in der sie als Arielle, die Meerjungfrau oder wahlweise auch als Elsa, die Eiskönigin oder sonst eine der Disneyprinzessinnen die Geschicke der Welt entscheidend lenkt, das Böse besiegt und natürlich auch ein bisschen Glanz in meine schnöde Realität bringt. Aber die Antwort geht mir nach. Mama und Papa sind für sie ein Synonym für Liebe. Ich bin zum einen ein wenig stolz und zum andern vor allem sehr froh, dass sie das so empfindet.

***

Sophia kann noch nicht wirklich reden. Außer Geplapper kommt da noch nicht viel aus ihrem Mund. Zwei Ausnahmen gibt es. „Mama“ und „Papa“. Diese Worte hat sie gelernt. Tatsächlich ist sie unglaublich talentiert darin diese beiden Worte in schier unzähligen Tonlagen auszusprechen. Dann kann ein langgezogenes „Maaaaamaaaa“ bedeuten, dass sie jemand braucht, der ihr hilft, an die Spielsachen auf dem Regal zu kommen. Ein kurzes scharfes „Mamaaa!“ mit langgezogenem ‚a‘ am Ende heißt so viel wie ‚wie konntest du mich hier absetzen, ich will doch lieber auf deinem Arm sein‘. Dann gibt es aber auch noch ein sanft gehauchtes „Mama“ oder ein grinsend, erfreutes „Papa“, wenn ich nach Hause komme. Das bedeutet dann einfach: „Ich bin froh, dass ihr bei mir seid. Ich hab’ euch lieb.“ Vielleicht ist das manchmal ein wenig überinterpretiert, aber selbst Sophia, die noch nicht wirklich sprechen kann, kann in beeindruckender Weise Liebe und Zuneigung empfinden und ausdrücken.

***

So unterschiedlich unsere drei Mädels sind, das Thema ‚Liebesbündnis‘ erschließt sich für sie über die ‚Liebes-Beziehungen‘, in denen sie stehen. Das sind derzeit vor allem ihre Beziehungen zu uns als Eltern, die Bindungen zu ihren Großeltern und dann noch die Verbindungen zu anderen engen Freunden und Verwandten.

Tobias: „Mir ist durchaus bewusst, dass bei größer und älter werdenden Töchtern das Thema „Beziehungen", gerade wenn es auf die Pubertät zugeht, nochmal eine ganz eigene Dynamik in sich birgt. Derzeit bin ich aber froh, dass *dieses* Thema noch keinen unserer erfahrungstheologischen Hintergründe bietet."

Domenica: „Es ist eben so, dass ihre jetzigen kindlichen Beziehungen ihr jeweils eigener Erfahrungshintergrund ist, dem sie sich dem Liebesbündnis mit der Gottesmutter nähern; nicht nur als abstrakter Idee, sondern als konkrete Erfahrung, die sie eben schon in ihrem Leben gemacht haben."

***

Leben aus dem Liebesbündnis bedeutet für uns als Ehepaar auch unsere Ehe zu gestalten: Diesen sakramentalen Bund, den wir uns gegenseitig „vor Gottes Angesicht" 2014 versprochen haben. In dem gegenseitigen ‚Ja' zueinander haben wir auch ‚Ja' zu diesem Liebesbündnis Ehe gesagt, bei dem Gott mitgeht. Für uns bedeutet das auch, dass Maria dabei ist.

***

Aus dem Liebesbündnis zu leben hat für uns immer auch die gemeinschaftliche Dimension.

Domenica: „Ich bin in der MjF (Schönstattbewegung für Mädchen und junge Frauen) groß geworden. Dort haben mich Menschen und Freundschaften geprägt. Am Anfang, als kleines Mädchen, war ich halt einfach mit dabei als in der Gemeinschaft der Mädels das Liebesbündnis geschlossen wurde. Im Lauf der Zeit ist es immer mehr zu *meinem* Eigenen geworden. Auch, weil ich die Erfahrung machen durfte, dass es wirkt und ich mich auf Maria verlassen kann."

Tobias: „Ähnlich und doch ganz anders sind da meine Erfahrungen. Dadurch, dass ich nicht als kleiner Junge, sondern ‚erst' als Jugendlicher zum ersten Mal bei einer Veranstaltung der SMJ (Schönstatt Mannes-Jugend) dabei war, war das für mich eine bewusste Entscheidung: mich auf Schönstatt und das Liebesbündnis einzulassen. Dennoch waren natürlich gemeinschaftliche Aspekte ebenfalls wichtig um tiefer hineinzuwachsen in diese Gemeinschaft."

Domenica: „Ich glaube, wir können beide jeweils von uns sagen, dass wir uns im Rückblick betrachtet, durchaus geführt wussten – auf dem Weg im Leben mit dem Liebesbündnis; bis hin zu unserer Ehe."

Tobias: „Das kann man durchaus so sagen."

Domenica: „Heute als Ehepaar und Familie gibt es auch zahlreiche Veranstaltungen und Angebote im schönstättischem Kontext, die uns als Ehepaar bzw. als Familie guttun."

Tobias: „Aber nicht nur als passive Empfänger. Dem Volksmund nach redet der Mund davon, wovon das Herz voll ist. Uns tut es in diesem Sinne gut auch aktiv Veranstaltungen für Familien zu verantworten."

Domenica: „Das tut uns dann als Ehepaar und als Familie gut. Wenn wir miteinander Inhalte und Themen erarbeiten um sie an andere weiterzugeben, wachsen wir selber tiefer: in unserer Beziehung, aber auch im Liebesbündnis mit der Gottesmutter."

Tobias: „Grundsätzlich beinhaltet das Liebesbündnis für uns eben auch diese apostolische Dimension. Das führt dazu, dass wir das, was wir als sinnvoll und wertvoll erkannt haben, auch anderen zur Verfügung stellen wollen."

Domenica: „Auf Apostolat und Sendung wollen wir doch im nächsten Kapitel noch ausführlicher eingehen."

***

Nach einem Gottesdienst im Rahmen einer Schönstattveranstaltung.

„Mama?"

„Ja, Miriam, was ist denn?"

„Wir haben den Dank für die Pupse beim Beten vergessen."

Nun ist es so, dass Miriam gewohnt ist, beim Beten der sogenannten ‚Kleinen Weihe', dem Gebet zur Erneuerung des Liebesbündnisses, ziemlich viel dem lieben Gott und der Gottesmutter zu weihen. Dort wo normalerweise ‚nur' davon die Rede ist, dass wir, um unsere Hingabe zu bezeigen, der Gottesmutter ‚unsere Augen, Ohren, Mund und Herz' sowie „uns selber ganz und gar" weihen, fügt Miriam in der Regel noch diverse andere Körperteile hinzu: „Und um dir meine Hingabe zu bezeigen, weihe ich dir heute meine Augen, meine Ohren, meinen Mund, mein Herz, meine Stinkefüße, meine schönen Haare, meinen Poppes mit all den Pupsen, meine Beine und Arme, mein Lachen und mich selber ganz gar". Diese Aufzählung variiert von Mal zu Mal, von Abendgebet zu Abendgebet – nur die Pupse, die dürfen unter großem Gekicher der kleinen Beterin nie fehlen.

Domenica: „Es ist schön zu sehen, wie Miriam sich die ungewohnten und sperrigen formalen Worte dieses Gebetes aneignet und sie zu ihrem macht."

Tobias: „Ja. Und als wir sie darauf angesprochen haben meinte sie nur, wenn ich schon sage ‚ganz und gar', dann gehört doch da alles mit dazu, was zu mir gehört – auch meine Pupse."

Domenica: „Ich bin mir sicher, dass die Gottesmutter ihre helle Freude an diesem personalisierten, wenn auch nicht ganz gemeinschaftskonformen Weihegebet hat."

***

Tobias: „Ich durfte eine ähnlich berührende Erfahrung machen, wie der junge Joseph Kentenich, als er von seiner Mutter ins Waisenhaus nach Oberhausen gebracht werden musste."

Domenica: „In wie fern? Du bist doch immer in deiner Herkunftsfamilie aufgewachsen."

Tobias: „Ich meine auch nicht die tatsächliche Erfahrung in ein Waisenhaus abgegeben zu werden, sondern eher die Situation, was es heißt, wenn eine Mutter sehr widerwillig nicht mehr selber für den Schutz und die Fürsorge ihres Kindes aufkommen kann. Als ich im Rahmen meines Studiums für ein Jahr nach Chile ging, war das für meine Eltern sehr herausfordernd."

Domenica: „Du willst jetzt deine freie Entscheidung nach Chile zu gehen auf eine Stufe stellen, mit der ökonomischen Notwendigkeit einer allein erziehenden Mutter im 19. Jahrhundert, die ihr Kind ins Waisenhaus gibt?"

Tobias: „Nein, keineswegs. Aber die Reaktion meiner Mama, für die der Abschied von mir emotional bestimmt so herausfordernd war, wie der von Katharina Kentenich von ihrem Joseph – da liegt die Parallele."

Domenica: „Das kann ich mir, so wie ich deine Mama erlebe, wiederum nun sehr gut vorstellen."

Tobias: „Jedenfalls reagierte meine Mama sehr emotional als sie mich bei meiner Reise ans Ende der Welt verabschiedete. Nach einigen Beteuerungen, wie sehr sie mich gern habe, kamen in die Tränen hinein irgendwann nur noch die Worte ‚Jetzt muss die Gottesmutter auf dich aufpassen' heraus. Das fand ich sehr bewegend. Denn diese Worte kamen aus der Tiefe ihres Herzens. Sie haben mich in dem Jahr begleitet und ich habe erfahren dürfen, dass sich die Gottesmutter auf die Bitte meiner Mutter eingelassen hat. Ich habe mich – das ganze Jahr über – begleitet gefühlt und mit einer Selbstverständlichkeit von Maria beschützt gewusst."

Domenica: „So funktioniert Liebesbündnis auch, wenn auch auf eine ganz originelle Weise."

Tobias: „Das stimmt. Ich glaube es macht an dieser Stelle aber auch wenig Sinn schnöde Arithmetik anzuführen um aufzurechnen, wessen Zuwendung und Bitte an Maria welchen Beitrag für ihre Begleitung beigetragen hat: Ob es mein für mich selbstverständliches Leben aus dem Liebesbündnis ist oder die flehende Bitte meiner Mutter war. Fest steht, dass ich erfahren durfte, dass die Gottesmutter da ist und verbindlich zu dem steht, was sie im Liebesbündnis zusichert: Gemeinsam an ihrer Hand mich zu entwickeln und zu wachsen."

Impuls: Familie – gelebtes Liebesbündnis

Familie ist im Idealfall in sich ein Ort des gelebten Liebesbündnisses – untereinander. Für gläubige Menschen kann diese liebende Verbundenheit in der Familie ein Hinweis auf die Gott-Mensch-Beziehung sein; ein Hinweis darauf, wie wir uns Gott wie einen gütigen Vater und liebende Mutter vorstellen dürfen.

Das nachfolgende Gebet ist die äußere Form des innerlichen Ausdrucks, wenn jemand in Schönstatt das Liebesbündnis mit der Gottesmutter schließt.

Nehmen Sie sich Zeit und tauschen Sie sich aus.

1. Die Taufe ein Liebesbündnis. Kann ich glauben, dass Gott sich auf mich (und ggf. auf meine Kinder) als Bündnispartner*in einlässt?

2. Kann ich glauben, dass Maria sich als Bündnispartnerin zur Verfügung stellt?

3. Was würde ich mir von der Gottesmutter Maria wünschen und was bin ich bereit dafür zu investieren?

O meine Königin, o meine Mutter,
dir bringe ich mich ganz dar.
Und um dir meine Hingabe zu bezeigen,
weihe ich dir heute:
meine Augen,
meine Ohren,
meinen Mund,
mein Herz,
mich selber ganz gar.
Weil ich also dir gehöre,
o gute Mutter,
so bewahre mich,
beschütze mich
als dein Gut und dein Eigentum.

Amen.

Kapitel 3: Apostolat

Apostolat und Sendung oder „Wie man zur Prophetin wird“

O-Ton P. Kentenich: Wer eine Sendung hat, muss dieser auch gerecht werden

Die Situation 1949 war die, dass P. Kentenich und die Schönstattbewegung unter Beobachtung des Hl. Offiziums standen. Einer der Hauptbeweggründe für die Visitation war der, dass P. Kentenich nach seiner Rückkehr aus dem KZ Dachau Schönstatt in die bestehenden kirchlichen Rechtsstrukturen einbinden wollte und daher einige von ihm verfasste Schriften zur Überprüfung an den Bischof von Trier sandte. In prophetischer Klarheit antwortete P. Kentenich mit einer umfangreichen Studie, die er am 31.05.1949 in Bellavista/Santiago de Chile absandte. In dieser Studie – bekannt als dritter Meilenstein der Schönstattgeschichte[90] *– diagnostizierte er das mechanistische Denken*[91] *als große Gefahr für*

90 Die vier Meilensteine innerhalb der Geschichte Schönstatts sind: 1. Der Gründungsvortrag am 18.10.1014; 2. Die am 20.01.1942 innerlich bewusst getroffene Entscheidung für Schönstatt P. Kentenichs ins KZ zu gehen. 3. Die Verteidigung Schönstatts und dessen Ideen am 31.05.1949 mit der Inkaufnahme des kirchlichen Exils. 4. Die Rehabilitation des Gründers und das Versprechen an Papst Paul VI., dass sich Schönstatt der nachkonziliaren Sendung der Kirche verpflichtet weiß. Dieser vierte Meilenstein wird am 08.12.1965 mit dem Ende des Konzils und dem Vortrag P. Kentenichs auf Belmonte verortet.

91 Vgl. Schlosser, Herta: Mechanistisches Denken, in: Brantzen, Hubertus; King, Herbert; Penners, Lothar; Pollak, Gertrud; Schlosser, Herta;

die Zukunft der Kirche. Vor diesem Hintergrund und der Überzeugung als Werkzeug der Gottesmutter einen Auftrag zu haben, suchte er bewusst die Konfrontation mit der kirchlichen Autorität, um die Ideen und Inhalte Schönstatts nicht einzuschränken.[92]

„Ich habe eben darauf hingewiesen, welch große Aufgabe wir als kleine Familie hier in Chile haben. Aber auch der Anlass, der uns heute Abend zusammenführt, macht darauf aufmerksam, dass der liebe Gott uns eine große Aufgabe gegeben hat für die ganze Welt, insbesondere für Europa, für das Abendland. Was ist das für eine Aufgabe? Es handelt sich darum, die Wurzel, den letzten Keim der Krankheit bloßzulegen und zu heilen, an der die abendländische Seele leidet: das mechanistische Denken. Ich habe Gründe genug für die Annahme, dass Gott der [Schönstatt-]Familie nach dieser Richtung eine schwere Last auf die Schultern gelegt hat. Das Gesetz der geöffneten Tür überzeugt mich davon ... Aber wer eine Sendung hat, muss dieser auch getreu und gerecht werden. [...] Die eindeutige Sendung Schönstatts für das Abendland, vornehmlich für die eigene Heimat, gegenüber dem machtvoll anstürmenden und alles in Staub legenden Kollektivismus steht vor einer Mauer, die nur dann in größerem Ausmaße wirksam durchbrochen werden kann, wenn der bezeichnete Krankheitskeim überwunden und entfernt worden ist ... [...] Was

---

Schmiedl, Joachim und Wolf, Peter (alle Hg.): Schönstattlexikon, Fakten Ideen Leben, Vallendar-Schönstatt [2]2002, S. 253f.

92 Vgl. Schmiedl, Joachim: Meilensteine, in: Brantzen, Hubertus; King, Herbert; Penners, Lothar; Pollak, Gertrud; Schlosser, Herta; Schmiedl, Joachim und Wolf, Peter (alle Hg.): Schönstattlexikon, Fakten Ideen Leben, Vallendar-Schönstatt [2]2002, S. 254-256. Hier: S. 255.

bleibt uns da anderes übrig, als uns im Sinne unserer Weihe ihr vorbehaltlos zur Verfügung zu stellen und auf ihren Wunsch einzugehen, uns ihr neu auszuliefern und ihr die Verantwortung für das große Werk zu überlassen, an dem wir in Abhängigkeit von ihr und im Interesse ihrer Sendung mitarbeiten, mitleiden, mitopfern und für das wir beten dürfen. Die Gottesmutter ist hilflos. Sie kann es nicht allein. Das ist unsere Ehre, dass wir ihr helfen dürfen … Die Gottesmutter hat dem Abendland gegenüber eine große Aufgabe. Nachdem sie mir nun solche Erkenntnisse gegeben hat, verlangt sie auch von mir, dass ich ihr das alles zurückgebe. Das ist das Schöne, Große, das uns wieder einander eint: Wir bringen der lieben Gottesmutter unsere Hilflosigkeit, und sie schenkt uns ihre Hilflosigkeit, aber auch ihre Hilfsbereitschaft. […] Zwei Gedanken sollen uns in dem Kampf hineinleiten, zwei Merkworte als Leitsterne über unserem Leben stehen. Das eine heißt: Tua res agitur, clarifica te! Es handelt sich um deine Sendung, um deine Aufgabe, nun verherrliche dich und dein Werk! Das zweite heißt: Mater perfectam habebit curam! Die Gottesmutter wird sich in vollendeter Weise selber verherrlichen! Wenn wir uns bemühen, überall, wo wir können, ihren Triumphwagen zu ziehen, dann wird sie die Sorge für uns und ihr Schönstattwerk übernehmen und es siegreich durch alle Kämpfe hindurchführen, so wie sie das in den verflossenen Jahren der Verfolgung getan hat.“[93]

93 Kentenich, Joseph: Texte zum 31. Mai 1949, Vortrag im Heiligtum von Bellavista am 31. Mai 1949, bearbeitet durch Fernandez, Rafael und Unkel, Hans-Werner, Santiago de Chile 1974, S. 8-12.

Einordnende Kommentierung: Apostolat und Sendung

Menschen, die aufgrund intrinsischer Motivation[94] sich einer Sache so verschreiben, dass sie ihr Umfeld damit prägen und ihr Leben dadurch bestimmen lassen gibt es zuhauf. Egal ob es sich um bekannte, historische Persönlichkeiten wie Martin Luther King oder Mahatma Ghandi handelt oder um beeindruckende, kirchliche Heiligengestalten wie eine Klara von Assisi, eine Mutter Theresa oder einen lebensfrohen Karl Leisner oder auch egal, ob es sich um populäre Menschen unserer Zeit wie Greta Thunberg handelt.

Tobias: „Hier könnte man auch Fantasygestalten wie Harry Potter, Aragorn aus Herr der Ringe oder auch Leia Organa aus dem Star-Wars-Universum anführen."

Domenica: „Ich finde es unglaublich, dass du Harry Potter, Herr der Ringe und auch noch Star Wars in einem Gedanken unterbringen kannst, wenn wir doch eigentlich über die Spiritualität Schönstatts etwas schreiben wollen. Zudem halte ich es hier nicht für sinnvoll rein fiktive Charaktere anzuführen. Wir wollen doch den konkreten Bezug zur wirklichen Welt herstellen."

Tobias: „Dann schlage ich die Brücke, indem ich wenigstens indirekt auf das Star Wars Universum Bezug nehme und Walt Disney zitiere, der gesagt hat: Alle

94 Das soll an dieser Stelle keinesfalls als Widerspruch angesehen werden zu einem durch äußere oder auch transzendente Einflüsse veranlasstem Sendungsbewusstsein. Für Strahlkraft nach außen braucht es immer auch die innere Zustimmung und den eigenen Antrieb solcher Personen.

Träume können wahr werden, wenn wir den Mut haben, ihnen zu folgen."

Domenica: „Das passt zumindest in dem Sinnzusammenhang. Aber zurück zu den Geschichte-prägenden Personen."

Das kann sehr beeindruckend sein; aber auch verstörend, wenn die eigene Sendung eher einer krankhaften Obsession gleichkommt, wie es uns im Machtstreben und -erhalt der zahlreichen Despoten unserer Welt immer wieder vor Augen geführt wird. Das Christentum versteht sich seit seinen Ursprüngen als eine Religion, die eine Sendung hat, die auf Jesus von Nazareth zurückgeht. Apostolat und Sendung gehören nicht zuletzt deshalb schon immer zur DNA Schönstatts. Bereits 1919 entstand aus der Marianischen Kongregation heraus die „Apostolische Bewegung", die sich in die Apostolische Liga und den Apostolischen Bund[95] aufgliederte.

Kennzeichnend für die schönstättische Spiritualität ist dabei, dass es – auch schon vor dem Zweiten Vatikanischen Konzil – eigenverantwortliches Apostolat sowohl von Laien als auch von Klerikern gibt. Dabei handelt es sich um einen sakramental begründeten originären Apostolats- und Sendungsanteil, wie sie jedem Getauften zukommen.[96] Das ist kirchenhistorisch insofern beachtlich, als dass die vorkonziliare verfasste Kirche

---

95 Vgl. bspw. Haw, Johannes: Apostolischer Bund, in: [1]LThK, S. 569.

96 Vgl. CIC/1983 c. 204 §1. Zum Verständnis der Sendung der Kirche im Zweiten Vatikanischen Konzil vgl. Hofmann, Tobias: Das Kirchenamt des Pastoralreferenten, Eine kanonistische Studie zu den Rahmenstatuten der DBK von 2011, Münster 2022, S. 56-62.

mitunter als „die Kirche des Klerus“[97] und Laien lediglich als Teil einer hörenden Kirche verstanden werden konnte. Die vielfältigen Formen des Apostolates und deren jeweiliger Eigenwert zeigt sich auch in Struktur und Aufbau der Schönstattbewegung. So gibt es neben der grundsätzlichen Dreiteilung in Verband[98], Bund[99] und Liga[100] auch eine Aufteilung in unterschiedliche sogenannte Gliederungen.[101] Jede dieser Gliederungen ist eigenständig und im Rahmen ihres jeweiligen Selbstverständnisses apostolisch aktiv.[102] Die Verbände,

97 Stutz, Ulrich: Der Geist des Codex iuris canonici, Eine Einführung in das auf Geheiß Papst Pius X. verfasste und von Papst Benedikt XV. erlassene Gesetzbuch der katholischen Kirche, Stuttgart 1918, S. 83.

98 Vgl. Pollak, Gertrud: Verbände, in: Brantzen, Hubertus; King, Herbert; Penners, Lothar; Pollak, Gertrud; Schlosser, Herta; Schmiedl, Joachim und Wolf, Peter (alle Hg.): Schönstattlexikon, Fakten Ideen Leben, Vallendar-Schönstatt [2]2002, S. 407-411.

99 Vgl. Jehle, Gertrud und Norbert: Bünde, in: Brantzen, Hubertus; King, Herbert; Penners, Lothar; Pollak, Gertrud; Schlosser, Herta; Schmiedl, Joachim und Wolf, Peter (alle Hg.): Schönstattlexikon, Fakten Ideen Leben, Vallendar-Schönstatt [2]2002, S. 40-43.

100 Vgl. Mahlmeister, Wilhelm: Liga, in: Brantzen, Hubertus; King, Herbert; Penners, Lothar; Pollak, Gertrud; Schlosser, Herta; Schmiedl, Joachim und Wolf, Peter (alle Hg.): Schönstattlexikon, Fakten Ideen Leben, Vallendar-Schönstatt [2]2002, S. 236.

101 Es gibt u.a. Gliederungen speziell für Familien, Männer, Frauen, Kleriker und die beiden geschlechtsspezifischen Jugendgliederungen.

102 Vgl. weiter Hug, Heinrich und Schmiedl, Joachim: Schönstatt, Struktur, in: Brantzen, Hubertus; King, Herbert; Penners, Lothar; Pollak, Gertrud; Schlosser, Herta; Schmiedl, Joachim und Wolf, Peter (alle Hg.): Schönstattlexikon, Fakten Ideen Leben, Vallendar-Schönstatt [2]2002, S. 350-353.

Bünde und Ligen unterscheiden sich jeweils in ihrem Grad von Freiheit und Bindung.

Domenica: „Manchmal hab' ich den Eindruck, dass ich auch nach Jahren nicht damit fertig bin zu erfassen, wen und welche Gliederungen es in Schönstatt noch alles gibt – von denen ich bis dahin nie etwas gehört habe."

Tobias: „Das stimmt. Ich finde es auch beeindruckend zu sehen, dass hier Kirche im Kleinen verwirklicht wird. Dort wo Leben ist, bildet sich eine neue Gemeinschaft."

Die meisten Verbände sind im Sinne der Konstitution „Provida Mater Ecclesia"[103] von Papst Pius XII. im Sinne der kanonischen Rechtsform eines Säkularinstitutes[104] organisiert. Hubertus Brantzen unterscheidet beim Thema ‚Apostolat' innerhalb der Spiritualität Schönstatts zwischen Schönstattapostolat und Apostolat im Sinne Schönstatts.[105] Ersteres meint vor allem den inneren Aufbau der Bewegung und die Arbeit für die Schönstattfamilie; letzteres meint vor allem das, was in Schönstatt gelernt wurde, in Kirche und Gesellschaft, in Politik und Kultur, in Familie und am Arbeitsplatz einzubringen. Biblisch gründet P. Kentenich

103 P. Pius XII.: Apostolische Konstitution „Provida Mater Ecclesia", in: AAS 39 (1947), S. 114-124.

104 Vgl. CIC/1983 cc. 710-730. Vgl. zudem Pollak, Gertrud: Säkularinstitute, in: LThK3, 1465f.

105 Vgl. Brantzen, Hubertus: Apostolat, in: Brantzen, Hubertus; King, Herbert; Penners, Lothar; Pollak, Gertrud; Schlosser, Herta; Schmiedl, Joachim und Wolf, Peter (alle Hg.): Schönstattlexikon, Fakten Ideen Leben, Vallendar-Schönstatt ²2002, S. 3-8. Hier: S. 7.

die apostolische Ausrichtung Schönstatts auf dem sogenannten jesuanischen Missionsbefehl des Matthäusevangeliums (Mt 28,19ff.) und der paulinischen Aussage des zweiten Korintherbriefs: „Caritas Christi urget nos – Die Liebe Christi drängt uns“ (2 Kor 5,14). Grundsätzlich lässt sich zudem herausstellen, dass das originelle schönstättische Apostolat sich direkt aus dem Liebesbündnis mit der Gottesmutter ableiten lässt. „Maria die als Erste Christus zu den Menschen trägt, ist für ihn die Erzieherin zum Apostelgeist schlechthin.“[106] Dabei wird die Rolle der Gottesmutter als Erzieherin[107] untrennbar mit dem apostolischen Bestreben und der Notwendigkeit zur Selbsterziehung[108] verbunden. Da eine Bindung an die Gottesmutter auch lokal ausgeprägt ist durch die Dimension des Heiligtums[109], hat auch dieser Ort eine apostolische Ausrichtung. Das gilt sowohl für das Gebäude des Ur- bzw. der Filialheiligtümer, aber eben auch für die Haus- und Herzensheiligtümer der Menschen. Diese jeweiligen Orte wirken durch die in ihnen geprägten Menschen „apostolisch in die Gemeinden, Kirche und Gesellschaft hinein“[110].

---

106 Vgl. Brantzen, Hubertus: Apostolat, in: Brantzen, Hubertus; King, Herbert; Penners, Lothar; Pollak, Gertrud; Schlosser, Herta; Schmiedl, Joachim und Wolf, Peter (alle Hg.): Schönstattlexikon, Fakten Ideen Leben, Vallendar-Schönstatt [2]2002, S. 3-8. Hier: S. 5.

107 Vgl. weiter oben Kapitel 1: Maria, die Erzieherin oder „Wer erzieht hier eigentlich wen?" S.35.

108 Vgl. weiter unten Kapitel 8: Selbsterziehung oder „Wunder gibt es immer wieder" S.223.

109 Vgl. dazu weiter unten Kapitel 9: Heiligtum oder „Wo das schönste Land in Deutschlands Gauen liegt"

110 Rebbe, Maria und Rebbe, Winfried: Hausheiligtum, in: Brantzen, Hubertus; King, Herbert; Penners, Lothar; Pollak, Gertrud; Schlosser,

Das Apostolat und Sendungsempfinden in Schönstatt ist immer darauf ausgerichtet, dass es in Fühlung bleibt mit dem Göttlichen. Dementsprechend ist hier Apostolat als ‚prophetisches Apostolat' zu denken, das „zeitkritisch und zukunftsgerichtet zugleich das Gestern, Heute und Morgen"[111] in den Blick zu nehmen hat. Ein solches Sendungsbewusstsein hat daher immer zu fragen, was sich aus der Geschichte, den Zeichen der Zeit und den Stimmen der Seelen ableiten lässt, um dann als Auftrag verwirklicht zu werden. Das geflügelte Wort P. Kentenichs, das er der Bewegung ins Stammbuch geschrieben hat, wonach jede Generation Schönstatt neu zu gründen habe, sorgt bei konsequenter Beachtung dafür, dass Schönstatt aus seinem Selbstverständnis heraus nie fertig ist. Vielmehr gilt es sich auf neue Impulse einzulassen; auf zeit- und gesellschaftsimmanente Strömung zu achten und diese aufzugreifen.

Domenica: „Ich finde die Dynamik dahinter bemerkenswert. Vor allem das Vertrauen in die Jugend beziehungsweise die nachfolgenden Generationen und Akteure gefällt mir und fand ich schon immer gut."

Tobias: „Das stimmt. Dazu bedarf es aber mitunter auch viel Mut, aus dem Hamsterrad des ‚Das war schon immer so' auszusteigen."

Herta; Schmiedl, Joachim und Wolf, Peter (alle Hg.): Schönstattlexikon, Fakten Ideen Leben, Vallendar-Schönstatt [2]2002, S. 139-140. Hier: S. 140.

111 Frömbgen, M. Erika: Idealpädagogik, in: Brantzen, Hubertus; King, Herbert; Penners, Lothar; Pollak, Gertrud; Schlosser, Herta; Schmiedl, Joachim und Wolf, Peter (alle Hg.): Schönstattlexikon, Fakten Ideen Leben, Vallendar-Schönstatt [2]2002, S.169-174. Hier: S. 170.

Domenica: „Vielleicht sollten wir gerade diesen Aspekt noch ein wenig konkreter ausführen?“

Unterschiedliche Initiativen und Projekte geben davon Zeugnis. An dieser Stelle sei exemplarisch die Beteiligung der Schönstattbewegung im Rahmen des von Orden und geistlichen Gemeinschaften getragenen Campus für Theologie und Spiritualität im säkularen Berlin erwähnt – ein Ort, wo zukunftsgerichtet Spiritualität, Theologie und plurale, säkulare Welt konsequent zusammen gedacht wird.[112]

Im Rahmen der Arbeitspsychologie wird schon früh auch auf die Bedeutung von Auftrag (theologisch vielleicht als Sendung zu interpretieren) eingegangen. Dort ist das, neben anderen, ein Faktor für persönliche Zufriedenheit und persönliches Glück. Erik Erikson spricht als siebte Stufe seines entwicklungspsychologischen Modells im mittleren Erwachsenenalter von der ‚Generativität', die den Drang nach außen hat.[113] Apostolat und Sendung nur psychologisch zu sehen, würde sicher zu kurz greifen. Aber gerade bei P. Kentenich, der immer wieder Wert darauf legte, unterschiedliche spirituelle Impulse pädagogisch und psychologisch begründet und fundiert zu wissen, ist es sicher angebracht diese Dimensionen mit einzubringen.

Dass eine subjektiv empfundene Sendung immer auch gleichbedeutend mit einem göttlichen Auftrag sei, stimmt so sicher nicht. Dass aber jedem Menschen eine

112 Vgl. https://www.cts-berlin.org (zuletzt aufgerufen am 06.06.2023).

113 Vgl. https://lexikon.stangl.eu/6181/generativitat (zuletzt aufgerufen am 06.06.2023).

göttliche Idee zugrunde liegt, das dürfen wir als Christen glauben. Die zahlreichen, beeindruckenden, sendungsbewussten Personen, wie ein eingangs erwähnter Martin Luther King oder eine Mutter Theresa, können diesbezüglich als Beleg herangeführt werden. Viel relevanter bei diesem Aspekt sind aber die unzähligen Menschen, die sich in ihrem Nahbereich eingesetzt haben, um im Rahmen ihrer Möglichkeiten die ganz persönliche Lebensaufgabe für sich und andere zu verwirklichen.

Erfahrungstheologie und Resonanzraum zum Thema: „Apostolat“

Für uns gehört es zum Glauben dazu, dass wir von dem was wir erfahren dürfen – womit wir beschenkt wurden – auch wieder etwas an andere weitergeben wollen. Für uns bedeutet das, dass wir sowohl passiv ausstrahlend als auch aktiv vermittelnd, mit und in unserm Leben, ein Stück von der Wirklichkeit, auf die wir hoffen, sichtbar machen wollen: dem Reich Gottes.

Domenica: „Das klingt jetzt aber sehr theologisch abgehoben. Wäre es nicht sinnvoller zu sagen, dass wir gerne bereit sind, von dem zu erzählen was uns Halt und Kraft gibt und dazu gehört eben auch der Glaube an Gott.“

***

Apostolat und Sendung – das sind zwei Begriffe, die wir so nicht oft im Alltag gebrauchen. Dennoch fällt uns da einiges dazu ein: Unsere erste Aufgabe als Eltern oder als Ehepaar in der Familie ist es, uns nach bestem Wissen und Gewissen uns um unsere Kinder zu kümmern. Für uns gehört hierbei selbstverständlich dazu, dass wir ihnen auch unseren Glauben versuchen zu vermitteln, so dass sie später einmal hoffentlich aus einer Hoffnung leben können, die es ihnen erlaubt zukunftsorientiert und vertrauensvoll mit all dem umzugehen, was das Leben für sie bereithält. Dass dieses Apostolat sehr personenspezifisch bezogen auf die eigenen Kinder – und später vielleicht einmal die eigenen Enkelkinder – nicht allgemein ist, macht es nicht weniger wertvoll. Wir als Ehepaar leben unsere Berufung derzeit vor allem auch darin, dass wir versuchen gute Eltern zu sein. Dieses Eltern-Sein ist für uns eine Aufgabe, die uns von Gott anvertraut wurde, indem uns diese Kinder geschenkt wurden. So herausfordernd die drei auch mal sein können, bauen wir doch darauf, dass wir von IHM auch das nötige Rüstzeug in uns tragen um dieser Sendung gerecht zu werden. Schon jetzt deutet sich das an, was viele Eltern vor uns bestätigen können, dass das Eltern-Sein nicht nur ein temporäres Apostolat, sondern eher im Sinne einer Lebensaufgabe verstanden sein will.

***

Klara liebt Kleidung. Hauptsache pink oder lila. Hauptsache Glitzer. Hauptsache Kleid. In diese Kategorien fallen auch zwei ihrer absoluten Lieblingskleidungsstücke: Ein rosafarbenes Prinzessinnenkleid, das nicht nur während Fasnet[114] äußerst kleidsam ist und ein rosa-weiß-gestreifter Badeanzug mit Schmetterlingen, der zwar absolut beliebt ist, aber auch einige Nachteile mit sich bringt. So ist letzterer nicht geeignet um schnell alleine auf Toilette zu gehen und zudem braucht es draußen eine Mindesttemperatur, wie sie bei uns selbst im Hochsommer nicht an sehr vielen Tagen erreicht wird. Daher fällt auch heute die Wahl auf das Kleid. Und damit geht es los. Unsere Klara hat einen Auftrag. Zumindest scheint es so. Wie bei vermutlich unzähligen kleinen und großen Prinzessinnen, ist ihr unentwegtes Ziel: mehr Glitzer in die Welt zu bringen. Mehr Glitzer für die Menschen. Mehr Glitzer für die Tiere. Mehr Glitzer für alles. Auch wenn mir zuweilen der Zugang zu dieser pinken Prinzessinnen-Einhorn-Glitzer Welt fehlt, bin ich doch davon überzeugt, dass die Welt ein besserer Ort ist, wenn Klara mit ihrem Auftrag fertig ist. „Nun ja, was soll man mit ‚mehr Glitzer' schon anfangen?" – einen solchen Einwand kann nur jemand gelten lassen, der noch nie eine hüpfende, lachende Dreijährige in einem knallpinken Prinzessinnenkostüm inklusive rosafarbenen Pappkartonkrone mitten im Hochsommer beim Einkaufen im örtlichen Supermarkt beobachten konnte. Durchweg jede Person, der Klara so begegnet ist und von der sie so gesehen wurde, hatte danach ein Lächeln im Gesicht. Manchmal kann es so einfach sein.

114 Unter ‚Fasnet' wird hier das kulturelle Hochfest und gesellschaftliche Großereignis verstanden, dass andernorts unter Begriffen wie ‚Karneval', ‚Fastnacht' oder ‚närrische Zeit' zelebriert wird. Domenica meint zudem, es sei wichtig darauf hinzuweisen, dass es sich bei der schwäbisch-alemannischen Fasnet um ein immaterielles Kulturerbe handelt.

***

„Klara, was ist dein Auftrag in der Welt?", frage ich meinen dreijährigen Wirbelwind. Da muss Klara nicht lange nachdenken. „Einhorn und Glitzer", sind die ersten Worte, die sie mir entgegenwirft um dann nach weiterem Nachdenken erklärend hinterherzuschieben: „Also mein Auftrag in der Welt ist es Einhörner zu streicheln und auf einen Spielplatz zu gehen. Auf einen großen Spielplatz." Nach weiterem kurzem Überlegen fügt sie schließlich noch an, dass sie wie Miriam werden will." „Aber du bist doch Klara", erwidere ich ihr. „Dann", möchte ich „Klara werden." Eigentlich ziemlich schlau, denke ich mir, wenn sie die Person werden will, die in ihr grundgelegt ist.

***

Zu unserem Gottesbild gehört auch die gläubige Zuversicht, dass jeder Mensch ein einmaliger, genialer Gedanke Gottes ist; dass in jeder Person als individuellem Abbild Gottes etwas von diesem Gott hineingelegt wurde: Eine Idee für dieses eine Leben. Konsequenterweise ergibt sich daraus auch die gläubige Vermutung, dass es auch in Gott-gefügten Gemeinschaften so etwas gibt, wie eine Gemeinschaftsidee. Auch für uns als Ehepaar und Familie bedeutet dies, dass wir von einer in uns grundgelegten Sendung ausgehen. Einer Sendung, die uns von Gott geschenkt wurde und deren Verwirklichung unsere Aufgabe ist. Dabei ist der Gedanke zentral, dass es um keine von außen übergestülpte Sendung geht, sondern etwas, dass so in uns grundgelegt ist, dass wir mehr zu uns selber finden, wenn wir dem Nachspüren und diese Sendung zu verwirklichen versuchen.

Dieser Sendungsauftrag, der in uns als Ehepaar grundgelegt ist, findet sich letztlich in allen Getauften. Als Getaufte, aber eben auch speziell als Ehepaar, sollen wir mithelfen an der Verwirklichung der Sendung Jesu Christi.

Domenica: „Das sind jetzt aber ziemlich viele theologische Floskeln, die da verwendet werden. Wir sollten uns wieder eher auf das Beschreiben unserer Erfahrungen konzentrieren."

Tobias: „Vielleicht gehören auch die Begriffe ‚Sein' und ‚Sendung' zusammen."

Domenica: „Wie meinst du das?"

Tobias: „Ich glaube, dass jeder einzigartig ist und auch jedes Paar einzigartig ist."

Domenica: „Wie ein befreundetes Ehepaar mal gesagt hat, wenn es einen nochmal gäbe, wäre einer ja überflüssig."

Tobias: „Genau. Aber das was uns einzigartig macht; das was uns besonders macht; das was uns ausmacht ist ja Teil unserer Persönlichkeit als Einzelperson, als Paar und als Familie. Zum einen ist es das, wie beziehungsweise was wir sind – also das ‚Sein'. Zum andern ist in diesem Sosein aber zugleich ein Auftrag enthalten dem eigenen ‚Sein' entsprechend zu leben und auch aktiv (Beziehungs-)Leben danach zu gestalten – also die ‚Sendung'."

Domenica: „Das heißt diese ‚Sendung' kann deinen Überlegungen zu Folge eine Auswirkung haben auf das eigene Familienleben oder auch darüber hinaus ausstrahlen."

***

Domenica: „Apostolat ist für uns auch immer gleichbedeutend mit Einsatz für Andere."

Tobias: „Das stimmt. Ich würde sogar sagen, das war schon von Jugend an so – sowohl bei dir, als auch bei mir."

Domenica: „Ja. Einsatz auf unzähligen Wochenenden für andere Jugendliche, Engagement in der Jugendarbeit bei Schönstatt oder in der Pfarrei, Ferienwochen und Zeltlager, gemeinsame Feste und Gruppenstunden. Das hat sich mittlerweile gewandelt."

Tobias: „Lebensmäßig, würde ich sagen. Heute ist es so, dass wir uns gemeinsam einsetzen, für andere Ehepaare und Familien als Familientrainer. Dazu gehört auch unser Engagement im Rahmen der Ausbildung von Ehe- und Familientrainer innerhalb der Akademie für Ehe und Familie."

Domenica: „Ich glaube, das ist nicht der geeignete Ort für den Werbeblock. Wir sollten eher sagen, was wir dort machen und worin nun das Apostolat besteht."

Tobias: „Du hast recht. Wir helfen anderen Paaren dabei, dass sie befähigt werden, im Rahmen für Ehe- und Familienarbeit sich einzubringen und einzusetzen. Vor allem wird dabei die eigene Ehegeschichte beleuchtet und dann aber auch vermittelt, wie familienrelevante Inhalte lebensnah ins Heute übertragen werden können."

Domenica: „Das Ganze, das sollten wir auch erwähnen, basiert aber auf der Grundlage des christlichen Menschenbildes und den Glaubensvorstellungen, dass Gott mit uns Geschichte schreiben will."

***

Tobias: „Wir sollten bei dem Aspekt ‚Apostolat' auch was dazu schreiben, wie wir denn die Kraft und Motivation finden, um uns so einzubringen, wie wir es tun."

Domenica: „Das stimmt. Wenn wir zu hören bekommen, was wir denn noch alles täten neben Kindererziehung, Hausbau, Kursleitung, Vorträge, Bücher schreiben etc., dann kann man von außen betrachtet durchaus den Eindruck gewinnen, dass wir sehr viel machen."

Tobias: „So gesehen tun wir wirklich viel. Aber das ist ja nur die halbe Wahrheit. Das, was wir zurückbekommen ist ungleich höher und gibt uns wieder neue Kraft."

Domenica: „Ich denke, unabhängig von den wissenschaftlichen Theorien zum positiven Stress – dem sogenannten Eustress – ist es sicherlich sinnvoll zu erwähnen, dass das Leistungs- und Stressniveau von ganz vielen Faktoren abhängt und es auch für uns immer wichtig ist zu schauen, dass wir da in einer guten Balance sind, in einem Spannungsfeld zwischen Aktivität und Passivität, zwischen Engagement und eigenem Nutzen."

Tobias: „Vielleicht sollten wir es ein wenig konkreter beschreiben."

Domenica: „Mach' mal."

Tobias: „Wenn wir zu einem Wochenende mit andern Familien fahren, bedeutet das natürlich, dass wir für fünf Personen mit ganz unterschiedlichen und je eigenen Bedürfnissen Koffer packen müssen. Das ist schon ein logistischer Aufwand."

Domenica: „Den ich mittlerweile, was Aufwand-Ergebnis anbelangt, fast zur Perfektion gebracht habe."

Tobias: „Das stimmt. Aber neben Packen gehört dann die Fahrt dazu – Hin- und Rückfahrt – und im Nachgang das Waschen, Aufräumen und Wieder-Auspacken. Das wirkt für viele stressig."

Domenica: „Ist es mitunter ja auch. Und manchmal auch nervig."

Tobias: „Aber was man dabei dann übersieht, ist das, was wir zurückbekommen, wenn wir ein Wochenende am Kapellchen sind, in einem Beziehungsnetz gehalten aus Menschen, die uns wichtig sind. Bei aller physischen Anstrengung ist es eben vor allem ein inneres Auftanken. Da gewinnen wir Kraft und Energie um wieder andere Dinge anzugehen."

Domenica: „Auch in unseren Alltag gehen wir dann wieder mit einem anderen Geist. Das tut uns gut."

***

„Mama, hörst du die Sirene?", fragt Miriam fast zeitgleich mit ihrer jüngeren Schwester, die „Blaulicht, Blaulicht!" ruft. Wir sind auf einem kurzen Spaziergang unterwegs und können die unmissverständlichen Signale von Rettungsfahrzeugen hören, beziehungsweise sehen. „Hoffentlich ist nichts Schlimmes passiert", äußere ich (Domenica). „Wie meinst du das Mama?" „Naja, oft wenn man Feuerwehr, Polizei oder Krankenwagen im Einsatz sieht, fahren sie irgendwo hin, wo anderen Menschen vielleicht was passiert sein könnte." „Dann muss der liebe Gott dort auch hin und helfen." „Ganz so einfach geht das meistens nicht, aber wir können an die Menschen denken, denen es jetzt dort – wo der Krankenwagen hinfährt – nicht gut geht und für sie beten." „Und auch für die Ärzte und Feuerwehrleute", ergänzt Miriam in beeindruckender Weise diesen Gedankengang. „Hilft es für andere zu beten?“, lenkt Klara das Thema auf eher tiefgründig philosophische Fragen. „Es sind mehr Dinge durch Gebet bewirkt worden, als Menschen sich vorstellen können“, zitiere ich (Tobias) den israelischen Staatsgründer David Ben Gurion mit einem klassischen Kalenderspruch. „Und was heißt das jetzt?“, will Klara beharrlich wissen, die dadurch ihre Frage noch nicht beantwortet sieht. „Ja, Klara, beten hilft – auch wenn wir das, was Gott macht, nicht in der Hand haben.“ „Mama will damit sagen, dass Gebet vor allem auch die Haltung des Beters beeinflusst“, versuche ich (Tobias) es erneut. Klara sieht mich wieder nur fragend an und wendet sich wieder an ihre Mutter. „Dann bete ich auch für die Menschen, denen es nicht gut geht.“ „Super, Klara“, sage ich (Domenica). Ich (Tobias) ergänze schließlich noch, dass auch das Gebet für andere eine Form des Apostolats sei. Aber auch diesmal ernte ich lediglich von meiner Frau zustimmendes Nicken und von den Mädels weiterhin nur verständnislose Blicke. Ja, es ist nicht immer leicht mit so einem Theologen-Papa. Da braucht es schon sehr viel kindliche Geduld und Verständnis, um damit fertig zu werden.

***

‚Kindermund tut Wahrheit kund‘, so lautet eine alte Volksweise. Von dem Wahrheitsgehalt dieser Bauernregel können wir uns in regelmäßigen Abständen immer wieder überzeugen. Wenn beispielsweise Klara ihrem Papa sagt: „Du bist immer noch ganz schön dick. Vielleicht könntest du schneller Rennen, wenn du dünner wärst.“ Oder wenn Miriam die Kochkünste ihrer Mama freundlich aber bestimmt kommentiert: „Bei

Oma schmeckt der Kartoffelbrei viel besser. Du kannst halt nicht so gut kochen.“ Manchmal beziehen sich solche ungeschönten kindlichen Wahrheitsaussagen aber auch auf zukünftige Situationen oder zu erwartende Ereignisse. „Ich bin ein wenig nervös vor dem Termin morgen Abend“ eröffne ich (Tobias) meiner Frau. Miriam, die das mit angehört hat, hat zwar keine Ahnung um welchen Termin es sich handelt, aber sie findet mit ihrer Art trotzdem die richtigen Worte: „Du machst das bestimmt gut Papa. Du machst das immer gut, wenn du von was überzeugt bist.“ Domenica und ich staunen über diese klugen, motivierenden Worte unserer Ältesten. Am übernächsten Tag – der Termin ist sehr gut verlaufen – fragt mich Miriam wieder: „Und wie war es gestern für dich, Papa?“ „Sehr gut! Und weißt du auch warum, Mimi?“ Ohne eine Antwort abzuwarten fahre ich fort: „weil du mir Mut gegeben hast und an mich geglaubt hast. Ich habe das gestern so gut gemacht, weil du gesagt hattest, dass das so wird, wenn ich von was überzeugt bin. In gewisser Weise hast du damit schon die Zukunft vorhergesehen. Du bist eine richtige kleine Prophetin.“ „Was ist eine ‚Prophetin‘?“, will Miriam wissen. „Das ist eine Frau, die mit ihren Aussagen bewirkt, dass Menschen sich bestimmter Sachen bewusst werden. So wie du mir sinngemäß gesagt hast, dass ich mit ganzem Herzen dabei sein muss, um das zu schaffen, was ich möchte. Manchmal hat das Gesagte von Prophetinnen dann auch Auswirkungen, wie Menschen handeln. Es wirkt dann fast so, als ob die Prophetinnen schon ein wenig in die Zukunft schauen können.“ „Oh“, sagt Mimi, „dann bin ich gerne Prophetin. Und ich glaube, dass ich in der Zukunft mich über neue Haarspangen freuen werde. Und über Schokolade.

Schokolade geht immer.“ Mit einem Lachen rennt sie davon. Dumm ist sie ja nicht – unsere kleine Prophetin.

Impuls: Unsere Sendung als Familie

Es gibt Menschen, die haben einen Auftrag – sie sind ‚on a mission‘. Egal ob politisch aktiv, in Vereinen engagiert, im beruflichen Einsatz faszinierend oder für ein Thema brennend – sie sind ‚on fire‘. Sie sind ‚on a mission‘. Es gibt auch Ehepaare und Familien, die strahlen etwas aus, wenn man ihnen begegnet. Eines der berühmten Zitate, die dem französischen Dichter Paul Claudel zugeschrieben, ist der Hinweis: „Rede nur, wenn du gefragt wirst. Aber lebe so, dass du gefragt wirst.“ Das gilt in gewisser Weise auch für uns als christliche Familie. Dass wir gefragt werden, dafür muss man aber aktiv sein.

Nehmen Sie sich Zeit und tauschen Sie sich aus.

1. Welche Stärken hat jeder einzelnen von uns und welche haben wir gemeinsam? Wie können wir diese für andere einsetzen?

2. Gibt es ein Thema, das uns als Ehepaar oder Familie gemeinsam wichtig ist?

3. Was wollte ich schon immer mal machen?

Ich – ein Original

Immer wieder spricht Gott zu den Menschen
Wie dir und mir und sagt zu uns:
„Du bist wertvoll“

Er ist der Künstler, der in jedem einzelnen
Menschen ein Original erschafft.

Es ist sein Gedanke, der in dir steckt – deshalb
Gibt es Dinge, die niemand tun kann, außer dir.
Deshalb gibt es einen Streckenabschnitt, den
Niemand geht, nur du selbst.

Dieser Weg hat einen Namen: Deinen!

Ihn immer mehr zu entdecken und immer
deutlicher zu erkennen, was alles in dir steckt,
das heißt: den Gedanken zu entdecken, den
Gott von dir hat. Entdecke einen Ausdruck für
das ‚Wozu‘ deines Lebens.[115]

115 Geyer, Felix; Göttke, Peter; Jehle, Stephan und weitere: Jemand muss sie tragen!, Fackelläufer erzählen, Vallendar-Schönstatt 2015, S. 45.

Kapitel 4: Vorsehungsglaube

Praktischer Vorsehungsglaube oder „Wie sich Entdeckerinnen auf Gott-Suche begeben“

O-Ton P. Kentenich: Gott überall die Ehre zu geben

P. Kentenich baut darauf, dass Gott als ein Gott des Lebens gegenwärtig und wirkmächtig ist. Aus diesem Bewusstsein heraus formuliert er in unzähligen Ansprachen, Briefen, Predigten und Vorträgen diese Gedanken zum praktischen Vorsehungsglauben – wie er ihn nennt:

„Wir bemühen uns, überhaupt keine eigenen Pläne zu machen, sondern Gottes Plan nach dem Gesetz der geöffneten Türe zu erforschen und ihn zur Richtschnur unseres eigenen Planens, zum Maßstab unseres Handelns und zum Gegenstand unserer Verkündigung zu machen. Wir sehen eine Aufgabe darin, Gott überall die Ehre zu geben. Seine Großtaten in Zeit- und Familien- und Lebensgeschichte zu künden. Wir gehören nicht zu den Menschen, die zwar die Existenz Gottes anerkennen, aber nicht zugeben wollen, dass er sich um die Dinge dieser Welt kümmert, dass kein Haar von unserm Haupte fällt ohne sein Wissen, die deswegen kindliches Vertrauen oder bewusste Vermählung menschlicher Ohnmacht mit göttlicher Allmacht ins Reich der Fabel oder Sage verbannen möchten oder als Aberglauben und Ausdruck der Dummheit ausgeben und brandmarken ... Wir stehen mit beiden Füßen auf dem Boden Gottes und sind mit allen Fasern unseres Seins mit ihm verbunden; erwarten deshalb aber nicht bei jeder Kleinigkeit ein außergewöhnliches Eingreifen von seiner Seite. So verbinden wir im Sinne der Kirche warme übernatürliche Lebensauffassung mit heiliger Nüchternheit: Wir ringen um das Ideal vorsehungsgläubiger Werktagsheiligkeit.“[116]

Einordnende Kommentierung: Praktischer Vorsehungsglaube

> *„Ich weiß ehrlich nicht, was die Leute meinen, wenn sie von der Freiheit des menschlichen Willens sprechen. Ich habe zum Beispiel das Gefühl, dass ich irgendetwas will; aber was das mit Freiheit zu tun hat, kann ich überhaupt nicht verstehen. Ich spüre, dass ich meine Pfeife anzünden will und tue das auch; aber wie kann ich das mit der Idee der Freiheit verbinden? Was liegt hinter dem Willensakt, dass ich meine Pfeife anzünden will? Ein anderer*

116 Kentenich, Joseph: Studie 1952/53, veröffentlicht in: Ziegler, August (Hg.): Texte zum Vorsehungsglauben, [3]Vallendar-Schönstatt 1988, S. 61f. Zum Begriff der Werktagsheiligkeit vgl. Brantzen, Hubertus: Werktagsheiligkeit, in: Brantzen, Hubertus; King, Herbert; Penners, Lothar; Pollak, Gertrud; Schlosser, Herta; Schmiedl, Joachim und Wolf, Peter (alle Hg.): Schönstattlexikon, Fakten Ideen Leben, Vallendar-Schönstatt [2]2002, S. 428-431 sowie Nailis, M. Annette (Hg.): Werktagsheiligkeit, gemeinverständlicher Niederschlag einer Vortragsreihe von P. Joseph Kentenich aus dem Jahr 1937, Limburg 1964.

Willensakt? Schopenhauer hat einmal gesagt: ‚Der Mensch kann tun was er will; er kann aber nicht wollen was er will.'"[117]

Albert Einstein

Möglicherweise kann dieses suchende Zitat von Albert Einstein eine Brücke bauen, um den praktischen Vorsehungsglauben einzuführen und nicht von vornherein als Widerspruch zur menschlichen Freiheit und seinem freien Willen wahrgenommen zu werden. Vielleicht ist Gott der Platzhalter, den Einstein hier nicht benennt, wenn er Schopenhauer zitiert: Gott als derjenige, der in uns grundlegt, was wir wollen.

Domenica: „Eigentlich ist für mich viel spannender herauszufinden, warum Sophia das will, was sie will, als mir klarzumachen, warum ich will, was ich will."

Tobias: „Willst du damit andeuten, dass Sophia für dich herausfordernder erscheint als eine mögliche Vorsehung Gottes?"

Domenica: „Nicht unbedingt, aber bevor hochphilosophische Fragen gelöst werden, wäre es mir lieber, ich würde manchmal einfach nur nachvollziehen können, warum unser Nesthäkchen schreit, lacht, Trinken verschüttet, weint, sich auf den Boden wirft, in den ungewinnbaren Wrestlingkampf mit ihren älteren Schwestern einsteigt, …"

117 Pais, Abraham: Ich vertraue auf die Intuition, Der andere Albert Einstein, Heidelberg und Berlin 1998, S. 176.

Tobias: „Frei nach dem Motto: Lieber mit einer verstehbaren Sophia und einem geheimnisvollen Gottesmysterium leben als umgekehrt."

Grundsätzlich sind die Anforderungen, die die Gottesrede heute an die Theologie stellt, solche, die ein Konzept eines Vorsehungsglaubens kritisch sehen. Trotzdem bildet die vertrauensvolle, gläubige Sicht auf einen gestaltenden und heute noch wirkmächtigen Gott, der für seine Schöpfung einen vollkommenen Weisheits- und Liebesplan hat, eine der tragenden Fundamente in der Spiritualität Schönstatts. Es gilt daher „das Verständnis des Handelns Gottes auf dem von der neuzeitlichen Erkenntniskritik markierten Problemniveau [zu] explizieren und den Gottesgedanken selbst in dieser Weise [zu] bestimmen, die der Option für die menschliche Freiheit, aber auch der offenbaren Selbstbestimmung Gottes als Liebe gerecht wird."[118] Auf den Vorwurf, der praktische Vorsehungsglaube würde menschliche Freiheit negieren und in einen unhaltbaren Determinismus führen, erläutert Hans-Werner Unkel das Konzept P. Kentenichs, wenn er zusammenfasst: „Der praktische Vorsehungsglaube sieht den immer gewachsenen Freiraum für eigenständiges Denken, Experimentieren und Handeln und erkennt den damit verbundenen Machtzuwachs als unüberhörbare Herausforderung zum verantwortlichen Umgang mit der Freiheit. Er beobachtet allerdings auch, dass da, wo menschliche Freiheit sich in stillschweigender Vergessenheit und Gleichgültigkeit von Gott löst oder wo sie programmatisch gegen Gott

118 Essen, Georg: Vorsehung, systematisch-theologisch, In: LThK3, S. 899. Vgl. ausführlich zur Option der Freiheit: Striet, Magnus: Ernstfall Freiheit, Arbeit an der Schleifung der Bastionen, Freiburg i. Br. 2018.

kämpft und ihren Anspruch übersteigert, sie der Gefahr erliegt, sich selbst zu zerstören (zwei Weltkriege, Ökologiekrise) und im Nihilismus zu enden."[119]

P. Kentenich ging es beim praktischen Vorsehungsglauben weniger um theoretische Gedankenmodelle und Gottesvorstellungen; vielmehr wollte er denjenigen, mit denen er zu tun hatte, ein praktisches Modell an die Hand geben, wie sie mit Gott als einer festen, wirkmächtigen und aktiven Größe in ihrem Leben umgehen sollten. So bietet das Konzept der Psychologie des praktischen Vorsehungsglaubens keine allgemeingültige Lösung der Theodizee-Problematik. Vielmehr handelt es sich um einen subjektiven, gläubigen Ansatz, der mit Gott als aktiven, geschichtsmächtigen, lebendigen „Ich-bin-da" rechnet: Menschliche Freiheit ja; aber immer in Bezug auf ein Gegenüber – ganz im Sinne des Spannungsverhältnisses von Freiheit und Bindung. Und Bindung meint in diesem Kontext Bindung an Gott.

Domenica: „Ich glaube ein auflockerndes Beispiel wäre hier bei so viel Komplexität des Themas angebracht."

Tobias: „Hast du eines?"

Domenica: „Nicht direkt, aber mir gefällt der Gedanke, dass ich in dieser Welt nicht bloß zufällig hineinexistiere, sondern dass mein Sein einen tieferen Sinn hat. Und ich habe den Eindruck, dass dieser Sinn ein bisschen was mit dir zu tun hat und mit Miriam, mit Klara und mit Sophia."

---

119 Unkel, Hans-Werner: Praktischer Vorsehungsglaube, in: Brantzen, Hubertus; King, Herbert; Penners, Lothar; Pollak, Gertrud; Schlosser, Herta; Schmiedl, Joachim und Wolf, Peter (alle Hg.): Schönstattlexikon, Fakten Ideen Leben, Vallendar-Schönstatt [2]2002, S. 313f.

Tobias: „Das ist aber mal eine sympathische Liebeserklärung. Aber zurück zu unserer Kommentierung.“

Beim praktischen Vorsehungsglauben greift Pater Kentenich auf unterschiedliche Hilfsmodelle zurück. Er spricht dabei von Gesetzen und Gesetzmäßigkeiten, um deutlich zu machen, dass es beim Leben aus dem praktischen Vorsehungsglauben heraus auch darum geht, eine möglichst große Kongruenz und Gleichzeitigkeit zwischen göttlichem und menschlichem Handeln aufzuzeigen. So greift er beispielsweise auf das paulinische Bild der geöffneten Tür zurück. In Anlehnung an den Völkerapostel, der ganz von der großen Idee seines Lebens überzeugt war[120], stellt P. Kentenich heraus, dass auch dieser Paulus sich immer wieder vom Herrn die Türen zeigen ließ, durch die er gehen sollte.[121] Unkel beschreibt dazu, dass es im Kern des Bildwortes um die innere Bezogenheit von gottgeschenkter Sendung, dem Zeitpunkt und den konkreten Umständen ihrer Verwirklichung geht.[122] Gott selbst ist es, der die Türen öffnet. Er ist es der Gelegenheiten bietet, mitzuwirken am göttlichen Plan. Er bestimmt die Situationen und den richtigen Zeitpunkt im Sinne des johannäischen

120 Vgl. Eph 1,10: Omnia instaurare in Christo (Alles in Christus zu vereinen).

121 Vgl. 1 Kor 16,8 bzw. 2 Kor 2,12. Vgl. dazu Kentenich, Joseph: Schlüssel zum Verständnis Schönstatts (September 1951), in: Boll, Günther: Texte zum Verständnis Schönstatts, Vallendar-Schönstatt, S. 148-228. Hier: S. 181.

122 Vgl. Unkel, Hans-Werner: Geöffnete Tür, in: Brantzen, Hubertus; King, Herbert; Penners, Lothar; Pollak, Gertrud; Schlosser, Herta; Schmiedl, Joachim und Wolf, Peter (alle Hg.): Schönstattlexikon, Fakten Ideen Leben, Vallendar-Schönstatt [2]2002, S.111-112. Hier: S. 111.

Καιρός (Kairos = der richtige Zeitpunkt)[123]. Aufgabe des Menschen ist es, diesen Zeitpunkt zu entdecken und wahrzunehmen, um dann in aller Freiheit entscheiden zu können, ob die entdeckte und manchmal auch nur vermutete, geöffnete Tür durchschritten werden soll. „Nach dem Gesetz der geöffneten Tür sein Handeln auszurichten, das heißt für den vorsehungsgläubigen Menschen, sich in gläubiger Folgsamkeit, Beweglichkeit und Wagnisbereitschaft von Gott die Wege, die Mittel und den Zeitpunkt für die allmähliche Erkenntnis und die schrittweise Verwirklichung einer Sendung zeigen zu lassen, um auf diese Weise geschichtsschöpferisch wirksam zu werden.“[124]

Ein weiteres solches Hilfsmodell ist das sogenannte Gesetz der schöpferischen Resultante. Dabei geht es darum, im Nachgang bestimmter Erfahrungen gläubige Gewissheit darüber haben zu können, ob die eigene Deutung von geöffneten Türen, und die daraus resultierende Lebens- und Glaubenspraxis, tatsächlich dem Willen Gottes entsprungen ist oder doch nur den sprichwörtlich eigenen Vogel als Ursache hat. Der Begriff vom Gesetz der schöpferischen Resultante stammt von Wilhelm Wundt und wurde von P. Kentenich übernommen. Grundsätzlich besagt diese Gesetzmäßigkeit nach Wundt, dass, wenn ein Ergebnis eines psychologischen Vorgangs über die ursprünglichen Komponenten hinausreicht, dies dann auf schöpferische Kräfte eines

123 Vgl. Joh 2,3; 7,30; 12,24.

124 Unkel, Hans-Werner: Geöffnete Tür, in: Brantzen, Hubertus; King, Herbert; Penners, Lothar; Pollak, Gertrud; Schlosser, Herta; Schmiedl, Joachim und Wolf, Peter (alle Hg.): Schönstattlexikon, Fakten Ideen Leben, Vallendar-Schönstatt [2]2002, S. 111-112. Hier: S. 112.

geistig-seelischen Prinzips hindeutet. P. Kentenich wendet diesen Begriff, so Unkel, „auf den Bereich geschichtlicher Erfahrung (der Freiheit) an: Geht das positive Ergebnis von geschichtlichen Vorgängen über die Summe der einzelnen Ereignisse hinaus (‚positiver Überschuss'), schließt er auf die schöpferische Wirksamkeit göttlicher Kräfte."[125] Auch hier werden neutestamentliche Verweisstellen angeführt, die als Grundlage für ein solches Denken angesehen werden. Das Bild von den Früchten des Baumes im Matthäusevangelium[126] oder Paulus in seinem Brief an die Gemeinde in Korinth: „Meine Botschaft und Verkündigung war nicht Überredung durch gewandte und kluge Worte, sondern war mit dem Erweis von Geist und Kraft verbunden."[127] Für P. Kentenich ist das Gesetz der schöpferischen Resultante bezogen auf die Schönstattbewegung ein, mit vom Glauben erleuchteter Vernunft einsehbarer, redlicher und vertretbarer, Nachweis, dass es sich hierbei um ein „Gotteswerk" handelt.[128] Er selbst nimmt dazu dezidiert Stellung im Brief an Josef Schmitz: „Das ist die gläubige Überzeugung der [Schönstatt-]Familie. Sie gründet sich auf das ‚Gesetz der geöffneten Tür' und der

125 Unkel, Hans-Werner: Schöpferische Resultante, in: Brantzen, Hubertus; King, Herbert; Penners, Lothar; Pollak, Gertrud; Schlosser, Herta; Schmiedl, Joachim und Wolf, Peter (alle Hg.): Schönstattlexikon, Fakten Ideen Leben, Vallendar-Schönstatt [2]2002, S. 365-367. Hier: S. 366.

126 Vgl. Mt 7, 17-20.

127 1 Kor 2,4.

128 Vgl. Unkel, Hans-Werner: Schöpferische Resultante, in: Brantzen, Hubertus; King, Herbert; Penners, Lothar; Pollak, Gertrud; Schlosser, Herta; Schmiedl, Joachim und Wolf, Peter (alle Hg.): Schönstattlexikon, Fakten Ideen Leben, Vallendar-Schönstatt [2]2002, S. 365-367. Hier: S. 366.

‚schöpferischen Resultante'. Hat das erste Gesetz uns den Weg zur Entschleierung göttlicher Planung gewiesen, so überzeugt uns das zweite davon, dass wir richtig gegriffen haben, dass Schönstatt – so wie es historisch geworden ist und heute vor uns steht – weder ein teuflisches Trugbild noch eine Schöpfung menschlichen Ehrgeizes, sondern ein ausgesprochenes Gotteswerk ist."[129]

Ein vorsehungsgläubiges Bild, das P. Kentenich immer wieder gebraucht hat, ist das Bild des Pendels. „So spricht er z.B. von ‚Pendelsicherheit', die das Leben aus dem Glauben schenkt – der Glaubende erfährt die Sicherheit aus dem Vertrauen auf Gott. Das ‚Pendel' des Glaubens ist jedoch nur ‚oben' sicher verankert, was bedeutet, dass der Glaubende ‚unten', in der irdischen Realität, die Bewegtheiten des Lebens mit vielen Unsicherheiten erlebt und auskostet."[130]

Tobias: „Mir gefällt das Bild der Pendelsicherheit."

Domenica: „Und trotzdem ist es mir nicht egal, wo das Pendel hin schwingt. Ich glaube, dass sich mein Vertrauen in Gott auch in dem unausgesprochenen Deal gründet, dass euch nichts passieren darf."

Tobias: „Das kann ich gut nachvollziehen. Ich bin nicht daran interessiert, dieses Pendelvertrauen auf eine Probe zu stellen. Denn, ja, für mich ist auch klar, dass Vertrauen auch verloren gehen kann."

---

129 Kentenich, Joseph: Josephsbrief, Das Lebensgeheimnis Schönstatts, ab dem 03. Mai 1952, I. Teil Geist und Form, in: Schmitz, Joseph (Hg.), Vallendar-Schönstatt 1971, S. 84f.

130 Boll, Günther: ... vor allem mein Herz, Joseph Kentenich – Pädagoge und Gründer, Vallendar-Schönstatt 2012, S. 49.

Als Ehepaar, beziehungsweise als Familie aus dem praktischen Vorsehungsglauben zu leben, bedeutet im letzten auch die eigene Beziehungs- und Familiengeschichte in Gott rückzubinden und von dort her zu deuten. So impliziert dieser Glaube auch die Vorstellung, dass der Schöpfer den einen für die andere mitgedacht hat, als er einen seiner Lieblingsgedanken in jeden von uns hineingelegt hat. Im Letzten hat dies die Konsequenz, dass wir eben nicht nur als Einzelpersonen, sondern auch als Ehepaar, beziehungsweise als Familie eine eigene in Gott begründete Identität haben.[131] Da dementsprechend familiäre Beziehungen so in Gott verankert sind, ist auch der Auftrag mitgegeben an diesen Beziehungen zu arbeiten und in sie zu investieren, um der Würde zu entsprechen, die die beiden Eheleute sich im Ehesakrament zugesprochen haben. Dieses Konzept des praktischen Vorsehungsglaubens muss kein Widerspruch sein zu einer selbstbestimmten Form und Gestaltung des je eigenen Lebensentwurfs. Den Gedanken des bemerkenswerten Dogmatikers Oliver Wintzek folgend, reicht es „Gott als Motiv für meine Biographie"[132] zu wählen und Gott eben nicht als Movens zu denken, der mich ohne mich bewegt.[133] Auch bei der Idee des praktischen Vorsehungsglauben geht es im letzten nicht um eine fatalistische und „desaströse Gnadentheologie"[134],

131 Vgl. Brantzen, Hubertus: Mehr als Worte und Gefühle, Liebe leben in Partnerschaft, Ehe und Familie, Freiburg i. Br. 2022, S. 203.

132 Oliver Wintzek auf feinschwarz am 23. Juni 2022: https://www.feinschwarz.net/berufung-teil-ii/ (zuletzt aufgerufen am 06.06.2023).

133 Vgl. ebd.

134 Vgl. ebd.

sondern um einen der Kernsätze schönstättischer Spiritualität: Nichts ohne dich, nichts ohne uns.

Eine besondere Ausprägung gottsuchend auf die Welt zu blicken, bietet die geistliche Schule der ‚Pastoral am Puls', die mit Hilfe der Methodik der Schriftrolle und in Anlehnung an die Impulse schönstättischer Spiritualität zum praktischen Vorsehungsglauben, versucht prozesshaft der Frage nachzuspüren: Was will uns Gott durch die Seins-, Zeiten- und Seelenstimmen mitteilen?[135]

Der bereits zuvor erwähnte jüdische, brillante Physiker Albert Einstein, wird zuweilen im Zusammenhang mit der aufkommenden Quantenphysik in den 1920er Jahren mit dem Satz zitiert, dass der ‚Alte nicht würfele'. Auch wenn er selbst wohl weniger religiös war, wie man positivistisch in diesen Satz hineinlesen möchte, war er doch davon überzeugt, dass das Universum nach dem Prinzip von Ursache und Wirkung funktioniere. Gott, der hier kokettierend als ‚der Alte' beschrieben wird und damit eher an einen ZDF-Kommissar erinnert, denn an eine personale, liebende Vaterfigur, war für Einstein wohl eher eine Chiffre für ein ‚Prinzip Natur' oder ein ‚Prinzip Harmonie' oder ein ‚Prinzip Wahrheit', wie es der Elementarphysiker Thomas Naumann beschreibt.[136] Dennoch – auch wenn man das heute

---

135 Vgl. dazu ausführlich Gerber, Michael; Brantzen, Hubertus; Faulhaber, Kurt; Schmid, Bernhard (alle Hg.): Pastoral am Puls, Glaubenswege gehen – geistlich Prozesse leiten, Freiburg i. Br. 2019.

136 Vgl. https://www.deutschlandfunkkultur.de/der-alte-wuerfelt-nicht-100.html (zuletzt aufgerufen am 06.06.2023).

vielleicht als peinlich abtun würde[137] – bildet dieses (Gott-)Vertrauen auf eine höhere Instanz, die Grundlage für zahlreiche seiner berühmten Entdeckungen und im letzten ein Beispiel, wie man den praktischen Vorsehungsglauben, ohne ihn als solchen zu benennen, ins eigene Leben integriert.

Erfahrungstheologie und Resonanzraum zum Thema: „Praktischer Vorsehungsglaube"

Domenica: „Da finden wir doch was!"

Tobias: „Eine mir sehr nahestehende Person ist einmal gegen eine Glastür gerannt. Sie hat das Gesetz der geöffneten Tür wohl nicht gekannt. Gut, nun muss man fairerweise sagen, dass dieses Gesetz – so wie P. Kentenich es versteht – ja nicht aussagt, dass man durch jede Tür laufen soll. Man solle lediglich die Augen und das Herz offen halten, um diejenigen zu erkennen, die Gott einem als Chancen auf und neben den Lebensweg platziert."

Domenica: „So oder so, durch geschlossene Türen laufen zu wollen, ist wie gegen eine Mauer zu rennen. Das macht wenig Sinn. Tricky wird es aber, wenn es darum geht zu erkennen, ob eine Tür im Sinne des Gesetzes der geöffneten Tür tatsächlich geöffnet ist. Manchmal ist es gar nicht so einfach das zu erkennen. Häufig erschließt sich das erst rückblickend, wo solche Türen in unserem Leben waren."

137 Vgl. ebd.

Tobias: „Oft ist es eine gläubige Haltung, die ein Vertrauen in die Zukunft ermöglicht. Für jemand anderes zum Beispiel wäre eine Absage in einem Bewerbungsverfahren nicht notwendigerweise eine zukunftsgerichtete Erfahrung. Für mich war die abgelehnte Bewerbung für eine interessante Stelle, die weiter weg lag, aber eher der Impuls, neu und auch anders zu überlegen. Daraus ist letztlich der Impuls gewachsen, dass wir uns hier in unserm Dorf dauerhaft niederlassen wollen. Das wäre ohne diese Absage so nicht entstanden."

Domenica: „Ja, tatsächlich. Ohne die Vorstellung weg zu gehen, hätte ich das, was wir hier haben, nicht so wertschätzen können. Aber letztlich war die Bewerbung keine geöffnete Tür, dadurch waren wir aber anders sensibilisiert für die Möglichkeiten in unserer nächsten Umgebung. Letztlich hat uns deine Absage geholfen die Chance zu erkennen, dass wir hier einen Bauplatz und du eine neue Stelle haben könntest. Das war dann die geöffnete Tür. Und dieses Durchschreiten hat sich für uns gelohnt."

Tobias: „Aus unserer gläubigen Sicht heraus können wir so für uns nachvollziehen, dass es manchmal im Leben eben nicht wir sind, die den Plan machen."

***

Um eine gänzlich andere Erfahrung geht es, wenn Miriam tatsächlich ihr absolut tiefes, kindliches Vertrauen uns Eltern gegenüber zum Ausdruck bringt.

„Siehst du", ruft mir Klara aus dem Planschbecken heraus zu, „das da draußen sind meine Fußspuren." „Und wo entdeckst du Spuren von Gott? Mit dem ist es ähnlich wie mit diesen feuchten Fußabdrücken, sie sind da, auch wenn man sie nicht immer entdecken kann." frage ich sie. „Da!" ruft Mimi. Ihre kleine Schwester unterstützt sie indem sie ruft: „Und da auch. Und da. Und da." Ein wenig ignorant frage ich sie verwirrt: „Hä? Wo denn?" „Mensch Papa, Gottes Spuren kann man überall entdecken – das weißt du doch." „Das ist schlau", nicke ich meiner dreieinhalbjährigen Klara zu. „Da sind die schönsten Spuren Gottes", ergänzt Miriam nun wieder. Erneut bleibt mir nichts Anderes übrig, als wenig geistreich zu fragen: „Was meinst du denn, Mimi?" „Na da", sagt sie und zeigt auf die Wasserfußabdrücke von sich und ihrer Schwester, die langsam in der Sonne verblassen, „manchmal ist der liebe Gott doch dort, wo auch unsere Spuren sind." Ich bin ehrlich beeindruckt und ich werde mir mal wieder bewusst, dass die beiden in ihrer kindlichen Naivität viel bessere Spurensucherinnen sind, als ich es je sein könnte. Wenn ich mir dir beiden so anschaue, wie sie da so planschend im Wasser lachen, dann erahne ich wie pädagogisch genial Jesus vorgegangen ist, als er ein Kind in die Mitte geholt hat, dem es gilt ähnlich zu werden, um das Himmelreich zu finden.

***

Domenica: „Aus der Rückschau auf unseren bisherigen Lebensweg als Ehepaar fällt es mir leicht, an Gott als einen zu glauben, der mitgeht und dem wir immer wieder auch vertrauensvoll die Führung anvertrauen dürfen. Er macht dann halt wirklich was draus."

Tobias: „Zum Beispiel?"

Domenica: „Zum Beispiel als es darum ging, hier wohnen zu bleiben oder weg zu ziehen. Es gab einige gute

Chancen und Möglichkeiten, aber aus unterschiedlichen Gründen haben die jeweils beruflich oder privat nicht gepasst. Als wir dann gesagt haben, wir legen die Entscheidung in Gottes Hand und haben uns auf zwei gleichwertige Optionen parallel beworben, waren die Hinweise eindeutig. Das mag ein nicht-gläubiger Mensch als Zufall abtun. Aber für mich hatte da der liebe Gott seine Finger im Spiel."

Tobias: „Und deshalb wohnen wir hier."

Domenica: „So ist es und es fühlt sich gut an zu wissen, das ist der Ort wo Gott uns haben will."

***

Aus dem praktischen Vorsehungsglauben heraus zu leben, bedeutet zunächst einmal, dass wir viel Vertrauen haben müssen. Vertrauen darauf, dass es einen Gott gibt, der es gut mit uns meint. Vertrauen ineinander und darauf, dass dieser lebendige Gott auch eine Idee von uns und unserer Ehe hat.

Domenica: „Ich finde es einen schönen Gedanken, davon auszugehen, dass wir beide füreinander von Gott gedacht worden sind."

Tobias: „Das stimmt. Da wir glauben, dass Gott unser ‚Ja' zueinander will, können wir auch darauf bauen, dass er etwas mit uns und unserer Beziehung vorhat. Und sei es, dass wir Eltern sein dürfen für drei kleine Entdeckerinnen."

Domenica: „Miriam ist ein gutes Beispiel für gelebtes Vertrauen und die Grundhaltung, die es für praktischen Vorsehungsglauben braucht. So verlässt sie sich darauf, dass ein Versprechen – so abstrakt es auch sein mag – eingelöst wird."

Tobias: „Das stimmt. Hast du ein Beispiel?"

Domenica: „Wenn du Miriam sagst, dass sie irgendwann weitere Lego-Harry-Potter-Bausätze bekommen wird, steht das für sie völlig außer Frage."

Tobias: „Ich nehme den hedonismuskritischen Unterton in meine Richtung durchaus wahr. Aber grundsätzlich: Ja, sie vertraut mir. Sie vertraut uns. Sie vertraut auf die Zusage der Eltern – und zwar grundsätzlich und nicht nur bei profanen, materiellen Dingen wie Harry-Potter-Franchise-Artikel."

Domenica: „Diese kindlich-vertrauende Grundhaltung, die Mimi uns entgegenbringt, ist letztlich die notwendige, gläubige Haltung aus der heraus eine praktische Annäherung an die Idee des Vorsehungsglauben überhaupt nur möglich ist."

***

Praktischer Vorsehungsglaube ist vor allem dann schwierig, wenn es um Erfahrungen geht, die wir selbst nicht als gut und/oder sinnvoll einordnen können.

Tobias: „Ich muss nicht hinter allem einen Sinn entdecken können, aber dennoch bietet sich mir die Möglichkeit auch in einer – aus meiner Sicht – unsinnigen Realität Spuren Gottes erkennen zu können."

Domenica: „Das ist aber oft schwerer."

Tobias: „Nicht unbedingt. Der Volksmund sagt, dass ‚Leid beten lehrt'. Ich habe den Eindruck, dass da viel Wahres dran ist."

Domenica: „Das stimmt. Wenn ich mit Sinn, beziehungsweise Unsinn des Lebens existentiell konfrontiert bin, ist Gott zumindest ein Gegenüber, mit dem ich ringen kann."

Tobias: „Zum Beispiel?"

Domenica: „Als meine Mama gestorben ist, war ich nicht damit einverstanden. Aber ich durfte sie auf ihrem letzten Weg begleiten und das hat in mir einen tiefen Frieden, eine unglaubliche Kraft und eine himmlische Hoffnung ausgelöst. Bei all dem Schmerz und der Trauer über den Verlust, kann ich heute sagen, dass ich sehr dankbar dafür bin, wie sie gehen durfte. Das war gefügt. Das will ich gerne glauben und das glaube ich."

***

Domenica: „Erzähl' doch mal von deiner Berufung. Das passt doch gut zum Thema ‚Praktischer Vorsehungsglaube'."

Tobias: „Ja, ich glaube, jede Berufung hat etwas damit zu tun, dass man auf einen Weg setzt, von dem man glaubt, dass Gott ihn für einen gedacht hat und, dass er diesen Weg mitgeht."

Domenica: „Das ist schon richtig so. Das empfinde ich auch so, aber erzähl' doch mal von dir persönlich."

Tobias: „Seminareintritt/Austritt/Berufung zur Ehe. Das hab' ich doch schon mal in einem Artikel zusammengeschrieben."

Domenica: „Dann füge den doch hier an."

Tobias: „Und gleichzeitig kann ich noch Werbung für die Familienzeitschrift der Schönstattbewegung ‚Wir' machen."

Auf dem Weg ins Priesterseminar und wieder heraus – eine Geschichte über Berufung und Liebe

1. *Phase: Leben gilt es zu wagen und nicht nur zu verwalten.*

   „Als katholischer junger Mann, sollte man sich wenigstens einmal im Leben mit der Frage auseinandersetzen, ob man sich vorstellen kann Priester zu werden.“ So oder so ähnlich hat mir in meiner SMJ-Laufbahn unser authentisch sympathischer Zeltlager-Geistlicher eine Frage mit auf meinen Lebensweg gegeben, die mir naheging.

   Gott, den ich als einen Gott des Lebens glaube, will auch in unserer Zeit mit Menschen Geschichten schreiben. Ein wenig erschreckend ist es dann doch, wenn einem klar wird, dass so eine Glaubensaussage bis ins letzte durchbuchstabiert Konsequenzen für einen selbst und das eigenen Leben bedeutet. Und so kam es, dass ich mich unzählige Gespräche mit Freunden, bei ungesundem Junk-Food und dem ein oder anderen alkoholischen Getränk, später als junger Mann, im Jahr 2006 auf dem Weg zu einem Erstgespräch ins Bamberger Priesterseminar begab. Bis zu diesem Zeitpunkt hatte ich vergleichsweise wenig Ahnung davon, was sich hinter Begriffen wie Regens, Stundengebet, Exhorte oder Zeremoniar verbarg. Doch das ist eine andere Geschichte und soll ein andermal erzählt werden. Es blieb nicht bei diesem Erstgespräch. Ab dem kommenden Wintersemester war ich dann offiziell Priesteramtskandidat oder wie man so schön sagt „Alumnus“ (Pflänzchen) im Priesterseminar.

2. *Phase: Berufung leben: Rein ins Seminar und wieder raus – Meine Katharsis*
Das Wachstum dieses Pflänzchen wurde in den nächsten Jahren dort im Seminar und an der Universität gefördert. Neben hoher Theologie, tiefer Spiritualität, ausgeprägtem Gebetsleben, sozialem Miteinander kam auch das leibliche Wohl nicht zu kurz. Kurzum: Mir ging es gut und es war bequem sich darauf einzulassen. Der Begriff „Berufung" ist ja oft so ein Theologensprech. Berufung ist demnach zu verstehen als ein kontinuierliches, dialogisches Geschehen zwischen Gott und dem Menschen. Das bedeutet aber auch, dass man darauf gefasst sein muss, dass Gott nicht in einer Endlosschleife die immer gleichen Vorschläge für einen selbst von sich gibt. Zumindest war das meine Erfahrung. In meinem so genannten Freijahr in Chile lernte ich eine Frau kennen, die ohne es zu wissen, mich aus meiner eingerichteten Lebensplanung und bequemen Berufungsgeschichte herausriss. Mir war wichtig, nicht wegen ihr das Seminar und meinen bis dahin eingeschlagenen Lebensweg zu verlassen, sondern soweit als möglich eine innere freie Entscheidung zu treffen, ob der Weg hin zum priesterlichen Dienst tatsächlich mein Weg ist. Die Frage nach einer Beziehung war damit zwar eng verknüpft, ich wollte sie aber nachgelagert betrachten. Nach langen inneren Unruhen und Prozessen stand schließlich der Entschluss fest, wieder aus dem Seminar auszutreten. Erst danach wagte ich den Vertrauenssprung und fragte die Frau, ob sie sich – jetzt da ich aus dem Seminar ausgetreten sei – eine Beziehung mit mir vorstellen könnte.

3. *Phase: Wunder des Lebens*
Und heute? Die Frau von damals und ich haben im Jahr des letzten Fußball-WM-Triumphs beziehungsweise im Jahr der 100-Jahre-Schönstattfeier am 26.07. „Ja“ zueinander gesagt. Nun leben wir gemeinsam ***unsere Berufung*** als Familie. Konkret bedeutet das für mich, dass ich zusammen mit vier Damen leben darf. Die eine davon ist die mit dem „Ja-Wort“; die anderen drei wurden uns geschenkt. Ehrlicherweise fällt es mir nicht schwer, wenn ich in die wundervollen Augen dieser drei kleinen Mädels, meiner Töchter, blicke, die Sache mit dem praktischen Vorsehungsglauben auf mich und mein Leben anzuwenden und mich aus der Retrospektive immer begleitet zu wissen von Gott und der Gottesmutter – so abenteuerlich mein Weg bis hierhin auch war.

Ob der Ruf, der mich ins Seminar gehen hat lassen nur Einbildung gewesen sei, wurde ich mal gefragt. Ich hatte mittlerweile mehr als zehn Jahre Zeit darüber nachzudenken und kann ehrlich sagen, dass ich der festen Überzeugung bin, dass dem nicht so ist. Gott wollte, dass ich mich auf den Weg zum Priesterberuf mache; er wollte dann aber auch, dass ich wieder aus dem Seminar gehe. Ich bin als ein anderer herausgegangen, als derjenige der ich bei Eintritt war. So ist das Leben nun mal. Und so ist der Gott des Lebens eben auch.[138]

---

138 Der leicht veränderte Artikel ist der Zeitschrift ‚WIR' – Ausgabe: Aufbrüche wagen, Neue Wege, 1-2022 entnommen: https://wir-familienmagazin.de/ (zuletzt aufgerufen am 06.06.2023).

Impuls: Gott suchen in der Familie

Ist es Zufall, dass wir in dem Beziehungsnetz leben, in welchem wir eingebunden sind oder ist dies ein erster Hinweis auf die Gegenwart Gottes in meinem Leben? Unsere engsten Beziehungen sind oft diejenigen, aus denen wir Kraft schöpfen und die uns über uns selbst erheben. In der Liebe zu anderen Menschen erfahren wir, dass es Verbindungen gibt, die uns selbst übersteigen. Verbindungen zu anderen Menschen. Verbindung zu Maria. Verbindung zu Gott.

Nehmen Sie sich Zeit und tauschen Sie sich aus.

1. Wann hatte ich den Eindruck, dass Gott in meinem Leben gegenwärtig ist? Woran habe ich das erkannt?

2. Wenn Gott und die Gottesmutter in meinem Leben aktiv wären, wie würde ich sie entdecken?

3. Welche Ereignisse und Erfahrungen wirken aus heutiger Sicht so, als ob da ein größerer Plan dahinterstand?

Die Gebetssprache der Psalmen war die Gebetssprache Jesu. Diese uralten Worte voller Vertrauen und Leben können für uns Wahrheiten erschließen, die wir so nicht zu denken glauben.

Psalm 139,1-14: Leben in Gottes Allgegenwart

HERR, du hast mich erforscht und kennst mich.
Ob ich sitze oder stehe, du kennst es.
Du durchschaust meine Gedanken von fern.
Ob ich gehe oder ruhe, du hast es gemessen.
Du bist vertraut mit all meinen Wegen.
Ja, noch nicht ist das Wort auf meiner Zunge,
siehe, HERR, da hast du es schon völlig erkannt.
Von hinten und von vorn hast du mich umschlossen,
hast auf mich deine Hand gelegt.
Zu wunderbar ist für mich dieses Wissen,
zu hoch, ich kann es nicht begreifen.
Wohin kann ich gehen vor deinem Geist,
wohin vor deinem Angesicht fliehen?
Wenn ich hinaufstiege zum Himmel –
dort bist du;
wenn ich mich lagerte in der Unterwelt –
siehe, da bist du.
Nähme ich die Flügel des Morgenrots,
ließe ich mich nieder am Ende des Meeres,
auch dort würde deine Hand mich leiten und deine Rechte mich ergreifen.
Würde ich sagen: Finsternis soll mich verschlingen
und das Licht um mich soll Nacht sein!
Auch die Finsternis ist nicht finster vor dir,
die Nacht leuchtet wie der Tag,
wie das Licht wird die Finsternis.
Du selbst hast mein Innerstes geschaffen,
hast mich gewoben im Schoß meiner Mutter.
Ich danke dir, dass ich so staunenswert und wunderbar gestaltet bin.
Ich weiß es genau: Wunderbar sind deine Werke.

Die Ehre sei dem Vater froh erwiesen
durch Christus, mit Maria hochgepriesen,
im Heiligen Geiste voller Herrlichkeit
vom Weltall jetzt und alle Ewigkeit. Amen

Kapitel 5: Bindungen und Freiheit

Freiheit und Bindung oder „Warum Bullerbü auch am Rande des Schwarzwaldes liegt“

O-Ton P. Kentenich: Bindung soweit als nötig, Freiheit soweit als möglich und in allem Geistpflege

‚Marianische Werkzeugsfrömmigkeit‘ ist der Titel einer Vortragsreihe die P. Kentenich als Häftling 1944 im KZ von Dachau gehalten hat. Gleich zu Beginn wird deutlich, dass P. Kentenich als Gründer hier auf die wesentlichsten Strukturlinien innerhalb der Lebens- und Wirkungsgeschichte Schönstatts abzielt.[139] *Dieses Werk ist also einer der ‚Klassiker‘ der Schönstattliteratur und wird zumindest innerhalb der Bewegung auch als solcher aufgefasst:*

„Eine Gemeinschaft, die sich von Anfang an als Werk und Werkzeug in der Hand der Gottesmutter zur Überwindung des Massenmenschen in Individuum und Gesellschaft aufgefasst [hat], kann nicht anders: Sie muss sowohl in Erziehung als auch in Verfassung und Leitung sich an das Prinzip halten: Bindung nur (aber auch) soweit als nötig, Freiheit und Geistpflege so viel als eben möglich. Nur so kann der Schönstattmensch geschaffen werden, der sich möglichst von innen heraus

139 Vgl. Kentenich, Joseph: Marianische Werkzeugsfrömmigkeit, bearbeitete Nachschrift durch Freitag, Maria, Schönstatt-Vallendar 1974, S. 1.

frei an das Ideal bindet. Dieses Ringen um innere Idealgebundenheit durchzieht wie ein roter Faden die Vorgeschichte der ganzen Familie. Man erinnere sich an die programmatische Ansprache vom Oktober 1912. Da heißt es: „Wir wollen lernen, uns unter dem Schutze Mariens, selbst zu erziehen zu festen, freien, priesterlichen Charakteren“. In einem Briefe vom Mai 1916 heißt es: „Wenn wir unserem Institut in seinem Wesen treu bleiben wollen, so – meine ich – durch Arbeit von innen heraus, durch zielbewusste und systematische Erziehung zum freien, selbstständigen Erfassen und Auswirken unseres Ideals. Die Liebe, nicht der Zwang sollte uns zusammenhalten. Wenn dem aber so ist, dann muss auch unsere ganze Erziehung danach sein. Liebe als Ziel, Liebe als Mittel mit entsprechender Anpassung an die jeweilige Entwicklungsstufe des Kandidaten! Sonst wird die Liebe zur Schwäche, die Freiheit zur Zügellosigkeit.“ [140]

Einordnende Kommentierung: Freiheit und Bindung

Der Freiheitsraum des Einzelnen war P. Kentenich bei allen Fragen rund um die Spiritualität Schönstatts wichtig. Für ihn gehörten die beiden Seiten der Medaille ‚Freiheit und Bindung‘ wie selbstverständlich zusammen. Auch heute noch sind diese Dimensionen maßgeblich für den Charakter schönstättischer

140 Ebd., S. 1.

Gemeinschaftsformen. Als eine solche Gemeinschaftsform darf durchaus auch die Familie als erste und mitunter auch als eine der prägendsten Gemeinschaften angenommen werden, in die ein Mensch hineingeboren wird.

Domenica: „Bei den anderen Kommentierungen haben wir mitunter einen Einstieg gewählt, der nicht gleich mit dem Thema ins Haus fällt."

Tobias: „Mir fällt als erstes Mel Gibson in seiner Rolle als schottischer Freiheitskämpfer William Wallace ein, wenn er kurz vor seinem Tod aus tiefster Überzeugung das Wort FREIHEIT brüllt."

Domenica: „Ich dachte an etwas weniger Hollywood und mehr Wirklichkeit. Ich denke beispielsweise an die Wiedervereinigung, die du als kleines Kind als großes Freiheitsgeschehen vor deiner Haustür erlebt hast."

Tobias: „Oder, wenn wir schon bei familienbiographischen Themen sind: Als dein Opa an Weihnachten aus der Kriegsgefangenschaft heimkommt. Die Freiheit überall hingehen zu können (endlich wieder) und überlebt zu haben in Kombination mit der Bindung und Beziehung an seine Familie."

Günther Niehüser, der sich intensiv mit der Bindungspsychologie und -lehre P. Kentenichs auseinandergesetzt hat, stellt fest, dass sowohl bei Bowlby und Ainsworth[141] als auch bei P. Kentenich die personale

141 Der britische Kinderpsychiater John Bowlby (1907-1990) und die US-amerikanisch-kanadische Psychologin Mary Ainsworth (1913-1999) gelten als zwei wesentliche Begründende der bis heute relevanten Bindungstheorie.
Das bindungspsychologische Konzept von John Bowlby (Vgl. Bowlby,

John: Trennung, Psychische Schäden als Folge der Trennung von Mutter und Kind, Frankfurt am Main 1986, S. 246) beinhaltet wesentlich drei Aspekte: 1. Die Nähe der Person, der das Kind besonders gern Zuneigung entgegenbringt, wird bei ihm als Bindungs- oder Mutterfigur bezeichnet. In ihrer Nähe mindert sich die Furchtreaktion des Kindes. 2. In der frühen Kindheit entwickelt sich Vertrauen in die Verfügbarkeit dieser Mutterfigur (analog dazu auch das Fehlen solchen Vertrauens). 3. Die Erwartungen eines Menschen bezüglich des Umgangs mit allen weiteren Bindungsfiguren im Leben sind mehr oder wenige immer Reflexionen der Erfahrungen, die diese Individuen bereits gemacht haben.

Niehüser (vgl. Niehüser, Günther: Bindung und menschliche Entwicklung, Der Bindungsorganismus im Spiegel der Bindungsforschung unter besonderer Berücksichtigung der ‚personalen Bindung', Vallendar-Schönstatt 2011, S. 88-94) fasst die Ergebnisse der bindungspsychologischen Forscherin Mary Ainsworth zusammen, die sich unter anderem dadurch ausgezeichnet hat, dass sie Methoden entwickelt hat um unterschiedliche Bindungsformen zu messen und zu klassifizieren. Sie geht bei der Säuglings-/Kinderentwicklung von vier ineinander verschwimmenden Phasen aus: In der ersten Phase gibt es keine auffällige Bevorzugung einer bestimmten Person in sozialen Reaktionen. In der zweiten Phase (ca. 8.-12. Woche) wird die Mutterfigur deutlich bevorzugt aber es gibt eine gleichzeitige Ansprechbarkeit auf andere Personen hin. In der dritten Phase (etwa 6.-7. Monat) herrscht eine scharfe Bindung an die Mutter vor und die Freundlichkeit gegenüber anderen ist stark gemindert. In der vierten Phase gibt es dann Bindungen an mehrere Personen über die Mutter hinaus. Darüber hinaus weist Ainsworth nach, dass Bindungsverhalten auch über überschaubare Distanz aufrechterhalten werden kann, so dass die Bindungsperson auch dann so etwas wie die *sichere Basis* ist. Zudem weist sie nach, dass die Bindung an andere fürsorgende Personen meist schnell der Bindung an die primäre Bindungsperson (meistens die Mutter) folgt (hierzu vgl. Ainsworth. Mary: Muster von Bindungsverhalten, die vom Kind in der Interaktion mit seiner Mutter gezeigt werden, in: Grossmann, Karin und Grossmann Klaus Erwin (beide Hg.):

Bindung dann entsteht, wenn ausreichend emotionale Sicherheit sowie eine Gebundenheit in liebvollen Grundbeziehungen gegeben sind.[142] Alle drei erachten eine gesunde Bindung für unbedingt notwendig im Sinne psychischer Entwicklungsförderung. Dabei ist laut Niehüser besonders die häusliche Liebe, die er als familiale Liebe umschreibt, besonders hervorzuheben.[143] In der Klassifizierung der unterschiedlichen Bindungen nach Ainsworth fällt auf, dass bei den sogenannten unsicher, beziehungsweise nicht gebundenen Kindern zwar die Grundversorgung gesichert war, aber jegliche Wärme und innere Beteiligung der Mütter im Umgang mit den Kindern fehlte.[144] Pater Kentenich selbst hatte

---

Bindung und menschliche Entwicklung, John Bowlby, Mary Ainsworth und die Grundlagen der Bindungstheorie, Stuttgart 2003, S. 102-111. Hier: S. 110-111). Gertraud Diem-Wille macht kritisch darauf aufmerksam, dass Bowlby im Gegensatz zu Freud beispielsweise die unterschiedlichen Persönlichkeiten und Persönlichkeitsstrukturen, die auch bei Säuglingen vorhanden sind, nicht in seine Überlegungen einbezog (vgl. Diem-Wille, Gertraud: Das Kleinkind und seine Eltern, Perspektiven psychoanalytischer Babybeobachtungen, Stuttgart 2003, S. 78).

142 Vgl. Niehüser, Günther: Bindung und menschliche Entwicklung, Der Bindungsorganismus im Spiegel der Bindungsforschung unter besonderer Berücksichtigung der ‚personalen Bindung', Vallendar-Schönstatt 2011, S. 159.

143 Vgl. ebd., S.158. Niehüser greift dabei auf ein Konzept des Psychologen Karen zurück, der die scheinbar unauffälligen Bindungen zwischen Mann-Frau, Eltern-Kind, Onkel-Tante, Großeltern etc. als ‚domestic love' beschrieben hat (Karen, Robert: Becoming attached, First relationships and how they shape our capacity to love, New York/ Oxford 1998, S. 90).

144 Vgl. Niehüser, Günther: Bindung und menschliche Entwicklung, Der Bindungsorganismus im Spiegel der Bindungsforschung unter besonderer Berücksichtigung der ‚personalen Bindung', Vallendar-

am 12. April 1894, als er mit acht Jahren in das Waisenhaus nach Oberhausen kam, in Form einer innerlich bewusst vollzogenen, religiös motivierten Bindung an Maria, der Mutter Jesu, das Schlüsselerlebnis seines Lebens.[145] Diese Marienweihe, beziehungsweise dieses Liebesbündnis, ist die „lebensgeschichtliche Grundlage seiner Konstrukte zur religiösen Bindung an Personen, Ideen bzw. Ideal und Orte."[146]

Niehüser weist in seiner Forschung stimmig nach, dass für P. Kentenich nicht nur die personalen, sondern auch die ideelen Bindungen, wie die an Formen und Bräuche, und lokalen Bindungen, wie die an Orte, von grundlegender Bedeutung innerhalb der Spiritualität Schönstatts sind. Bei allen drei Bindungstypen liegt die religiöse Dimension der Gebundenheit quer und ist letztlich allen gemeinsam.[147]

Domenica: „Ich finde es dabei spannend, auf die ganze Thematik als Ehepaar zu blicken."

Tobias: „In wie fern?"

Schönstatt 2011, S. 87. Jungmann, Tanja; Reichenbach, Christina: Bindungstheorie und pädagogisches Handeln, Ein Praxisleitfaden, Basel 2009, S. 21, weisen darauf hin, dass die Phase der eigentlichen Bindung bei Kindern im Alter von sieben bis acht Monaten anzusetzen ist.

145 Vgl. Schlickmann, M. Dorothea: Die verborgenen Jahre, Pater Joseph Kentenich Kindheit und Jugend (1885-1910), Vallendar-Schönstatt 2007, S. 104-111.

146 Niehüser, Günther: Bindung und menschliche Entwicklung, Der Bindungsorganismus im Spiegel der Bindungsforschung unter besonderer Berücksichtigung der ‚personalen Bindung', Vallendar-Schönstatt 2011, S. 10.

147 Vgl. ebd., S. 31-33 und S. 165f.

Domenica: „Nimm als Beispiel die lokale Bindung. Du bist da als Einzelperson durchaus in deiner fränkischen Heimat verwurzelt. Als Paar und Familie hingegen haben wir uns zusammen lokal eher hier in unserm Ort am Rande des Schwarzwalds verwurzelt."

Tobias: „Das stimmt. Und tatsächlich sind die persönlichen Bindungen und die Bindungen, die wir als Paar bzw. als Familie haben, ja miteinander verwoben."

Die Frage nach der Bindung ist eng verknüpft mit dem psychologischen Ansatz P. Kentenichs, der immer wieder mit entwicklungspsychologischen Erkenntnissen moderner Psychologie korrespondiert. P. Kentenich geht davon aus, dass sich der Mensch „zu früh gemachten und in Bindungsmustern verankerten Bindungserfahrungen verhält, das heißt, dass in der Regel sein Verhalten [...] frühere verankerte Erfahrungen"[148] kommentiert. Alexandre Mello weist in diesem Kontext darauf hin, dass P. Kentenich immer wieder den Ausdruck ‚der Psychologe in mir' benutzt hat, um die psychologische Grunddimension seines Denkens und der schönstättischen Spiritualität und nicht zuletzt seines seelsorgerischen Ansatzes zu bezeichnen.[149] Ähnlich

148 Ebd., S. 160f. Das korrespondiert mit dem individualpsychologischen Ansatz von Alfred Adler, wonach die Zukunft in der Vergangenheit schon gegenwärtig ist.

149 Vgl. Mello, Alexandre: Das seelsorgliche Gespräch, Grundhaltungen nach Joseph Kentenich, Vallendar-Schönstatt 2001, S. 33. Mello stellt in seiner Studie heraus, dass der seelsorgerische Ansatz P. Kentenichs wie er ihn in ‚Ethos und Ideal in der Erziehung' 1931 vermittelt grundlegend ähnlich und vergleichbar mit dem von Ansatz des US-amerikanischen Psychologen Carl Rogers ist. 1941 arbeitet Rogers die drei Grundhaltungen personenzentrierter Gesprächsführung

wie Hans Czarkowski[150] stellt Mello vier Dimensionen des psychologischen Ansatzes bei P. Kentenich heraus: 1. P. Kentenich geht es um einen ganzheitlichen, organischen Ansatz in Bezug auf die Entwicklungs- und Bindungspsychologie. 2. Es geht um ein perspektivisch-psychologisches Denken, das jeden Bereich der Wirklichkeit unter psychologischem Blickwinkel, anschaut. 3. Weiter betont P. Kentenich eine thematische Universalität seiner psychologischen Aussagen, um schließlich 4. die pädagogische Relevanz seines psychologischen Ansatzes, der als eine Wechselwirkung zwischen Psychologie, Pädagogik und Theologie verstanden sein will, zu beschreiben.[151]

Angelika Schulz macht in ihrem pädagogisch-orientierten Vergleich der Identitätsmodelle des Psychologen Erik Erikson und P. Kentenich darauf aufmerksam, dass die beiden aller Wahrscheinlichkeit nach nie voneinander Kenntnis erhalten haben und dennoch – trotz unterschiedlicher Grundannahmen über den Menschen (christliches Menschenbild auf der Basis der Offenbarung bei P. Kentenich und psychoanalytische Persönlichkeitstheorie bei Erikson) – eine Ähnlichkeit bezüglich der Strukturlinien vorliegt[152]: „Die

wissenschaftlich heraus: Kongruenz, Wertschätzung und Empathie.

150 Vgl. Czarkowski, Hans: Psychologie als Organismuslehre, Joseph Kentenich und die moderne Psychologie unter besonderer Berücksichtigung der Tiefenpsychologie, Vallendar-Schönstatt 1978.

151 Vgl. Mello, Alexandre: Das seelsorgliche Gespräch, Grundhaltungen nach Joseph Kentenich, Vallendar-Schönstatt 2001, S. 35.

152 Vgl. Schulz, Angelika: Identitätsbindung, Der Pädagoge Pater J. Kentenich und die Identitätstheorie von Erik H. Erikson, Vallendar-Schönstatt 1995, S. 60.

Persönlichkeit des Menschen, seine Identität wächst aus der Wechselseitigkeit endogener Entwicklungsgesetze und soziokultureller Einbindung."[153] Die jeweils unterschiedlich bezeichnete personale Mitte-Instanz („Ich" bei Erikson und „Persönlichkeitskern" bei P. Kentenich) hat jeweils die Aufgabe, alles, was den Menschen ausmacht, alle Kräfte in Körper und Geist zu einer sinnvollen, ganzheitlichen Einheitlichkeit zu integrieren.[154] P. Kentenich drückt dies durch den Begriff des organischen Denkens, Lebens und Liebens aus. Die Basis für eine gesunde Entwicklung und letztlich auch die Basis für eine gesunde religiöse Bindung ist grundgelegt in dem, was Erikson als Urvertrauen bezeichnet. Dieses Grundvertrauen ist „der Eckstein der gesunden Persönlichkeit."[155] Dort wo dieses gestört oder nicht vorhanden ist aufgrund von negativen (Vor-) Erfahrungen braucht es positive Gegen- oder Ergänzungserfahrungen um in ein gesundes Bindungsverhalten im Sinne der Bindungspädagogik hineinwachsen zu können.[156] Es braucht letztlich ein gesundes Verhältnis von personaler Bindung und menschlicher Freiheit um nicht über ein solches Ur-Misstrauen ins psychotische Extrem abzudriften, bei dem der Mensch grundsätzlich

153 Ebd., S. 60.

154 Ebd., S. 60. Aus heutiger Sicht kritisch könnte man sowohl bei P. Kentenich als auch Erikson einwenden, dass die pränatale Bindung kaum bis gar nicht berücksichtigt wird, ebenso wenig die spätere Bedeutung selbst gestalteter und gewählter Bindungen.

155 Erikson, Erik: Identität und Lebenszyklus, Berlin 1973, S. 63.

156 Vgl. Frömbgen, M. Erika: Bündnispädagogik, in: Brantzen, Hubertus; King, Herbert; Penners, Lothar; Pollak, Gertrud; Schlosser, Herta; Schmiedl, Joachim und Wolf, Peter (alle Hg.): Schönstattlexikon, Fakten Ideen Leben, Vallendar-Schönstatt [2]2002, S. 49-52. Hier: S. 50.

nicht in der Lage ist stabile Bindungen einzugehen.[157] Diese psychoanalytische Übertragung der eigenen Bindungen auf die Gottesbeziehung ist für P. Kentenich grundlegend. Mello weist aber darauf hin, dass für P. Kentenich das herausfordernde Wort ‚Übertragung' etwas Anderes und teilweise Konträres aussagt als beispielsweise bei Siegmund Freud: „Im Unterschied zum klassischen psychoanalytischen Verständnis aber ist die ‚Übertragung' bei einem ‚organischen Denken' als ein positiver und konstruktiver Vorgang zu bewerten, denn normalerweise kann nur der, der menschliche Liebe erlebt hat, Gott als die Liebe erleben und ihn ‚aus ganzem Herzen' (Vgl. Mt 22,37) wiederlieben."[158]

157 Vgl. Erikson, Erik: Identität und Lebenszyklus, Berlin 1973, S. 63. P. Kentenich vertritt bei Menschen mit einem unsicheren Bindungsmuster die Auffassung, dass über eine bindungsorientierte Begleitung psychische Gesundung ermöglicht werden kann und defizitäre Bindungen zu beispielsweise Mutter oder Vater durch sekundäre, beziehungsweise tertiäre Bezugspersonen, die emotionale Stabilität und Sicherheit gewährleisten können, überwunden werden kann (vgl. Niehüser, Günther: Bindung und menschliche Entwicklung, Der Bindungsorganismus im Spiegel der Bindungsforschung unter besonderer Berücksichtigung der ‚personalen Bindung', Vallendar-Schönstatt 2011, S. 49). Für P. Kentenich steht auch fest, vielleicht aufgrund seiner eigenen Biographie, dass es auch *Gegensatzerlebnisse* geben kann, wonach selbst trotz schwieriger Kindheitserfahrungen, innere, positive Repräsentanzen (z.B. die eines liebevollen Vaters) aufgrund von Modelleltern psychische Reifung und Heilung erwirken können – so kann dies exemplarisch auch im transzendentale Bild des barmherzigen Vater-Gottes herbeigeführt werden (vgl. Niehüser, Günther: Bindung und menschliche Entwicklung, Der Bindungsorganismus im Spiegel der Bindungsforschung unter besonderer Berücksichtigung der ‚personalen Bindung', Vallendar-Schönstatt 2011, S. 50).

158 Mello, Alexandre: Das seelsorgliche Gespräch, Grundhaltungen nach

Domenica: „Ich habe den Anspruch an uns als Eltern, dass sich unsere Töchter durch uns geliebt fühlen und wissen."

Tobias: „Letztlich können wir darauf hinwirken, aber die subjektive Empfindung der drei liegt ja dann nicht in unserer Hand."

Domenica: „In diesem Sinne baue ich aber auf diese ‚Übertragung', wie sie P. Kentenich versteht. Ich hoffe Miriam, Klara und Sophia nehmen wahr, wie sehr wir sie lieben und, dass sie aus dieser Liebe für sich dann Selbstbewusstsein und Lebensstärke ableiten können."

Tobias: „Ich bin mir sicher, dass sie auch aus unserer Paarbeziehung unbewusst vieles mitnehmen – hier sehen und lernen sie, wie ihre Eltern ‚Liebe leben'."

Domenica: „Na, dann streng' dich mal an. Deine romantischen Qualitäten haben noch Luft nach oben."

Nun ist die Lehre vom Bindungsorganismus nur der eine Brennpunkt einer Elypse im System der schönstättischen Spiritualität. Der andere Brennpunkt ist die Freiheit und die Freiheitspädagogik. Beides, Bindung und Freiheit, gehören eng zusammen. So betont P. Kentenich immer wieder, dass Schönstatt eine Freiheitsbewegung sei, die geprägt sein soll durch die Freiheit der Kinder Gottes. Günther Boll deutet dies aus, wenn er bei der Sehnsucht nach Freiheit, die der Pädagogik und Spiritualität Schönstatts zugrunde liegt, von einem Versuch spricht, „auf dem Hintergrund der neuzeitlichen Emanzipationsgeschichte"[159] bewusst das innere

---

Joseph Kentenich, Vallendar-Schönstatt 2001, S. 83.

159 Boll, Günther: … vor allem mein Herz, Joseph Kentenich – Pädagoge und Gründer, Vallendar-Schönstatt 2012. Hier: S. 209.

Freiheitsstreben des Menschen positiv bejahend aufzugreifen. Dabei unterscheidet er zwischen einem negativ bestimmten Zeitgeist und einem positiv gedeuteten, gottgewollten Geist der Zeit im Freiheitsdrang, den es aufzugreifen gilt und einzubinden „in eine christlich verantwortete Gesamtgestalt des Zueinander von Individuum und Gemeinschaft.“[160] P. Kentenich formuliert dies vor dem Hintergrund des Ideals vom ‚neuen Menschen in neuer Gemeinschaft‘ wie folgt: „Freiheit von pflichtmäßigen Bindungen nach unten will ergänzt werden durch Hochherzigkeit und ständige Hellhörigkeit und Folgsamkeit, durch heroische Ganzhingabe an die Wünsche Gottes.“[161] Herta Schlosser analysiert dazu, dass für P. Kentenich ‚Frei-sein-von‘ bedeutet, die Hemmnisse zu überwinden, die dem ‚Frei-sein-für‘-Gott entgegenstehen.[162] Das ist der Kern der Freiheitserziehung Schönstatts, wie sie schon in der Vorgründungsurkunde 1912 formuliert ist: „Wir wollen lernen, uns unter dem Schutze Mariens selbst zu erziehen, zu freien, festen, priesterlichen Charakteren.“[163] Boll deutet dies als Teil des originellen, persönlichen Eigenguts P. Kentenichs[164]

160 Ebd., S. 209.

161 Kentenich, Joseph: Autorität und Freiheit in schöpferischer Spannung (September 1961), bearbeitet durch Schlosser, Herta, Vallendar-Schönstatt 1993, S. 39.

162 Schlosser, Herta: Freiheit, in: Brantzen, Hubertus; King, Herbert; Penners, Lothar; Pollak, Gertrud; Schlosser, Herta; Schmiedl, Joachim und Wolf, Peter (alle Hg.): Schönstattlexikon, Fakten Ideen Leben, Vallendar-Schönstatt ²2002, S. 93.

163 Kentenich, Joseph: Schönstatt, Die Gründungsurkunden, Schönstatt-Verlag (Hg.), Vallendar-Schönstatt ⁷1995, S. 12.

164 Vgl. Boll, Günther: … vor allem mein Herz, Joseph Kentenich – Pädagoge und Gründer, Vallendar-Schönstatt 2012. Hier: S. 41.

und konstatiert, dass mit dem Stichwort ‚Freiheit' ein weiter Horizont im Denken Pater Kentenichs geöffnet wird.[165] So ist das Neue im angestrebten Ideal vom ‚neuen Menschen' vor allem die Bedeutung der Freiheit und Freiheitspädagogik, die P. Kentenich „mit einer instinktiven Griffsicherheit erfasst"[166] hat und gegen erbitterten Widerstand seiner Zeit und Umgebung durchgesetzt hat. Boll umschreibt lautmalerisch den Paradigmenwechsel hin zum Freiheitsgedanken P. Kentenichs so, dass ‚Freiheit' wie ein veränderter Notenschlüssel von bleibenden Aussagen sei, der bewirke, dass mit denselben Worten neue Melodien erklingen.

Erfahrungstheologie und Resonanzraum zum Thema: „Freiheit und Bindung"

Bullerbü – das ist dieses kleine, schwedische, drei Höfe umfassendes Stückchen Erde. Jenseits dieser kindlich romantisierenden Vorstellung, die bei mir mit dem Namen Bullerbü verbunden ist, lässt die grandiose Astrid Lindgren ihre Hauptfigur Inga den Satz sprechen, dass ihr alle leidtäten, die nicht in Bullerbü wohnten.[167] Ich

165 Vgl. ebd., S. 41.

166 Ebd., S. 41. Paul Vautier kann sogar in Bezug auf die Mariologie als grundlegende Säule schönstättischer Spiritualität mit P. Kentenich sagen, dass auch hier der Grad der Bindung an Maria dem einzelnen entsprechen muss, so dass der jeweilige ‚Freiheitsraum des einzelnen gesichert' ist (vgl. Vautier, Paul: Maria, die Erzieherin, Vallendar-Schönstatt 1981, S. 303).

167 Lindgren, Astrid: Die Kinder aus Bullerbü, Immer lustig in Bullerbü,

wohne nicht in Bullerbü, aber hier, wo ich wohne, gibt es auch drei aufgeweckte, neugierige Mädchen, die die Welt um sich herum mit Entdeckerinnenaugen wahrnehmen. Sie vermögen es ebenso, wie Inga und Britta, Lasse und Ole, Bosse, Lisa und Kerstin, im kleinsten Schmetterling, das größte Wunder zu entdecken. Sie sind in der Lage in eine Welt einzutauchen, die mit all den erfundenen Piraten, den Puppenspielereien und Freundschaften ein Stück weit eine heile, unantastbare Kinderwelt beschreibt. Eine Welt wie sie für jedes Kind sein sollte. Nicht nur in Bullerbü. Vielleicht ist dieses kleine, schwedische, drei Höfe umfassendes Stückchen Erde auch nur ein Sinnbild dafür. Ein Bild, das überall auf dieser Welt für jedes Kind an jedem Ort Wirklichkeit sein sollte. Ich bin froh, dass wir in diesem Sinne mit Hilfe der Kinderaugen unserer Töchter Bullerbü direkt bei uns haben – am Rande des Schwarzwaldes, im tiefsten Baden-Württemberg.[168]

Ein Ort, der so vertraut ist, dass er einem die Freiheit gibt, alles zu werden und zu sein. So kann ich auch Inga von ganzem Herzen zustimmen, dass mir all diejenigen leidtun, denen diese Wirklichkeit verschlossen ist und nicht in Bullerbü zu leben vermögen."

***

Freiheit soweit als möglich und Bindung soweit als nötig – das wird manchmal ganz konkret. Wir sind umgezogen. In unser Haus. Inmitten der Sterne. Inmitten

---

[33]Hamburg 1988. Hier: S. 296.

168 Vgl. Hofmann, Tobias: „Aber pink wär' mir lieber!", Alltag und Herausforderungen eines Vaters, unabhängig publiziert 2022, ISBN: 979-8836740207, S. 203f.

der Welt. Mit viel Freiraum für die Mädels – innen und außen. Und diesen Freiraum gilt es zu erkunden. Das ist spannend. Über die Felder zu streifen, die Scheunen zu entdecken und durchs hohe Gras zu streifen. Für uns als Eltern gilt es da dann auszutarieren, wo sind die – durchaus auch ganz konkreten, realen – Grenzen, wo der Freiraum und Entdeckungsspielraum dann endet. Besonders spannend wird es dann, wenn der Spielplatz eigentlich außerhalb des elterlich gewährten Freiheitsraums liegt:

„Aber Papa, dahin können wir schon allein – ich bin doch schon groß!"

„Aber Mimi, da müsst ihr die Hauptstraße überqueren, das kann schon gefährlich sein."

„Aber Papa!"

Dem Stöhnen von Miriam entnehme ich, dass wir mit den Einschätzungen ihrer Fähigkeiten wohl nicht ganz auf einer Linie liegen. Daher bringt sie den Satz, der mich herausfordert: „Traust du mir das etwa nicht zu, dass ich das schon kann?" Was macht man da jetzt als Papa? Natürlich trau' ich ihr das zu – aber Angst beziehungsweise Sorge hab' ich ja trotzdem. Mein Zögern erkennt sie wohl ganz gut und schiebt daher schnell hinterher: „Vertraust du mir nicht, dass ich das hinkrieg?" Intuitiv und auch hilflos sage ich ihr nur: „Natürlich vertrau' ich dir. Aber ich kann das so nicht allein entscheiden." Und dann kommt mein pädagogischer Meisterkniff – die Allzweckwaffe: Ich rufe nach meiner Frau. „Domenica …!"

Domenica: „Mittlerweile kann Miriam das wirklich schon gut mit der Straße überqueren und auf den Spielplatz gehen. Bei wichtigen Absprachen weiß ich, dass ich mich auf sie verlassen kann."

Tobias: „Das stimmt. Die nicht-mindestens-raubtier-gesicherten Süßigkeiten würden wohl verputzt sein, bevor es uns auffällt, aber sie weiß in der Regel ziemlich gut wie dehnbar unsere Vorgaben sind, beziehungsweise wo die tatsächliche Grenze liegt."

***

Zum Thema Freiheit und Bindung passt es wohl gut, dass wir mit einem Schulkind unter einem Dach wohnen. Schule bedeutet in einem größeren Maße Verbindlichkeit und Bindung im engeren Sinne als es bisher im Kindergarten üblich war. Dass aber durch die Schule Miriam auch eine neue Freiheit erlangt hat, ist ebenso eine relevante Denkkategorie. Indem sie lernt zu lesen und zu rechnen eröffnen sich ihr viele neue Möglichkeiten und Perspektiven. Die Bindung, in diesem Fall an Bildung, ermöglicht Freiheit im Agieren. Analog dazu können wir auch die Bindung an Gott und die Gottesmutter ansehen. Diese Bindung schränkt uns nicht ein, sondern eröffnet uns eine neue Weite im Denken, Leben und Lieben.

***

„Papa!" Es ist mitten in der Nacht. „PAAAPAAA!" In meinen Halbschlaf hinein höre ich Klara rufen: „PAAAPAAA!" Kurz orientiere ich mich zu meiner Frau. Die brummt mir nur mit müder Stimme zu: „Du gehst!" Also wandere ich aus. Vom eigenem Schlafzimmer ins

Kinderzimmer zu Klara. „PAAAPAAA!" „Ich bin ja schon da", beruhige ich beim Eintreten ins dunkle Kinderzimmer meine dreijährige Tochter.

„Soll ich bei dir bleiben?"

„Ja, ich will nicht allein sein."

„Aber Klara wir sind doch immer da. Ich bin doch immer für dich da." Ich mach es mir neben Klara bequem; streichle ihr nochmal über den Kopf und versuche dann einzuschlafen. „Papa", flüstert es neben mir. „Ja?" „Bist du noch wach?" „Ja, Klara. Ich bin noch wach." „Ich muss dir was ins Ohr flüstern."

„Okay", sage ich. Dann merke ich, wie sich ihr Mund meinem Ohr nähert und anfängt irgendwas zu nuscheln. „Klara, ich verstehe es nicht." Sie nuschelt erneut irgendwas Unverständliches in mein Ohr. „Klara, wir sind allein hier. Es hört grad niemand zu. Sag's mir doch einfach normal." Nach kurzem Zögern fängt sie dann an: „Papa, ich wollte dir nur sagen, dass ich dich lieb hab. Danke, dass du da bist." Ich bin gerührt und gebe ihr einen Kuss auf die Stirn. „Ich habe dich auch sehr, sehr lieb, Klara und solange du es willst bin ich für dich da." „Auch im Traumland?" „Auch da, wenn du willst." Klara atmet erleichtert aus; dreht sich zur Seite und schläft dann ein. Ich weiß ja oft nicht, was in ihrem kleinen Kopf so vorgeht, aber in dieser Nacht bin ich mit mir zufrieden. Ich bin gern der sichere Hafen für meine Klara, damit sie dann erneut mutig aufbrechen kann um alles ‚Doofe' zu überwinden und in ihren Träumen auf Einhörnern reiten oder als Glitzerprinzessin in einem Schloss zu wohnen.

***

Sonntagmorgen. Sophia ist ein wenig verschnupft und wird deshalb mit Domenica daheim bleiben vom Gottesdienst. Die beiden andern, dürfen sich entscheiden, ob sie lieber bei Mama und Sophia bleiben wollen oder mit mir in den Gottesdienst gehen wollen. Miriam entscheidet sich fürs daheimbleiben. Klara entscheidet sich für den Gottesdienstbesuch. Naja, vielleicht entscheidet sie sich auch einfach dafür Exklusivzeit mit Papa zu haben oder noch wahrscheinlicher für die Aussicht auf Gummibärchen, die ihr für das Mitgehen von mir versprochen wurden. Kurz vor 09.00 Uhr. Die Glocken läuten. Unser Signal. Wir gehen los. Von unserer Haustür im Schatten der Kirche zum Kirchenportal liegt nicht einmal eine Minute Fußweg, so dass Klara und ich rechtzeitig da sind. Klara darf den Platz aussuchen, wo sie heute sitzen möchte. Die kirchliche Realität auch in unserm himmlischen Ort bringt es mit sich, dass es noch zahlreiche freie Plätze zum Aussuchen gibt. Sie entscheidet sich für die freie Kirchenbank in der ersten Reihe. Der Grund: An der Seite sind dort von der gestrigen Taufe noch herrlich-schöne, Prinzessinnen-anziehende weiße Schleifen gebunden. Wir nehmen Platz um von dort aus den Gottesdienst mitzufeiern. Bevor es jedoch richtig losgeht, nutzt Klara die Zeit, um die Kirche mit ihren Augen zu inspizieren. Ihr Blick bleibt beim Deckengemälde hängen, das den Patron der Kirche – den Heiligen Blasius – gigantisch groß und nikolausgleich vor der Silhouette unseres Dorfes schwebend zeigt. Doch weniger diese riesige Gestalt mit den gekreuzten Kerzen, als vielmehr der Dorfhintergrund zieht Klara in seinen Bann. „Papa, da ist ja unser Dorf und da kann ich unsere Kirche erkennen.“ „Der Künstler“, erkläre ich meiner dreijährigen Kunstentdeckerin, „wollte vermutlich verdeutlichen, dass da überall hier bei uns, wo die Menschen wohnen, auch Gott daheim ist. Deshalb hat er das Bild vermutlich in unsere Kirche gemalt.“ „Weißt du was toll daran ist, Papa?“ „Was?“ „Da hinter dem Kirchturm steht unser Haus. Das weiß ich. Und deshalb sind wir immer auch mit der Kirche verbunden.“ Ich begebe mich nicht in die spitzfindige Diskussion, dass unser Haus erst lange nach diesem Gemälde entstanden ist, sondern staune wie sehr Klara die Bindung und Verbindung zweier Orte, die für sie wichtig sind, so intuitiv erfasst.

***

Frage an die Kids: „Was ist für euch Freiheit?“

Miriam: „Wenn ich so viel Schokomüsli essen darf, wie ich will!“

Klara: „Für mich fühlt sich Freiheit so an, wie wenn man frei ist und die ganze Zeit spielen kann, was man will. Und außerdem ist Elsa frei.“

Domenica: „Bitte was?“

Klara: „Elsa, die Eiskönigin. Die singt dann, dass sie frei ist und jetzt loslässt.“

Miriam: „Ja aber, Klara, die ist auch innerlich frei geworden, weil sie jetzt endlich die sein kann, die sie ist. Jetzt darf sie nämlich ihre Eiskräfte einsetzen und muss sich nicht mehr verstecken.“

Klara: „Genau. Und sie hat ein wunderschönes Eiskleid an."

Papa: „Das ist schon ein gutes Beispiel. Manchmal fühlt man sich auch irgendwie in sich selbst gefangen, so wie Elsa und Freiheit ist dann, wenn man wieder leben kann und wieder die ist, als die wir gedacht sind – wenn wir unsere Fähigkeiten und Talente einsetzen."

Klara: „Ich mag die Eiskönigin, aber auch ihre Schwester Anna, weil die sie so liebhat."

***

Sophia ist gerade mal 1 Jahr alt und wenn sie sprechen könnte, würde sie vermutlich all ihre Freiheit eintauschen, wenn sie dafür noch mehr ‚Bindung' an Mama und Papa bekommen könnte. Sophia braucht und sucht die Nähe. Nun ist es so, dass es dennoch die Momente gibt, wo weder Mama noch Papa da sind. Beim Mittagsschlaf zum Beispiel. Doch allein ist sie dann dennoch nicht. Als Bindungsersatzgegenstand fungiert dann ein mit Hasenkopf und -ohren gestaltetes Schnüffeltuch: Ihr ‚Kuscheli'. Immer dann, wenn Sophia ganz mutig neue Wege geht, wenn sie herausgefordert ist, Dinge auch ohne den mütterlichen oder väterlichen Schutz zu tun; dann ist zumindest diese rot-graue Hasengestalt bei ihr. Mit dem Kuscheli in der einen Hand (ganz nah an ihren Körper gedrückt) und dem Daumen der anderen Hand im Mund – so lässt sich die Welt entdecken. So lässt sich Freiheit wagen.

***

Domenica: „Meinst du nicht, dass wir hier viel zu viele ‚Papa-Geschichten' aufgeschrieben haben?"

Tobias: „Möchtest du noch eine Mama-Freiheitsgeschichte einfügen?"

Domenica: „Nein, aber ich könnte zumindest anführen, dass ich es derzeit sehr genieße, jeden Freitagabend (sofern wir daheim sind) in die Musikprobe gehen zu können, weil ich weiß, dass du dich um die Kids kümmerst. Das ist für mich der Inbegriff von Freiheit in Bindung."

Tobias: „Dabei fällt mir auf, dass ich grundsätzlich eher derjenige bin, der abends daheim sein muss, wenn du wieder mal auf Achse bist."

Domenica: „Das könnte man aber auch umdrehen, so viele Fortbildungen wie du mitunter hast. Grundsätzlich halte ich es aber für uns als Paar und Familie sehr wertvoll, dass jeder auch seinen gewissen Freiraum hat und die Möglichkeit besitzt so Freiheit zu gestalten – ohne dabei die Bindungen zu vernachlässigen. Und als ein Ergebnis meiner Freitags-Musikproben-Freiheiten steht dann in diesem Kapitel halt, dass es viele Papa-Tochter-Geschichten gibt. Für mich ist das durchaus stimmig und schön."

Impuls: Freiheit und Bindung in der Familie

Dem Philosophen Paul Watzlawick wird das Zitat zugeschrieben: „Ich bin frei, denn ich bin einer Wirklichkeit nicht ausgeliefert, ich kann sie gestalten." Dieses Verständnis korrespondiert mit der inneren Freiheit, die P. Kentenich zeitlebens wichtig war und die er selbst gelebt, praktiziert und vermittelt hat. Dabei ist die Freiheit der eine Brennpunkt einer Ellipse – Bindung ist der andere. Freiheit und Bindung gehören zusammen – auch in der Familie. Zur Ellipse von Freiheit und Bindung gehört selbstverständlich auch der Begriff des Vertrauens. Familie ist ein Raum, wo Bindung geprägt ist von Liebe und diese dann ein Experimentierfeld der Freiheit eröffnet.

Nehmen Sie sich Zeit und tauschen Sie sich aus.

1. Was hält mich gefangen in meinem Denken, Lieben und Leben?

2. Welche Bindungen an Menschen und Orte ermöglichen mir Freiheit? Wofür?

3. Was würde ich gerne einmal machen? Welche persönliche Grenze will ich erweitern?

„Was Freiheit ist

Freiheit, sagt der Stein, ist herumzuliegen
und nirgends anders sein zu wollen.

Freiheit, sagt der Fuchs, ist sich hin und wieder
eine Gans zu gönnen.

Freiheit, sagt der Himmel,
ist keine Angst vor dunklen Wolken zu haben.

Freiheit, sagt der Schnee,
ist eine Lawine ins Rollen zu bringen.

Freiheit, sagt das Ja, ist Nein zu sagen.“[169]

Freiheit, sagt der Zweifel,
ist an ein Trotzdem zu glauben.

Freiheit, sagt die Phantasie,
ist dort, wo ich daheim bin.

Freiheit, sagt das Leben,
heißt sich auf Beziehungen einzulassen.

169 Niemeyer, Susanne: Schau hin, Vom Hellersehen und Entdecken, Freiburg 2021, S. 17.

Kapitel 6: Hauskirche

Hauskirche oder „Wie Stinkefüße ein Ausdruck familiärer Wertschätzung sein können“

O-Ton P. Kentenich: Dein Heiligtum ist unser Nazareth

Nach dem zweiten Weltkrieg wurde Pater Johannes Tick von P. Kentenich zum hauptamtlichen Leiter der Schönstatt-Familienbewegung in Deutschland ernannt. An ihn richtet P. Kentenich 1948 diesen Brief, den man im Nachhinein als die «Gründungsurkunde des Familienwerkes» bezeichnet. Die Sprache mag – wie so oft bei P. Kentenich – für unsere heutigen Ohren befremdlich klingen. Dennoch ist in seinen Ausführungen eine prophetische Kraft spürbar. Der Auftrag beispielsweise ‚heilige Familieninseln‘ zu werden ist für die heutige kirchliche Situation mindestens so situations- und zeitgemäß relevant wie für die kirchliche Situation 1948. Die Zielsetzungen des Familienwerkes werden in Anlehnung an die Zielsetzungen Gesamtschönstatts auf Ehe und Familie konkretisiert und zur Anwendung empfohlen:

„Santa Maria, den 15.04.1948

Caritas Christi urget nos

An Pater Tick fürs Familienwerk

Es ist gut, dass Sie die Pfingsttage wiederum für sich reserviert haben. So entspricht es der Würde und Bedeutung des Werkes, für das Sie als Werkzeug benutzt werden.

Ist es schon schwer, als Einzelperson die Gnade über sich herrschen zu lassen, so scheint es fast unmöglich zu sein, eine Familie nach dem Vorbild der Allerheiligsten Dreifaltigkeit oder der Heiligen Familie von Nazareth darzustellen. So war es immer schon. Die heutige Zeit jedoch, die überall auf allseitige Entwurzelung aller Lebensverhältnisse drängt, zeigt ihre verheerenden Wirkungen am stärksten im Heiligtum der Familie. Will die Gottesmutter von Schönstatt aus eine neue menschliche Gesellschaft und einen neuen Menschentyp formen und gestalten, so muss sie notwendigerweise ihre ganze Gnadenmacht auf Schaffung und Vermehrung tragfähiger (Schönstatt)familien konzentrieren. Darum betet unser Schönstatt-Offizium:

„Dein Heiligtum ist unser Nazareth,
in dem die Christussonne wärmend steht.

Sie formt mit ihrem klaren, hellen Lichte
die heilige Familiengeschichte,
weckt stille, starke Werktagsheiligkeit
in seliger Familieneinigkeit.

Im Nazareth für heimatlose Zeiten
will den Familien Gott Heil bereiten
und gnädig Werktagsheiligkeit verleih'n,
wo Menschen sich dem Schönstattwerke weih'n.

Lass, Mutter, Christus heller in uns scheinen,
in heiliger Gemeinschaft uns vereinen,

zu jedem Opfer jederzeit bereit,
wie's unsere heilige Sendung uns gebeut.

Die Ehre sei dem Vater froh erwiesen
durch Christus, mit Maria hochgepriesen,
im Heiligen Geiste voller Herrlichkeit
vom Weltall jetzt und alle Ewigkeit. Amen."

Wer das heutige Leben kennt, wer um die furchtbaren Katastrophen weiß, denen Welt und Kirche entgegengehen, ist tief davon überzeugt, dass die ganze Schönstattfamilie, sowohl als Ganzes, wie auch in ihren Teilen, ihre Aufgabe nicht lösen kann, wenn nicht alle Wasser und Kräfte letzten Endes ein- und ausmünden in heiligen Schönstatt-Familien-Inseln, die sich mehr und mehr miteinander vereinigen zu einem gemeinsamen Familienwerk.

Manchmal scheint es ruhiger Überlegung ein undurchdringliches Rätsel, warum der Heiland dreißig Jahre in der Einsamkeit einer Familie sich aufgehalten, während die Welt um ihn herum dem Untergang entgegenraste. Unwillkürlich fragen auch wir uns, was hätte er nicht alles fertiggebracht, wenn er frühzeitig seine göttlichen Kräfte der Welt zur Verfügung gestellt hätte. Des Rätsels Lösung ist immer nur die eine Antwort: »Das, was dem Vater wohlgefällt, tue ich allezeit.« »Ich rede die Worte die er mir auf die Lippen gelegt, und tue die Werke, die er mir aufgetragen.« Damit verschiebt sich sofort die Frage und wendet sich an die Adresse des Himmelsvaters. Die Antwort ist uns nicht unbekannt. Der Vater wollte in unmissverständlicher Weise den unermesslichen Segen sichern, der von echten christlichen Familien ausgeht.

So möge denn die Gottesmutter in ihrem Coenaculum den Heiligen Geist auf Sie alle herabrufen, damit Sie die große Bedeutung Ihrer gottgeschenkten, freigewählten, freigewollten neuen Lebensaufgabe richtig erfassen, aber auch Kraft bekommen, die Familienmoral zu verwirklichen, die die Päpste in ihren Enzykliken festgelegt haben, eine brauchbare Familien-Aszese und -Pädagogik sich zu erarbeiten, bewährte und beseelte Familienbräuche zu verewigen und so Behälter zu werden, aus dem alle Gliederungen der Gesamtbewegung ständig gespeist und erneuert werden.

Wir alle, ohne Ausnahme, sind an diesem neuen Pfingstwunder interessiert. Darum vereinen wir uns und bitten und betteln mit großer Inbrunst um ein wirksames neues Wandlungswunder. Nehmen Sie das Bild der Gottesmutter mit und räumen Sie ihm einen Ehrenplatz in Ihren Wohnungen ein. So werden diese selber zu kleinen Heiligtümern, in denen das Gnaden bild gnadenwirkend sich erweist, ein heiliges Familienland schafft und heilige Familienglieder formt.

Wenn die Gottesmutter in der Gründungsurkunde versprochen hat, dafür zu sorgen, dass unser Vaterland wieder an die Spitze der alten Welt kommt, so wissen wir, dass der Weg dazu nur geht über heilige Schönstatt-Familien-Inseln. Die MTA erfüllt ihr Versprechen, wenn wir auf die dort gestellten Bedingungen eingehen.

Mit herzlichem Gruß und Segen für alle Anwesenden und diejenigen, die Sie vertreten.
J. K.“ [170]

170 Kentenich, Joseph: Gründungsurkunde des Familienwerkes, in: Locher, Peter; Niehaus, Jonathan; Unkel, Hans-Werner; Vautier, Paul (alle Hg.):

Einordnende Kommentierung: Hauskirche

„In diesem Licht können wir noch eine weitere Dimension der Familie aufnehmen. Wir wissen, dass im Neuen Testament von der Gemeinde die Rede ist, die sich im Haus versammelt (vgl. 1 Kor 16,19; Röm 16,5; Kol 4,1 5; Phlm 2). Der Lebensraum der Familie konnte sich in eine Hauskirche verwandeln, in einen Ort der Eucharistie, der Gegenwart Christi am selben Tisch. Unvergesslich ist die in der Offenbarung des Johannes dargestellte Szene: „Ich stehe vor der Tür und klopfe an. Wer meine Stimme hört und die Tür öffnet, bei dem werde ich eintreten und wir werden Mahl halten, ich mit ihm und er mit mir" (Offb 3,20). So wird ein Haus skizziert, das in seinem Innern die Gegenwart Gottes birgt, das gemeinsame Gebet und somit den Segen des Herrn."[171]

In der Kirchenkonstitution Lumen Gentium des Zweiten Vatikanischen Konzils, ist an prominenter Stelle von der Familie als Hauskirche „Ecclesia domestica" die Rede (LG 11).[172] Daran wird deutlich, dass Familien

Kentenich Reader, Band I, Dem Vater begegnen, Vallendar-Schönstatt 2008, S. 221-223.

171 P. Franziskus: Nachsynodales Apostolisches Schreiben „Amoris Laetitia" vom 19.03.2016, in: AAS: 108 (2016), 1071-1074. Deutscher Text in: Verlautbarungen des Apostolischen Stuhls Nr. 204, 19. März 2016, Sekretariat der Deutschen Bischofskonferenz (Hg.), Bonn 2016, Nr. 15.

172 Vgl. zudem Concilium Vaticanum Secundum, Decretum de apostolatu laicorum „Apostolicam Actuositatem", in: AAS 58 (1966) 837 - 864. Lateinisch - deutscher Text in: LThK2, Bd. 13, S. 602-701; 11: „Die Familie selbst empfing von Gott die Sendung, Grund und Lebenszelle der Gesellschaft zu sein. Diese Sendung wird sie erfüllen, wenn sie sich

als Hauskirchen konstitutiver Bestandteil im Selbstverständnis der Kirche sind. Wo das Konzil noch zurückhaltend war, wenn es darum ging Familie als Hauskirche und gelebte Form des Kirche-Seins zu bezeichnen, da wird Papst Johannes Paul II. in seinem nachsynodalen apostolischen Schreiben ‚Familiaris Consortio‘ [173] deutlicher: „Eine spezifische Darstellung und Verwirklichung dieser kirchlichen Gemeinschaft ist die christliche Familie, die deshalb auch ‚Hauskirche‘ genannt werden kann und muss.“ [174] Papst Franziskus spricht in seinem Schreiben Amoris Laetitia davon, dass dort, wo Familie als gelebte Hauskirche wahrnehmbar ist, Christi Gegenwart erfahrbar ist. Schon die Würzburger Synode deutet die spezifische Sendung der christlichen Eheleute besonders aus der Perspektive der Gemeinde. [175] So wird in Bezug auf den Begriff der Ehe als „Hauskirche“ [176] im Synodentext über die Dienste und Ämter [177]

---

in der gegenseitigen Liebe Ihrer Glieder und im gemeinsamen Gebet vor Gott als häusliches Heiligtum der Kirche erweist …“.

173 P. Johannes Paul II.: Nachsynodales Apostolisches Schreiben „Familiaris Consortio“ vom 22.11.1981, in: AAS 74 (1982), S. 180-186. Deutscher Text in: Verlautbarungen des Apostolischen Stuhls Nr. 33, 22. November 1981, Sekretariat der Deutschen Bischofskonferenz (Hg.), Bonn 1981.

174 Ebd., Nr. 21. Vgl. weiter ebd. Nr.: 38, 49, 51-54, 59, 61, 65, 86.

175 Vgl. Hofmann, Tobias: Das Kirchenamt des Pastoralreferenten, Eine kanonistische Studie zu den Rahmenstatuten der DBK von 2011, Münster 2022, S. 121.

176 LG 11, 2.

177 Die pastoralen Dienste in der Gemeinde, in: Gemeinsame Synode der Bistümer in der Bundesrepublik Deutschland, Offizielle Gesamtausgabe, nach der Gesamtausgabe I [7]1989, hg. v.: Präsidium der Gemeinsamen Synode der Bistümer der Bundesrepublik Deutschland und

herausgestellt, dass die christliche Ehe die wichtigste Zelle der Gemeinden darstellt.[178]

Domenica: „Jetzt haben wir hier aber ordentlich aufgefahren: Mehrere Päpste, Synode und noch das Konzil …"

Tobias: „Fehlen nur noch renommierte Theologen und P. Kentenich."

Domenica: „So habe ich den Einwurf nicht gemeint. Vielmehr ging es mir darum, dass ‚Hauskirche' doch etwas Konkretes sein soll, das sich nicht nur hinter theologischen Phrasen und schön-klingenden Worten verstecken soll."

Der Pastoraltheologe Erich Garhammer warnt vor der vorschnellen Gleichsetzung der heutigen bürgerlichen Kleinfamilie mit dem Modell des Hauses in der damaligen Gesellschaft des römischen Reiches.[179] „Haus- und Familienkonzepte als Beiträge zum Gemeindeaufbau dürfen sich nicht auf die neuzeitliche Intimfamilie beschränken, sondern müssen größere soziale Zusammenhänge (Nachbarschaften, Ortsteile) erfassen."[180] Garhammer räumt aber sehr wohl ein, dass Hausgottesdienste ein intensiver Ausdruck liturgisch-

der Deutschen Bischofskonferenz von Bertsch, Ludwig SJ; Boonen, Philipp; Hammerschmidt, Rudolf; Homeyer, Josef; Kronenberg, Friedrich; Lehmann, Karl unter Mitarbeit von Imhof, Paul SJ, Freiburg im Breisgau 2012, S. 597–636.

178 Vgl. Dienste und Ämter, 2.3.2, 605.

179 Vgl. Garhammer, Erich: Hauskirche, III. praktisch-theologisch, in: LTHK3, S. 1218f. Hier: S. 1218.

180 Ebd., S. 1218.

sakramentaler Gemeinschaft sein können.[181] Sakramentale Befähigung und Begründung besitzt eine solche Form der Hauskirche aus den Initiationssakramenten, sowie im Speziellen aus dem Ehesakrament heraus. Dem entsprechend hat Familie als Hauskirche Anteil an drei munera Jesus Christi, dem Heiligungs-, dem Verkündigungs- und dem Leitungsdienst, wie sie kirchenrechtlich gefasst sind.[182]

Darüber hinaus bildet auch das eher pastoraltheologische Modell, der drei-vier Grundvollzüge von Kirche das „Kirche sein" in der Familie voll umfänglich ab.[183]

---

181 Vgl. ebd., S. 1218.

182 Vgl. c. 204 §1 CIC/1983. Mit c. 835 § 4 wird nicht nur die Kindererziehung, sondern auch die Bedeutung des Ehelebens zum Heiligungsdienst der Kirche hinzugerechnet. Dies korrespondiert mit der Wertschätzung des spezifischen Apostolates der Eheleute in c. 226 § 1, das wiederum auch im Bereich des munus regendi anzusiedeln ist (vgl. Hofmann, Tobias: Das Kirchenamt des Pastoralreferenten, Eine kanonistische Studie zu den Rahmenstatuten der DBK von 2011, Münster 2022, S. 165 und vgl. weiter Meckel, Thomas: Konzil und Codex, Zur Hermeneutik des Kirchenrechts am Beispiel der christifideles laici, Paderborn 2017, S. 174).

183 Vgl. Brantzen, Hubertus: Mehr als Worte und Gefühle, Liebe leben in Partnerschaft, Ehe und Familie, Freiburg i. Br. 2022, S. 210-222. Als Beispiele für Verkündigung der frohen Botschaft in der Familie führt Brantzen das gemeinsame über den Glauben sprechen und daraus leben sowie das in der Bibel (vor)lesen an (vgl. ebd., S. 210). Als Beispiele für das Feiern von Gottesdiensten benennt er das gemeinsame Beten von Mann und Frau, das Beten als Familiengemeinschaft mit den Kindern oder das Segnen der Kinder durch ihre Eltern (vgl. ebd., S. 210). Als Beispiele für caritatives Wirken beziehungsweise den Dienst an Armen und Bedürftigen benennt Brantzen beispielsweise, wenn sich Familienmitglieder umeinander kümmern, wenn man sich

Martyria (= Verkündigung), Leiturgia (= gottesdienstliches Feiern), Diakonia (= tätige Nächstenliebe) und Koinonia (= Gemeinschaft) können als deskriptive Kriterien herangezogen werden, um sowohl Gemeinde als auch Familie als Hauskirche sinnvoll zu beschreiben. Auch wenn vielleicht besonders der Begriff ‚Gottesdienst zu Hause' für Tischgebete, Abendgebete mit Kindern oder Segenshandlungen eher ungewöhnlich wirkt, argumentiert Brantzen doch dafür trotz aller Intimität, die mit dem Thema Glaube verbunden ist, miteinander als Familie Gottesdienst zu feiern im Sinne einer ‚Familien-Liturgie'.[184] Historisch begründet und grundlegend bedeutsam, über zweitausend Jahre hinweg, ist der Stellenwert von Ehe und Familie für den Glauben und die Kirche. Gleich in den ersten Jahrhunderten waren es Familien, die ihre Häuser als Versammlungsorte zur Verfügung stellten. Brantzen stellt daher fest, dass zu Beginn des Christentums „die Kirche und das Christentum aus ‚Haus-Kirchen'"[185] bestand und erst als die Gemeinden größer wurden und die Situation es zuließ, eigene Kirchengebäude gebaut wurden.[186]

Domenica: „Das klingt alles sehr friedlich und romantisch. Zu friedlich. Familie sein heißt doch aber – zumindest für uns –, dass es oft nicht friedlich-romantisch ist, sondern anstrengend. Oft genug ist es bei unseren

gegenseitig innerhalb der Familie hilft, beziehungsweise wenn Eltern für ihre Kinder da sind oder sich um pflegende Angehörige gekümmert wird (vgl. ebd., S. 211).

184 Vgl. ebd., S. 214.

185 Ebd., S. 200.

186 Vgl. ebd., S. 200.

drei Mädels ein Hangeln von einem Konflikt zum nächsten, von einer Eskalationsstufe zur anderen."

Tobias: „Familie beinhaltet eben das volle Leben in seiner ganzen Bandbreite. Konflikte und Versöhnung gehören notwendigerweise eben auch dazu. Ich denke, dass das kein Widerspruch zum Thema ‚Hauskirche' ist. Vielmehr sollte Kirche ein Abbild dessen sein, was Leben ausmacht. Leben mit all seinen Facetten. Oder?"

Domenica: „Ja, ich denke auch. Manchmal kann man aber den Eindruck gewinnen, dass Kirche weniger ein Abbild dieser Bandbreite des Lebens ist, als vielmehr eine Fokussierung auf einige möglichst ‚heilige' und weltfremde Aspekte darstellt. Da wird Mutter-sein oft verklärt mit Maria als Idealbild. Ich kann mir gut vorstellen, wenn ich mit unserer Familienfolie auf die ‚Heilige Familie' damals in Nazareth blicke, dass dort oft genug auch keine friedlich romantische Welt vorgeherrscht hat."

Tobias: „Wobei einer unserer Hauptdiskussionspunkte – was ziehen die drei Damen wohl an – dürfte damals noch nicht so konfliktreich gewesen sein."

Domenica: „Wohl wahr. Es ist nur schwerlich vorstellbar, dass Jesus sich mit Maria gezofft hat, weil er unbedingt im Prinzessinnenkleid in den Kindergarten gehen wollte …"

Auch innerhalb der Spiritualität Schönstatts – insbesondere für Familien – spielt die Thematik des Hauskirche-Seins eine wichtige Dimension, die durch die ortsgebundene Theologie rund ums (Haus-)Heiligtum[187]

187 Vgl. dazu weiter unten: Kapitel 9: Heiligtum oder „Wo das schönste Land in Deutschlands Gauen liegt".

und vom ‚Gott des Lebens'[188] grundgelegt ist. Und gelebtes Kirche-Sein als Familie ist eben mehr als nur der keinesfalls so selbstverständliche Besuch des Sonntagsgottesdienstes. Kirche-Sein ereignet sich in unseren Wohnungen und Häusern, wo Menschen aus ihrem Glauben heraus Leben gestalten, wenn dort in unserm Alltag Gottesbegegnung stattfindet; wenn es dort ist, wo die Gottesmutter sich niederlassen will. So führt das Ehepaar Rebbe ausgehend von der Praxis des Hausheiligtums aus, dass dasselbe nicht nur das Selbstverständnis der jeweiligen Familie stärkt, sondern dazu beiträgt sich auch als „Kirche im Kleinen"[189] zu erfahren.

Hauskirche ist kein Selbstzweck, sondern hat immer auch zum Ziel fruchtbar für Kirche und Welt zu wirken. Letztlich braucht es beides: belebende Hauskirche und lebendige Gemeinde. „Findet das, was in der großen Glaubensgemeinschaft verkündet wird, zu Hause keine Verwirklichung, dann bleibt der Glaube zum größten Teil bedeutungslos. Wären umgekehrt die Familien im Glauben nur auf sich selbst gestellt und fehlte die Bestärkung durch die Gemeinde, bestünde die Gefahr, dass sich mit der Zeit die religiöse Praxis verflüchtigt."[190]

---

188 Vgl. dazu weiter untern: Kapitel 7: Der personale Gott oder „Warum der liebe Gott pinke Glitzer-Einhörner mag".

189 Rebbe, Maria und Rebbe, Winfried: Hausheiligtum, in: Brantzen, Hubertus; King, Herbert; Penners, Lothar; Pollak, Gertrud; Schlosser, Herta; Schmiedl, Joachim und Wolf, Peter (alle Hg.): Schönstattlexikon, Fakten Ideen Leben, Vallendar-Schönstatt [2]2002, S. 139-140. Hier: S. 140.

190 Brantzen, Hubertus: Mehr als Worte und Gefühle, Liebe leben in Partnerschaft, Ehe und Familie, Freiburg i. Br. 2022, S. 209.

Erziehen heißt: Selbstlos fremdem Leben dienen[191] – das ist für P. Kentenich eine Kurzformel seiner pädagogischen Arbeit, aber auch eine Inhaltsbeschreibung für gelebte Hauskirche – für Familie-Sein. Hubertus Brantzen greift eine Aussage von Karl Kardinal Lehmann auf, wonach die Familie die erste und wichtigste Kirche für jeden Menschen sei.[192] Doch gerade wenn es um Glaubensfragen geht, wird deutlich, dass zwar die Eltern die ersten Vermittler religiöser Themen, Vorstellungen und Werte sind; sehr wohl aber auch die Eltern von ihren Kindern lernen können, da diese „meist noch unbelastet von Lebensenttäuschungen"[193] sich ohne Vorbehalte und Vorurteile auf Neues – auch auf den Glauben – einzulassen vermögen.[194] So können sie „Erwachsenen zeigen, was Vertrauen und Beziehung ohne Vorbehalte heißen kann."[195]

Vom US-amerikanischen Zukunftsforscher John Naisbitt stammt der Begriff ‚Megatrend', welcher in der Regel lang anhaltende gesellschaftliche, wirtschaftliche und politische Veränderungen, die zahlreiche Lebensbereiche (u. a. Arbeitswelt, Konsum- und Freizeitverhalten,

191 Vgl. Kentenich, Joseph: Ethos und Ideal in der Erziehung, Wege zur Persönlichkeitsbildung, bearbeitete Nachschrift durch Frömbgen, M. Erika, Vallendar-Schönstatt ²1992, S. 237. Wörtlich heißt es dort: „Was heißt erziehen? Selbstlos fremder Eigenart dienen. Das ist die Kunst der Künste, Menschen zu erziehen, Menschenseelen zu formen und zu gestalten."

192 Vgl. Brantzen, Hubertus: Mehr als Worte und Gefühle, Liebe leben in Partnerschaft, Ehe und Familie, Freiburg i. Br. 2022, S. 213.

193 Ebd., S. 213

194 Vgl. ebd., S. 213.

195 Ebd., S. 213.

Gesundheit, Bildung, kulturelle Identität und politische Teilhabe) massiv beeinflussen, beschreibt.[196] Als solcher Megatrend wurde in den 1990er Jahren das sogenannte social cocooning (Einpuppen) bezeichnet, das einen Rückzug auf die eigenen vier Wände besagt. Mittlerweile ist dieses cocooning eher Ausdruck des globalen Megatrends der Individualisierung.[197] Dieser psychosoziale Aspekt unserer Zeit, dass der Mensch einen individuell geprägten, sicheren Rückzugsort haben will, korrespondiert mit den ekklesialen Anfängen und Ursprüngen: als Kirche sich bewusst – mitunter vor allem auch aus Sicherheitsgründen – in den Häusern und in den Familie realisiert hat. Aus dieser Perspektive heraus bietet die Hauskirche die Chance – sofern sie in gesundem Maße an eine größere Gemeinschaft rückgebunden ist – dem globalen Megatrend der Individualisierung attraktiv zu begegnen ohne ihren konstitutiven und vergemeinschaftlichenden aber zu diesem Trend gegenläufigen Kernaspekt der Communio aufzugeben.

Tobias: „Ich glaube, auch wenn das noch nicht so belegt ist, dass die Zeit nach der Coronapandemie durchaus deutlich gemacht hat, dass es eine Sehnsucht der Menschen nach Gemeinschaft und gemeinschaftlichen Erlebnissen gibt."

Domenica: „Das muss ja kein Widerspruch zum Megatrend des Individualismus sein; aber der Mensch ist nach wie vor ein soziales Wesen und braucht auch das Miteinander. Ich selber habe es sehr genossen, dass wir

196 Vgl. https://de.wikipedia.org/wiki/Trend_(Soziologie) (zuletzt aufgerufen am 06.06.2023).

197 Vgl. https://www.zukunftsinstitut.de/dossier/megatrends/ (zuletzt aufgerufen am 06.06.2023).

dieses Jahr endlich wieder ‚richtig' Fasnet feiern konnten."

Tobias: „Und auch die kirchlichen Feste, die hier mit lokalen Traditionen verknüpft sind, konnten wieder miteinander gefeiert werden, wie Christi Himmelfahrt oder Fronleichnam. Das war für mich sehr schön."

Möglicherweise beinhaltet Kirche mit dem wertvollen Traditionsschatz der Hauskirche ein probates Mittel um in den pluralen Gesellschaften unserer Zeit mit ihren Individualisierungstendenzen attraktiv zu sein so, dass sie tatsächlich zum Sauerteig dieser Welt werden kann und sie durchscheinend werden zu lassen auf das Reich Gottes hin. Dabei können dann wirklich, wie eingangs erwähnt, Familien und Häuser skizziert werden, die in ihrem Innern die Gegenwart Gottes bergen, wie es die Konzilsväter so treffend formuliert haben.

Erfahrungstheologie und Resonanzraum zum Thema: „Hauskirche"

Während den Lockdowns der Coronapandemie haben wir als Familie die Zeit genutzt, um zusammen Gottesdienst zu feiern, da der sonst übliche Gottesdienstbesuch in der örtlichen Kirche nicht möglich war. Das waren spannende Erfahrungen, wie wir miteinander unseren Glauben gelebt und ihm in Formen gottesdienstlichen Feierns auch zum Ausdruck gebracht haben. Gerade mit den damals noch nur zwei kleinen Mädels war das viel intensiver, entspannter und lebensrelevanter als es jemals im Sonntagsgottesdienst der Gemeinde denkbar gewesen wäre. Zu den Vorteilen gehört zumindest in unserer Familie eindeutig, dass wir uns nicht nach beginnenden Gottesdienstzeiten richten mussten. So führten etwaige Stressmomente mit Eskalationspotential bis beispielsweise das richtige Outfit bei Klara gefunden war, nicht automatisch, wie etwa durch den sonst üblichen Zeitdruck zur Vollkatastrophe, sondern ließen sich deutlich entspannter angehen. So konnte es dann sein, dass die Feier des Karfreitags eben nicht um 15.00 Uhr, sondern erst gegen halb vier stattfinden durfte, damit die gemeinsame Osterkerzenverzier-Aktion auch noch mit einem für alle zufriedenstellenden Ergebnis abgeschlossen werden konnte.

Die üblicherweise für den Gründonnerstagabend angesetzte Feier des letzten Abendmahls konnten wir vor Corona wegen der Kollision mit den Schlafenszeiten der Kinder noch nie gemeinsam als Familie feiern. Häufig war dann immer nur einer von uns Eltern im Gottesdienst. Da aber gerade die Symbolik des Gründonnerstagsgottesdienstes so ausdrucksstark ist, dass sie auch von unseren beiden Kindergartenmädels ohne große Rituserläuterungen verstanden werden kann, wollten wir vieles davon als Familie erleben. Spannend war das Element der Fußwaschung, als wir es in unserer Hausliturgie durchgeführt haben. Wir als Eltern haben gemeinsam unseren Töchtern und schließlich uns gegenseitig die Füße gewaschen. Die aufregende Spannung, was da jetzt vor sich geht, war förmlich zu greifen.

Der Satz von Klara danach, „danke, Papa, dass du meine Stinkefüße gewaschen hast“, greift ganz viel von dem auf, wie dieser Ritus auf unsere zweieinhalbjährige gewirkt hat. „Weißt du auch, warum ich dir die Füße gewaschen habe?“ „Weil du mich lieb hast.“ „Und“, ergänzt Miriam, „weil Jesus auch Füße gewaschen hat und der hat ja auch die Menschen lieb.“ Diese körperliche und gleichzeitig geistliche Erfahrung hat auch uns als Eltern geholfen, dieses Mysterium des Glaubens ein wenig besser zu verstehen.

Unser Gottesdienst ging dann über in das vorher bereitgestellte Abendessen.

Tobias: „Die Logistik darf dabei nicht unterschätzt werden, dass der Lammbraten im Ofen genau dann genussbereit ist, wenn wir vom Gottesdienst übergehen zum pessachartigen Sättigungsmahl.“

Domenica: „Das wär’ ja aber gar nicht nötig gewesen, wenn der Herr Theologe nicht auf Lammfleisch bestanden hätte. Aber tatsächlich war das sehr köstlich und auch symbolisch einprägsam, als du den Mädels erklärt hast, was es mit den verschiedenen Speisen auf sich hat.“

Tobias: „Einer der Höhepunkte in unserer gottesdienstlichen Hausliturgie war sicher auch als, wir miteinander in Erinnerung und Vergegenwärtigung an Jesus das Brot geteilt haben, das du mit Klara und Miriam vorher gebacken hast.“

Domenica: „Da wird eben für die Kinder erfahrbar, was sie in der Kirche oft nicht verstehen.“

Tobias: „Wobei mir schon wichtig wäre anzumerken, dass wir keine Eucharistiefeier simuliert haben.“

Domenica: „Das stimmt, Herr Theologe, und trotzdem haben wir als Familie miteinander, an dem Tisch, wo wir in der Regel auch sonst immer zusammen essen und zusammen Leben teilen, Jesu Gegenwart erfahren dürfen im Brechen des Brotes.“

***

Grundsätzlich sind wir schon der Meinung, dass beides – Hausgottesdienste und Gemeindeliturgie – als sinnvolle Ergänzung zueinander sich gegenseitig befruchten kann und wechselseitig Impulsgeber sein kann um lebensnah und gottbezogen gerade mit Kindern unseren Glauben feiern zu können. Liturgie, beziehungsweise Gottesdienst als selbstverständliche Feier unseres Glaubens innerhalb der Familie, müssen oftmals gar nicht so intensive ‚Hochformen‘ sein. Die Selbstverständlichkeit mit der bei Tischgebeten für das Essen gedankt wird, wird mitunter dadurch verstärkt, wenn jemand ein bestimmtes Anliegen hat für das wir noch mitbeten: „Meine Freundin war heute nicht im Kindergarten. Ich hoffe, dass sie bald wieder gesund ist.“ Oder „Denken wir mal an den Opa, der hat heute einen Arzttermin.“ Auch die kleinen Segensgesten im Alltag würde man vielleicht eher als Ritual denn als Gottesdienst bezeichnen. Und dennoch, sie helfen uns als Familie uns gegenseitig den Gedanken wach zu halten: „Ich mag dich und der liebe Gott mag dich auch. Ich hoffe, dass er auf dich aufpasst.“ Besonders stimmig sind die gottesdienstlichen Feiern, wenn sie selbstverständlich in unseren Alltag integriert sind, wie beispielsweise kurze Abendgebete mit den Kindern. Jeder darf aus seiner Sicht auf den Tag blicken und sagen, wofür man dankbar ist und für wen wir beten wollen.

***

Das wohltuende Geräusch, wenn ich nach einem ereignisreichen Tag und den Abendritualen wie miteinander den Tag anschauen, dem lieben Gott dafür danken, Geschichte vorlesen, die Tür zum Kinderzimmer hinter mir schließe, genieße ich. Jetzt noch ein wenig dies und das erledigen, Abendessen und wenigstens alibimäßig Hausarbeiten wie Putzen durchziehen.

Domenica: „Du weißt, dass wir sehr unterschiedliche Auffassungen von „Putzen“ und Sauberkeit haben. Aber das wäre ein Thema, das würde jetzt zu weit führen. Erzähl’ mal weiter.“

Innerlich nehme ich schon meinen wohlverdienten Platz auf der Couch im Wohnzimmer ein.

Domenica: „Auch das Wort „wohlverdient“ ist zumindest diskussionswürdig.“

Es ist Nacht. Mitten in der Nacht. In meine Traumwelt hinein höre ich die dumpfe, und doch so bekannten Rufe: „Paaaaapaaaaa!“ Langsam lasse ich den Traum hinter mir und versuche mich im Bett zu orientieren. Frau da. Baby da. „Paaaaaapaaaaa!“ tönt es wieder. Das ist Klara … Ich vergewissere mich nochmal nur um sicher zu gehen, dass sie tatsächlich nicht in meinem Bett liegt – vermutlich auch getrieben von der zunehmend schwindenden Hoffnung, dass mir ein Verlassen der eigenen Bettstadt jetzt erspart bleiben möge. Doch es bleibt dabei; die Realität holt mich ein. Das erneute und schon penetrantere „PAAAAAPAAAAA!“ kommt eindeutig aus dem Kinderzimmer. Schlagartig kommt mir der Gedanke in den Sinn, dass dort im Kinderzimmer zwei kleine Damen liegen und ich bisher nur eine rufen höre … Das bedeutet im Umkehrschluss, wenn ich den schreienden kleinen Wecker rechtzeitig aus dem Zimmer entfernt bekomme, schläft die andere vielleicht weiter und meine nächtlichen Probleme fangen erst gar nicht an sich zu potenzieren. Ich ignoriere also mein Körpergefühl, das mir dringend davon abrät jetzt aufzustehen und schleiche mich aus dem Schlafzimmer hinüber zum Kinderzimmer. Im Halbdunkel sitzt Klara im unteren Teil des Hochbetts aufgerichtet und schon zum nächsten Schrei ansetzend. Miriam liegt schlafend daneben. Intuitiv erfasse ich die Problematik der Situation und versuche Klara zu beruhigen. „Ich, Papa, bin hier. Sei bitte leise und lass Mimi träumen. Komm mit, du darfst in meinem Bett weiterschlafen.“ „Papaaaa!“ ruft Klara für meine Begriffe mit Blick auf die nächtliche Uhrzeit ein wenig zu begeistert. „Du sollst bei mir liegen!“, sagt Klara, „in meinem Bett!“ „Das geht nicht, da ist kein Platz. Da liegt doch deine Schwester. Komm mit!“ Ich merke durchaus, wenn ich keine Chance habe. So auch jetzt. In keinem Multiversum besteht auch nur im Entferntesten die Möglichkeit Klara mitten in der Nacht durch rationale Argumente davon zu überzeugen ruhig in ihrem Bett weiter zu schlafen. „Mimi, du sollst hoch!“ brüllt Klara nun ihre große Schwester an.

Domenica: „Hier solltest du vielleicht erwähnen, dass die Mädels ein Hochbett haben, aber beide am liebsten unten schlafen.“

Bevor der aggressive Tonfall in aggressive Taten umschlägt, packe ich Klara und will sie mit zu uns ins elterliche Bett tragen. „Neeeeeein, Papa!“ geht die Sirene erneut los. Was kann ich tun, um die Situation zu deeskalieren? Ich versuche beruhigend auf Klara einzureden.

Klara du darfst doch deine Duddis (Schnuller) mitnehmen und deine Trinkflasche. Das sind zu schwache Argumente. Das Geschrei geht in ein flehentliches Heulen über. Mimi schläft immer noch. Jetzt ist der Moment gekommen, wo ich Klara alles versprechen würde, wenn sie nur um Gottes Willen endlich leise sein könnte. „Was willst du denn?“ frage ich verzweifelt. Spontan wie sie ist, zählt sie ihren Forderungskatalog auf: „Ich will meine Minnie Maus Bettdecke, meine Duddis und meine Trinkflasche und ich will in deinem Bett schlafen.“ „Okay“, kapituliere ich. Klara stapft in Richtung meines Bettes davon und ich versuche mich im nächtlichen Doktor-Bibber-Spielen. Das besteht darin, die mit dem Körper meiner ältesten Tochter so verknotete Minnie-Maus-Bettdecke zu entwirren, ohne dass Miriam davon wach wird. Das schier Unglaubliche gelingt. Miriam schläft weiter und ich schließe mit einem erleichterten Seufzer und der Bettwäsche in der Hand die Kinderzimmertür. Als ich unser Schlafzimmer wieder betrete, sitzt Klara in meinem Bett und wartet auf ihr Minnie Maus Kissen. Ich werfe das Kissen an das Kopfende des Bettes. Leider liegt die Seite des Kissens oben, auf welcher der Minnie-Maus-Kopf nicht zu sehen ist. Das Drama beginnt von neuem. „Das Kissen ist falsch, Paaaapaaaa! Du hast das FALSCHE KISSEN PAPA!“ Hastig drehe ich das Kissen um. Beim Anblick der strahlenden Minnie Maus verstummt Klara und auch ich falle erschöpft neben ihr zurück ins Bett. „Gute Nacht, ich liebe dich. Schlaf weiter.“ In Gedanken füge ich noch eine dreifache Bitte hinzu. Tatsächlich hat es den Anschein, als ob all die Forderungen und Wünsche den Vorstellungen von Klara entsprechend erfüllt worden sind. Ich nehme jedenfalls eine langsam und ruhiger werdende Atmung aus dem kleinen Menschlein neben mir wahr. Erleichtert mache auch ich mich zum erneuten Eintauchen in meine Traumwelt bereit, da tönt es neben mir. „Papa, ich muss kotzen, ehrlich." „Das erfindest du doch jetzt." „Nein, ehrlich!" „Also gut, komm mit. Wir gehen auf's Klo." Freudig hüpft Klara aus dem Bett und singt in ihrem Rhythmus die Eigenkreation „Ich geh' jetzt kotzen" vor sich hin. Torkelnd vor Müdigkeit versuche ich hinterher zu kommen. Als ich im schummrigen Licht des Bades ankomme, hängt Klara schon lachend über der Schüssel und eröffnet mir, dass sie doch nicht kotzen müsse. Dafür würde sie aber, wenn sie schon mal hier sei, die Gelegenheit nutzen um Hände zu waschen – denn das sei nun dringend. Und dann kommt der Todesmove. Sie betätigt den Lichtschalter. Ein gleißender Lichtblitz erfüllt den Raum. Ich taumle und schlage mit zusammengekniffenen Augen gegen die Wand, wo ich den Lichtschalter vermute. Daneben. Dafür tut meine Hand jetzt weh. Taktikänderung. Ich taste mich langsam an der Badwand hin zum Lichtschalter vor und kann diesen endlich betätigen. Erlösung. Ich hab's geschafft. Schlagartig wird mir bewusst, dass mein ursprüngliches Problem gar nicht der Lichtschalter war, sondern das kleine Mädchen, das mittlerweile den Wasserhahn voll aufgedreht hat. Ich sehe die nächste Katastrophe auf mich zueilen, dass ich erneut die verbotene Zone – das Kinderzimmer mit der schlafenden Miriam – betreten müsste, nur um einen neuen Schlafanzug zu holen. Ich bin also daran interessiert, dass die Nicht-Kotzen-Dafür-Hände-Waschen-Aktion ohne größere Sauerei und weiteres Drama über die Bühne geht. Ich hechte also zum Waschbecken, dreh' das Wasser zurück und bin stolz auf mich, dass tatsächlich nichts weiter passiert ist und ich kein komplett durchnässtes Kind vor mir habe. „Papa, du bist mein Handtuch", erklärt mir Klara in dem Moment, als sie ihre nassen Hände an mir abwischt. Bevor ich irgendeine Erwiderung von mir geben kann, rennt Klara zurück zu meinem Bett. Ich atme tief durch und folge ihr. Als ich mich wieder zu ihr in ***mein Bett*** legen will, rollt das nächste Drama auf mich zu. „Ich brauch' Platz, Papa. Geh' lieber auf die Couch." Resignierend nehme ich meine Decke ohne Minnie Maus Gesicht und ziehe mich ins Wohnzimmer zurück. Als ich mich am Kinderzimmer vorbeischleiche, höre ich von drinnen Miriam rufen: „Papa? Paaaapaaaa!" Eine ganz normale Nacht.[198]

Domenica: „Und was möchtest du mit dieser durchaus sehr vertrauten Erzählung verdeutlichen."

Tobias: „Ich will damit zum Ausdruck bringen, dass der Grundvollzug ‚Diakonia' beziehungsweise ‚tatige Nächstenliebe' mit einer solchen Selbstverständlichkeit unseren Alltag prägt, dass wir das oftmals gar nicht mehr als ‚Dienst am Nächsten' wahrnehmen."

Domenica: „Aber wir lieben ja die drei und würden sowieso alles für sie machen. Meinst du nicht, dass es ein wenig beschönigend ist, das Gewöhnliche als caritativen Dienst zu beschreiben?"

Tobias: „Deswegen ist es trotzdem Nächstenliebe. Mir ist es ein Anliegen deutlich zu machen, dass wir als

---

198 Die Erfahrungserzählung über eine ganz normale Nacht ist der belletristischen Erzählung von Hofmann, Tobias: „Aber pink wär' mir lieber!", Alltag und Herausforderungen eines Vaters, unabhängig publiziert 2022, ISBN: 979-8836740207, S. 56-61, entnommen.

Familie Kirche im Kleinen sind, die diese Grundvollzüge mit einer solchen Selbstverständlichkeit abbildet, dass man es schon fast als ‚gewöhnlich' bezeichnen könnte."

Domenica: „Dann kannst du aber auch noch sehr viel mehr von dem anführen, was *ich* jeden Tag machen darf beziehungsweise muss, wie beispielsweise Mädels herrichten und beim Anziehen helfen, Putzen, Alltag organisieren, Finanzen managen. Und ich bin in der Regel diejenige, die es ausbaden muss, wenn du Sophia die Windel nicht richtig angezogen hast."

Tobias: „Auch das ist ein Dienst an deiner jüngsten Tochter und somit darfst du mir dankbar sein, dass ich dir dazu die Gelegenheit gegeben habe."

Domenica rollt mit den Augen.

Tobias: „Aber ja, darum geht es – um die unzähligen kleinen und großen Gewöhnlichkeiten, die doch den anderen vermitteln: Ich mache das für dich, für uns und weil du mir wichtig bist."

***

Der Grundvollzug ‚Martyria' (= Verkündigen und Zeugnis geben) findet in einer ähnlichen Selbstverständlichkeit statt. Vieles hat dabei damit zu tun, dass wir als Eltern Vorbilder für unsere drei Wirbelwinde sind – auch und gerade wie wir unser Leben authentisch aus dem Glauben heraus gestalten.

Für uns als ‚Kirche im Kleinen' und als Familie ist eine ganz andere Art der Verkündigung des Kirche-Seins die, dass wir auch bei uns daheim in einer gewissen Selbstverständlichkeit das Kirchenjahr und seine Feste mitfeiern und miterleben. Zugegebenermaßen ist dies vergleichsweise einfach mit zwei bastelbegabten, talentierten und motivierten Künstlerinnen im Haus. Da gibt es in der Advents- und Weihnachtszeit praktisch keinen Platz im Haus, wo nicht irgendein kinderlicher Stern, ein Krippenbild oder Ähnliches platziert ist. Neben Weihnachten stehen aber auch St. Martin und der Hl. Nikolaus ganz hoch im Kurs, um in Miriam'schen oder Klara'schen Gemälden verewigt zu werden. Wo in der Fastenzeit und an Ostern noch relativ viel kindlicher Dekoschmuck unsere Wohnumgebung erstrahlen lässt, wird es bei Pfingsten schon schwieriger. Möglicherweise liegt es daran, dass das Fest des Hl. Geistes für die Mädels schwieriger zu greifen ist, vielleicht ist aber auch einfach das sonnigere Mai- und Juni-Wetter schuld daran, dass die Bastelsaison durch Sandkasten und Planschbecken abgelöst wird. Neben den kinderlichen Basteleien ist es uns als Eltern aber auch ein Anliegen, die entsprechenden Feste in adäquater Weise in unseren Alltag zu integrieren. Dabei spielen traditionelle Symbole häufig eine besondere Rolle: Sei es der Adventskranz in der Vorbereitung auf die Geburt Jesu oder das eigene Gestalten von Osterkerzen; seien es die Palmzweige, die nach der Segnung am Palmsonntag in unserem Zuhause zum Kreuz platziert werden; seien es Segensriten mit an Taufe des Herrn frisch gesegnetem Weihwasser oder eben der Besuch der Sternsinger an Drei-König; sei es ein Osterfeuer in der garteneigenen Feuerschale. Dies alles hilft uns, angebunden an die kirchliche Struktur auch unser Leben so zu gestalten, dass es durchscheinend wird auf Gott hin.

Impuls: Familie sein ist Kirche im Kleinen sein

Familie und Wohngemeinschaft bedeutet: Miteinander Erfahrungen teilen. Miteinander streiten. Miteinander Alltag leben. Miteinander lieben. Miteinander lernen. Miteinander. Der eine für die andere – und umgekehrt. Miteinander haben wir den Anspruch im Kleinen Kirche zu sein und so – hier bei uns konkret – Reich Gottes mitzubauen: in unseren Erfahrungen, in unserm Streit, in unserm alltäglichen Leben, in unserer Liebe und in unserm Miteinander.

Nehmen Sie sich Zeit und tauschen Sie sich aus.

1. Wann, wo und wie oft lade ich Jesus ein, Gast bei mir zu sein, wenn ich alleine oder wir miteinander essen und „Brot brechen"?

2. Caritas – Dienst am Nächsten: Wo setze ich mich (daheim) wie selbstverständlich für andere Menschen ein?

3. Rede ich mit anderen über die Frage, wo ich Gott entdeckt habe? Was sage ich dann?

Gebet zur Heiligen Familie

Jesus, Maria und Josef,
in euch betrachten wir
den Glanz der wahren Liebe,
an euch wenden wir uns voll Vertrauen.

Heilige Familie von Nazareth,
mache auch unsere Familien
zu Orten innigen Miteinanders
und zu Gemeinschaften des Gebetes,
zu echten Schulen des Evangeliums
und zu kleinen Hauskirchen.

Heilige Familie von Nazareth,
nie mehr gebe es in unseren Familien
Gewalt, Halsstarrigkeit und Spaltung;
wer Verletzung erfahren
oder Anstoß nehmen musste,
finde bald Trost und Heilung.

Heilige Familie von Nazareth,
lass allen bewusst werden,
wie heilig und unantastbar die Familie ist
und welche Schönheit sie besitzt im Plan Gottes.

Jesus, Maria und Josef,
hört und erhört unser Flehen.

Amen.[199]

---

199 P. Franziskus: Nachsynodales Apostolisches Schreiben „Amoris Laetitia" vom 19.03.2016, in: AAS: 108 (2016), S. 1071-1074. Deutscher Text in: Verlautbarungen des Apostolischen Stuhls Nr. 204, 19. März 2016, Sekretariat der Deutschen Bischofskonferenz (Hg.), Bonn 2016. Hier: Nr. 325.

Kapitel 7: Gottesbild

Der personale Gott oder „Warum der liebe Gott pinke Glitzer-Einhörner mag“

O-Ton P. Kentenich: Kindsein vor Gott: Ein origineller Gotteshinweis

‚Kindsein vor Gott‘ ist einer der großen Priesterexerzitienkurse, die P. Kentenich in den 1920er und 30er Jahren gehalten hat. Hierbei entfaltet er für die Patres der Missionsgesellschaft Bethlehem in Immensee in der Schweiz den Wert der Kindlichkeit im Angesicht eines Vatergottes. Zudem analysiert und deutet er die Wurzel der Kindlichkeit und das Wesen der Kindlichkeit, um schließlich Wege zur Kindlichkeit aufzuzeigen. P. Kentenich war bis zu seiner Gefangennahme durch die Nationalsozialisten ein beliebter Exerzitienmeister, mit dem weite Teile des damaligen deutschen Klerus in Berührung kamen. Kurse mit mehr als 100 Teilnehmenden waren keine Seltenheit. Immer wieder berührt er innerhalb dieses Kurses die Frage nach Gott:

„ [...] Das Kind weist also hin auf Gott. Wer eine feine Lebensbeobachtung sein eigen nennt, wem der urwüchsige Sinn nicht verlorengegangen ist, wer Freude an Kindern hat – müssten wir eigentlich alle haben, denn das Kind gehört zum Kinde –, der weiß, was ich meine. Ich fasse metaphysisch zusammenraffend, alles zusammen, was sich sagen lässt. Das Kind weist auf Gott hin, teils direkt, teils indirekt. Ich gebe mich also ganz einfach der Beobachtung des Kindes hin. Was wird dann in mir wach? Ja, ein Kind erinnert unwillkürlich an ein Doppeltes: erstens an das Paradies der Menschheit und zweitens an das des eigenen Lebens.

Direkt

Unmittelbar weist das Kind nach dem Gesagten hin auf dieses doppelte Paradies. Ob das wahr ist? Sie wissen von Alban Stolz, dass es drei Dinge gibt, die immer wieder an das Paradies der Menschen erinnern: das sind die Sterne, die Blumen und das Kindesauge. Das Kindesauge weist ganz nachdrücklich hin auf das Paradies der Menschheit:

Kindesauge! Diamant
In der Erde Wüstensand!
Welten von verlorenem Glück
Strahlen mir aus dir zurück!

Prüfen Sie, ob der Dichter recht hat. Wie ist das Erinnerung an das Paradies, Paradies der Menschheit! Nun darf ich als Philosoph und Dogmatiker sofort fragen: was hat aber formell das Paradies ausgemacht? Das ist der Verkehr mit Gott. Also weist ein Kindesauge direkt hin auf Gott. Das Kind ist ein Gotteshinweis. […] Das Kind offenbart also zunächst direkt einen originellen Gotteshinweis; zweitens auch

Indirekt

Hier muss ich aber nach unsern eigenen Lebenserfahrungen fragen. Ist es nicht so: wenn ich vor dem schlichten Kinde stehe und nehme das staunende Auge in mich auf – und ein Kindesauge kann wirklich staunen! –, wie beglückend und bestrickend ist das! Haben wir da nicht das Empfinden als wären wir nur durch eine kleine

Brücke von Gott getrennt? Freilich muss ich wieder appellieren an die Lebenserfahrungen und -beobachtungen. Tun Sie das, wenn Sie hinauskommen: stellen Sie sich vor den Kinderwagen und fangen Sie an zu studieren; bloß damit Sie nachher wissen, wie wir sein sollen! Was das Kind ist, sollen wir werden: ein Gotteshinweis.

Es ist schon wahr: in dem reinen Kinderauge, da spiegelt sich zunächst wider all das Große, was das Kind aus der Schöpfung in sich aufnimmt. Das alles leuchtet mir entgegen, wenn ich das Auge auf mich wirken lasse. Aber nicht nur das; es ist nicht nur der reine Spiegel all des Göttlichen, das das Kind aufnimmt. Man spürt unwillkürlich: nur eine ganz kleine Schicht, eine Zwischenwand – dahinter ist Gott! Deshalb fühlen wir uns unbedingt gezwungen zur Ehrfrucht vor dem Kindesauge. […] Ich sage Ihnen damit nichts Gelehrtes, aber ich meine, ich hätte Ihnen das Wort des Heilandes gedeutet, und der Heiland hat den Aposteln gesagt, sie sollten das Kind beobachten.

Konsequenz: Selber origineller Gotteshinweis werden

Nun kommen natürlich ganz tiefe, folgenschwere Konsequenzen. Was soll ich werden? Auch ich soll ein origineller Gotteshinweis werden, ich soll ein originelles ständiges Sursum corda [Erhebet die Herzen] werden. Was das Kind in unvollkommener Weise und nur vorübergehend hat, soll ich dauernd und in vollkommener Weise erwerben. Ich muss per eminentiam [in erster Linie] ein Gotteshinweis werden. Wer mich sieht, muss zu Gott hingezogen werden! […]“[200]

---

200 Kentenich, Joseph: Kindsein vor Gott, bearbeitet von Boll, Günther Maria und Penners, Lothar, Vallendar-Schönstatt 1979, S. 123-125.

Einordnende Kommentierung: Gottesbild

Die Gottrede beziehungsweise das Gottesbild kann Anlass für seitenlange theologische Abhandlungen sein. Unzählige Studenten können ein Lied von langwierigen Dogmatikvorlesungen zu diesem Thema singen, die Zuhörenden einen Hauch von Ewigkeit im wahrsten Sinne des Wortes erfahren lassen. Grundsätzlich lässt sich daher festhalten, dass dies hier nur die Spur eines Versuchs sein kann, welches Gottesbild der Spiritualität Schönstatts zu Grunde liegt. Das Gottesbild innerhalb der Spiritualität Schönstatts ist, ähnlich wie das Marienbild, personal geprägt.[201] Entgegen dem Vorwurf „Gott in die Grenzen der neuzeitlichen Subjektivität zu ‚sperren'"[202] belegt Vautier in seinen Ausführungen, dass dies keineswegs gleichbedeutend ist mit einem Verharren in einem ‚naiven personalen' Verständnis der Religion.[203]

P. Kentenich will „die personale Dimension auch bei der tiefsten Bindung an Gott gewahrt wissen".[204]

201 Vgl. dazu Vautier, Paul: Maria, die Erzieherin, Vallendar-Schönstatt 1981, S. 313 und vgl. ebd., S. 291-292 sowie vgl. ebd., S. 294-295.

202 Ebd., S. 314.

203 Vgl. ebd., S. 314.

204 Ebd., S. 314. Vautier, Paul: Maria, die Erzieherin, Vallendar-Schönstatt 1981, S. 315, weist in diesem Zusammenhang daraufhin, dass es selbstverständlich Aufgabe der Theologie sei „vor den Gefahren einer Frömmigkeit zu warnen, die den Unterschied zwischen menschlicher Person und ‚göttlicher Person' nicht sieht. Die personale Priorität sieht P. Kentenich heute aber nicht in dieser ‚Aufklärungsarbeit', sondern in der Hinführung zur personalen Bindung." Vgl. dazu auch ebd., S. 156-159.

Günther Boll stellt dazu treffend fest, dass P. Kentenich zwar das biblische Gottesbild in seiner Ganzheit gläubig angenommen und verkündet hat und dennoch der Überzeugung war, dass sich in der geistigen Situation seiner Zeit eine zweifache Akzentverschiebung gegenüber dem Gottesbild der vorherigen Jahrhunderte hervortut: Zum einen gilt es Gott als den ‚Gott des Lebens und der Geschichte' zu künden und zum anderen ‚Gott als den barmherzigen Vater'.[205]

Zum ersten Aspekt sagt P. Kentenich 1967 auffordernd: „Der Gott des Lebens will heute wieder neu kennengelernt und -gelehrt werden."[206] Ausdrücklich wendet er sich gegen drei zeitgebundene, in seinen Augen verfälschende Strömungen. Zum einen gilt es den theologischen Rationalismus, wie er vor allem durch einen philosophischen Idealismus entsteht, entgegenzuwirken, da hierbei Gott und das Göttliche in der Gefahr stünden zur bloßen Idee degradiert zu werden.[207] Besonders kritisch sei hierbei, dass das Gottesbild entpersönlicht wird

---

205 Vgl. Boll, Günther: Gottesbild, in: Brantzen, Hubertus; King, Herbert; Penners, Lothar; Pollak, Gertrud; Schlosser, Herta; Schmiedl, Joachim und Wolf, Peter (alle Hg.): Schönstattlexikon, Fakten Ideen Leben, Vallendar-Schönstatt ²2002, S. 130-135. Hier: S. 131.

206 Kentenich, Joseph: Exerzitien für die pars motrix et centralis, 27. November – 01. Dezember 1967, zitiert nach: Boll, Günther: Gottesbild, in: Brantzen, Hubertus; King, Herbert; Penners, Lothar; Pollak, Gertrud; Schlosser, Herta; Schmiedl, Joachim und Wolf, Peter (alle Hg.): Schönstattlexikon, Fakten Ideen Leben, Vallendar-Schönstatt ²2002, S. 130-135. Hier: S. 131.

207 Vgl. Boll, Günther: Gottesbild, in: Brantzen, Hubertus; King, Herbert; Penners, Lothar; Pollak, Gertrud; Schlosser, Herta; Schmiedl, Joachim und Wolf, Peter (alle Hg.): Schönstattlexikon, Fakten Ideen Leben, Vallendar-Schönstatt ²2002, S. 130-135. Hier: S. 131.

und Glaube, Gott sowie Religion vom Leben getrennt würden mit der Konsequenz, dass der existentielle Charakter verloren ginge.[208] Als weitere Verfälschung kritisiert P. Kentenich eine Überbetonung der Transzendenz Gottes. Durch die Festschreibung, dass Gott „der ganz andere“ sei, wird die Konsequenz in Kauf genommen, dass die analogia, sprich die bleibende Ähnlichkeit zwischen Schöpfer und Schöpfung (bei aller noch größeren Unähnlichkeit) negiert oder wenigstens vernachlässigt wird.[209] Demzufolge gäbe es dann keine Brücke mehr zu Gott aus unserer Lebenswelt heraus und Gott bliebe der unnahbare menschenferne Gott. Schließlich wendet er sich gegen die Absolutsetzung der Autonomie der Natur und der Freiheit des Menschen, die alles Geschehen nahezu deistisch als rein innerweltliches Geschehen zu erklären versucht und sich dadurch immer mehr vom christlichen Gottesbild entfernt.[210] Neben dem Aspekt ‚Gott des Lebens‘ gehört zum Gottesbild P. Kentenichs eben auch der Aspekt Gott ist der Gott der Geschichte. Letzteres ist eng mit der Vorstellung des praktischen Vorsehungsglaubens verbunden und besagt, dass Gott auch heute noch gegenwärtig erfahrbar ist und in dieser Welt, seiner Schöpfung, wirkmächtig ist und wirkt. Boll weist darauf hin, dass P. Kentenich den Gottesnamen als der ‚Ich bin der, der da ist, der die Weltgeschichte lenkt und regiert‘, entfaltet um das Gottesbild des ersten Testaments als Gott der Geschichte hervorzuheben.[211]

208 Vgl. ebd., S. 131.

209 Ebd., S. 131f.

210 Vgl. ebd., S. 132.

211 Vgl. ebd., S. 131.

Domenica: „Hattest du eingangs nicht gerade deutlich gemacht, dass das hier keine verkappte Dogmatikvorlesung sein soll?“

Tobias: „Aber ‚Gott der Geschichte‘ und ‚Gott des Lebens‘ will doch erklärt sein.“

Domenica: „Ja, aber vielleicht ein wenig aussagekräftiger als mit theologischen Einordnungen.“

Tobias: „Mach’ mal einen Vorschlag.“

Domenica: „Ich finde es beispielsweise sehr beeindruckend mir zu verdeutlichen, dass meine Oma, Jahrgang 1923, Zeit ihres Lebens vertrauend auf Gott gebaut hat. Bei all den Schicksalsschlägen, die sie erlebt hat. Für sie war Gott immer ein Gott des Lebens – ihres Lebens. Und ich bin mir ziemlich sicher, dass sie vieles von dem, was Gottesbild anbelangt und ihr Leben geprägt hat, von ihren Eltern und Großeltern übernommen hatte.“

Tobias: „Es ist zugegebenermaßen für mich tatsächlich beeindruckend, wie du diese beiden Bilder ‚Gott des Lebens und Gott der Geschichte‘ so persönlich miteinander in Beziehung setzt.“

Die zweite Umakzentuierung, die P. Kentenich beim Gottesbild anregt, ist die hin zum Bild des barmherzigen Vaters. Um allerdings eine solche patrozentrische Gottesvorstellung anschlussfähig zu vertreten, braucht es auf der menschlichen Ebene Väter, die als erfahrbare leibliche und geistige Väter zu Transparenten des Vatergottes werden können[212] und „einen radikalen Verzicht auf ‚patriarchalische‘ Machtansprüche und die Entfaltung der weiblich-kindlichen Anteile ihres

212 Vgl. ebd., S. 135.

Wesens bei den ‚neuen Vätern‘.“[213] Für Pater Kentenich bedeutet dieser Weg eine Wiedergewinnung des Vaterbildes für Gott, der ja „nicht ‚männlich‘ ist, sondern übersexuell und darum väterliche und mütterliche Züge in sich vereint: ‚Gott ist noch mehr Mutter als Vater, er ist schlechthin die Liebe.‘“[214] In Anlehnung an Franz von Sales und die johanneische Theologie formuliert P. Kentenich das „Weltgrundgesetz der Liebe“[215], wonach alles aus Liebe, durch Liebe und für Liebe geschehen soll. Gott als den barmherzigen Vater zu künden, muss nach P. Kentenich unbedingt an die Abba-Erfahrung Jesu anknüpfen, dessen Motivation im Letzten weder seine Allmacht noch seine Gerechtigkeit, sondern die Liebe ist. Boll weist darauf hin, dass P. Kentenich in diesem Zusammenhang einen der Kernsätze der Theologie von Dun Scotus häufig zitiert habe: „Deus quaerit condiligentes se – Gott sucht nach Menschen, die ihn lieben und mit ihm lieben. Gott ist kein selbstgenügsamer, in sich verschlossener, sondern ein ‚bundeswilliger‘, ein ‚menschenfreundlicher Gott‘.“[216] Ähnlich wie beim Bild des Vorsehungsglaubens, ist der Ansatz P. Kentenichs auch bei der Theodizee-Herausforderung ein praktischer. Auf der theoretischen Ebene mag eine

---

213 Ebd., S. 135.

214 Ebd., S. 135.

215 Vgl. Kentenich, Joseph: Das Weltgrundgesetz der Liebe, in: Locher, Peter; Niehaus, Jonathan; Unkel, Hans-Werner; Vautier, Paul (alle Hg.): Kentenich Reader, Band II, Den Gründer studieren, Vallendar-Schönstatt 2010, S. 39-54.

216 Boll, Günther: Gottesbild, in: Brantzen, Hubertus; King, Herbert; Penners, Lothar; Pollak, Gertrud; Schlosser, Herta; Schmiedl, Joachim und Wolf, Peter (alle Hg.): Schönstattlexikon, Fakten Ideen Leben, Vallendar-Schönstatt [2]2002, S. 130-135. Hier: S. 134.

Aussage wie „Gott ist und bleibt nicht nur in sich, sondern auch in der Weltregierung und Menschenführung der Unergründliche“[217] unbefriedigend sein, auf der existentiell persönlichen und praktischen Ebene andererseits kann ein „Glaube an den Gott der Liebe und das Vertrauen auf seine väterliche Vorsehung“[218] tiefe Wurzeln in die Seelen der Menschen schlagen, die sich in persönlichen Leiderfahrungen als tragfähig erweisen.

Tobias: „Die Herausforderung dabei ist natürlich, dass zu einer solchen Sichtweise nur jeder für sich gelangen kann. Das ist nichts, was von außen einem gesagt oder gelernt werden kann.“

Domenica: „Ja, für mich ist es ein Trost zu wissen, dass ich mich im Leiden vertrauensvoll an Gott wenden kann.“

Tobias: „Mehr noch. Ich kann für mich die Frage stellen, was mir Gott mit diesem oder jenem sagen will. Es wäre aber übergriffig anmaßend, wenn ich so eine Frage einem Leidenden stelle. Ich kann maximal von mir erzählen.“

Domenica: „Für mich ist auch wichtig zu wissen, dass ich Gott nicht verstehen oder erklären können muss; manchmal darf Leid einfach auch als solches unverständlich stehen bleiben.“

Mit Brantzen kann konstatiert werden, dass das Christentum sich als ein großes Sinn-Angebot versteht, da der Glaube an Gott und Jesus Christus dem Leben eine

217 Ebd., S. 134.

218 Ebd., S. 135.

Ausrichtung und ein Fundament bieten kann.[219] Dieses Fundament bildet für viele Ehepaare und Familien eine Kraftquelle aus der sie leben und eine Basis um durch den Glauben an Gott einen tieferen Sinn im (Ehe-)Leben zu entdecken. Dieses Sinn-Angebot gilt es immer wieder neu zu kommunizieren – auch in die säkulare Welt des 21. Jahrhunderts hinein.[220]

Ohne Frage hatte P. Kentenich ein durch und durch theozentrisches Weltbild, das heißt, dass Gott als der Schöpfer gedacht wird, der nach wie vor mit seiner Schöpfung wirkmächtig verbunden ist. Günther Boll weist darauf hin, dass für P. Kentenich Gott Allursuche beziehungsweise Erstursache war, aber keinesfalls Alleinursache, da dieser Gott mit den von ihm geschaffenen sogenannten Zweitursachen einen Gesamtorganismus bildet.[221] Ähnlich wie P. Kentenich in seiner an Thomas angelehnten Zweitursachenlehre, argumentieren die beiden Wissenschaftler Markus Knapp und Axel Honneth, dass in jeder Beziehungs- beziehungsweise Liebeserfahrung die unbewusste Erinnerung

219 Vgl. Brantzen, Hubertus: Mehr als Worte und Gefühle, Liebe leben in Partnerschaft, Ehe und Familie, Freiburg i. Br. 2022, S. 200.

220 Vgl. aus wissenschaftlicher Perspektive: Knop, Julia (Hg.): Die Gottesfrage zwischen Umbruch und Aufbruch, Theologie und Pastoral unter säkularen Bedingungen, in: Quaestiones disputatae 297, Freiburg 2019.

221 Vgl. Boll, Günther: Gott, Gottesfrage, in: Brantzen, Hubertus; King, Herbert; Penners, Lothar; Pollak, Gertrud; Schlosser, Herta; Schmiedl, Joachim und Wolf, Peter (alle Hg.): Schönstattlexikon, Fakten Ideen Leben, Vallendar-Schönstatt [2]2002, S. 129. Zum Thema Zweitursachen vgl. kontrovers Vautier, Paul: Maria, die Erzieherin, Vallendar-Schönstatt 1981, S. 309-311.

an „ursprünglich symbiotische Einheitserlebnisse“[222] mit der Mutter, dem Vater oder einer anderen Bezugsperson lebendig wird.[223] Dies gilt dann konsequent weiter gedacht auch für die Gott-Mensch-Beziehung beziehungsweise treffender für die Mensch-Gott-Beziehung. Dieses emotionale Gefühl der Rückbezogenheit auf eine ursprünglich entscheidende Bezugsperson ist unabdingbar wichtig, für die gesunde Entwicklung des Menschen – auch in seiner personal geprägten Gottesbeziehung.[224] Weiter führt Boll aus, dass das Gottesbild P. Kentenichs Grundlage für die an diesem Punkt dreidimensionale Spiritualität Schönstatts sei, wenn es in augustinischer-ignatianischer Tradition darum geht,

---

222 Knapp, Markus: Verantwortetes Christsein heute, Theologie zwischen Metaphysik und Postmoderne, Freiburg/Basel/Wien 2006, S. 176.

223 Vgl. ebd., S. 176.

224 Ebd., S. 176, meint, dass diese ursprünglichen Verschmelzungserfahrungen des Säuglings auch für den erwachsenen Menschen noch elementar prägende Bedeutung haben. Axel Honneth führt in Honneth, Axel: Facetten des vorsozialen Selbst, Eine Erwiderung auf Joel Whitebook, in: Psyche 55, 2001, S. 801-802, noch weiter aus, dass diese ‚Fusionserfahrungen‘ – wie er sie nennt – die das Baby in besonders intensiven Momenten des ‚Gehalten-werdens‘ hat machen können, in ihm ein psychisches Erwartungsschema von leiblich-seelischer Geborgenheit geweckt haben, die durch den zunehmenden Realitätsbezug und Realitätssinn mehr und mehr enttäuscht werden und sich schließlich in Angst, Schmerz, Wut und Trauer ihren Weg bahnen. Auf der anderen Seite sind die Überwindung dieser, durch die Fusionserfahrung hervorgerufenen Einheitszustände, unablässig wichtig für die Bildung, Formung und Entfaltung des eigenständigen Ichs, da die Fähigkeit des Alleinseins notwendigerweise dazugehört, um sich den eigenen Impulsen und Bedürfnissen überlassen zu können.

Gott zu suchen und zu finden in allen Dingen, Ereignissen und Menschen.[225]

Domenica: „Da erlebe ich uns als Familie als unglaublich priviligiert, da wir tatsächlich oft mit und in den drei Mädels die Erfahrung machen dürfen: Gott meint es gut mit uns. Da fällt der Übertrag nicht schwer zu sagen: Gott meint es gut mit der Welt."

Tobias: „Vor allem auch, weil die drei mit ihrer kindlich-selbstverständlichen Weltentdeckerinnenbrille sowieso hinter alle Ereignisse und Dinge blicken wollen. So helfen sie mir dabei dort Gott zu entdecken."

Domenica: „Bleib' doch nicht immer so im Abstrakten, sondern mach' es mal konkret."

Tobias: „Wenn ich derzeit mit Klara und Sophia zum Kindergarten laufe, verzögert sich unser Fünf-Minuten-Fußweg oft genug, weil da die kindlichen Augen das Wunder des Lebens entdecken: ‚Schau' mal Papa, ein Regenwurm. Und da. Da ist noch einer. Und da oben, da fliegt ein Storch. Und da, noch einer. Und pass' auf, wo du hintrittst. Da ist eine Schnecke. Es ist schon beeindruckend, wieviel Leben der liebe Gott hier als Wegbegleiter für uns auf dem Weg zum ‚Kindi' bereitgestellt hat, oder?' Da konnte ich ihr nicht widersprechen."

Die Herausforderung bei der Gottrede schlechthin, besteht darin, dass sich die Existenz Gottes nicht objektiv – auch für den Zweifler nachvollziehbar – rational beweisen lässt. Für P. Kentenich lag daher eine der

225 Vgl. Boll, Günther: Gott, Gottesfrage, in: Brantzen, Hubertus; King, Herbert; Penners, Lothar; Pollak, Gertrud; Schlosser, Herta; Schmiedl, Joachim und Wolf, Peter (alle Hg.): Schönstattlexikon, Fakten Ideen Leben, Vallendar-Schönstatt [2]2002, S. 129-135. Hier: S. 130.

wesentlichen Bestandteile der nachkonziliaren Sendung Schönstatts im Angesicht einer ‚gottesflüchtigen Zeit' darin, „den Gottesgedanken für die heutige Zeit zu retten."[226] Darüber hinaus gibt es subjektive Erfahrungen und allgemeine Erkenntnisse, die für den gläubigen Menschen Hinweise auf das Wirken Gottes in der Welt darstellen. Pater Kentenich sah konkrete Hinweise auf Gott und sein Wirken weniger in phantastischen Wundererlebnissen[227], als vielmehr anhand von drei ganz praktischen Quellen der Erkenntnis: Die Zeitenstimmen, die Seelenstimmen und die Seinsstimmen.

Wie bereits an anderer Stelle aufgezeigt[228], ist die psychologische Verortung und Einbindung Gottes in die Natur des Menschen für P. Kentenich und die Spiritualität Schönstatts wichtig. So ist im Sinne entwicklungspsychologischer Erkenntnisse, aber auch in Bezug auf die Bindungstheorie grundlegend wichtig, dass die

---

226 Kentenich, Joseph: Oktoberwoche 1967, Vorträge (14.-18. Oktober 1967) an die Delegierten der internationalen Schönstattfamilie, nicht editiert, 223 Seiten in Format A5, S. 80.

227 In diesem Zusammenhang weist Brantzen, Hubertus: Erkenntnisquellen, in: Brantzen, Hubertus; King, Herbert; Penners, Lothar; Pollak, Gertrud; Schlosser, Herta; Schmiedl, Joachim und Wolf, Peter (alle Hg.): Schönstattlexikon, Fakten Ideen Leben, Vallendar-Schönstatt ²2002, S. 70f., darauf hin, dass P. Kentenich außergewöhnliche Erkenntnisquellen wie Privatoffenbarungen, Erscheinungen oder Phänomene der Mystik im Gesamtraum der Kirche gelten lässt; sie aber für ihn innerhalb der Spiritualität Schönstatts mit der Methodik des praktischen Vorsehungsglauben keine Relevanz haben.

228 Vgl. hierzu weiter oben: Kapitel 1: Maria, die Erzieherin oder „Wer erzieht hier eigentlich wen?" und vgl. ebenfalls Kapitel 5: Freiheit und Bindung oder „Warum Bullerbü auch am Rande des Schwarzwaldes liegt".

in der Kindheit (vor allem in der Phase des Säuglings- und Kleinkindalters) geglückten Beziehungen und Bindungen eine wertvolle Grundlage darstellen, um nicht nur mit anderen Menschen gesund zu interagieren, sondern auch um mit Gott in einen Beziehungs- und Kommunikationsprozess zu treten: Einem Gott, der als der Drei-Eine ja in sich Beziehung und Kommunikation ist. Laut Niehüser gibt es einen auffälligen gemeinsamen Ausgangspunkt zwischen P. Kentenich und den bindungspsychologischen Grundlagenforschern Bowlby und Ainsworth: „Personale Bindung entsteht aufgrund emotionaler Sicherheit und Gebundenheit in liebevollen Grundbeziehungen."[229] Diem-Wille geht in ihren psychologischen Studien nur vom Menschen aus und überträgt diese nicht auf Gott. Gleichwohl macht sie deutlich, dass zum befriedigenden Dialog zwischen Säugling/Kind und Eltern Liebe als Universalsprache nötig ist, genau wie ein wechselseitiges Anerkanntsein und Verstandensein[230] – was sich analoghaft auf die Mensch-Gott-Beziehung übertragen lässt. Die Verarbeitung von Trennung ist gemäß Donald Winnicotts Studien eine lebenslange Aufgabe, die bei Kleinkindern zunächst durch sogenannte Übergangsobjekte wie dem Teddy zu überbrücken versucht wird. Er geht davon aus, dass „kein Mensch frei von Druck ist, innere und äußere Realität miteinander in Beziehung setzen

229 Niehüser, Günther: Bindung und menschliche Entwicklung, Der Bindungsorganismus im Spiegel der Bindungsforschung unter besonderer Berücksichtigung der ‚personalen Bindung', Vallendar-Schönstatt 2011, S. 87.

230 Vgl. Diem-Wille, Gertraud: Das Kleinkind und seine Eltern, Perspektiven psychoanalytischer Babybeobachtungen, Stuttgart 2003. Hier: S. 90.

zu müssen, und dass die Befreiung von diesem Druck nur durch einen nicht in Frage gestellten intermediären Erfahrungsbereich (in Kunst, Religion, usw.) geboten wird […].“[231] P. Kentenich konstatiert dieselben psychologischen Vorgänge und leitet daraus eine im Menschen grundgelegte Gottessehnsucht ab, die er als Gottestrieb bezeichnet, der seinen Überlegungen nach zu den „Urtrieben der menschlichen Natur gehört.“[232] Angelika Schulz analysiert P. Kentenich dahingehend, dass sie herausstellt, dass nach Kentenich der Mensch in seinem In-der-Welt-Sein nie ganz aufgeht und das Bewusstsein von Transzendenz im Wesen des Menschen grundgelegt ist und daher nach einer Entsprechung in der Entwicklung und Erziehung verlangt.[233] Dieser Ansatz P. Kentenichs korrespondiert mit den Überlegungen von Karl Rahner über das ‚übernatürliche Existential‘. Dieses Existential ist gemäß Rahner „die Wirklichkeit des allgemeinen Heilswillen Gottes“[234] in jedem Menschen.

231 Winnicott, Donald: Übergangsobjekte und Übergangsphänomene, in: ders. (Hg.): Vom Spiel zur Kreativität, Stuttgart [14]2015, S. 10-36.

232 Kentenich, Joseph: Dass neue Menschen werden: Eine pädagogische Religionspsychologie, Tagung von 1951, Vallendar-Schönstatt 1971, S. 33f.

233 Vgl. Schulz, Angelika: Identitätsbindung, Der Pädagoge Pater J. Kentenich und die Identitätstheorie von Erik H. Erikson, Vallendar-Schönstatt 1995, S. 55.

234 Rahner, Karl: Schriften zur Theologie XIII, Einsiedeln/Zürich/Köln 1978, S. 345. Mit Harald Fritsch (Fritsch, Harald: Vollendende Selbstmitteilung Gottes an seine Schöpfung, Die Eschatologie Karl Rahners, Würzburg 2006, S. 284f.) lässt sich die angebotene Selbstmitteilung Gottes als übernatürliches Existential so verstehen, „dass Gott sich ins innerste des Menschen einstiftet, in die Mitte seines Wesens. Er verleiht ihm eine natürliche Dynamik und Finalität auf sich selbst hin."

Für Erikson ist Religion und im Falle des Christentums – Gott – eine bevorzugte Ressource, die das (Selbst-) Vertrauen des Menschen in die Welt, seine Umgebung und in sich selbst stärken kann und ihm letztlich das Bewusstsein des Geborgen- und Gehaltenseins vermitteln kann. Für P. Kentenich ist dies nicht nur ein psychologisch-theoretisches Konstrukt, sondern eine tatsächliche Wirklichkeit, die es dann aber – im psychologischen Sinne – als Ressource zu kultivieren und zu nutzen gilt. Murray Thomas und Birgitt Feldmann deuten Eriksons Einlassungen dahingehend, dass dieser von einer Ritualisierung ausgeht, die sich im Säuglingsalter in Form von gegenseitigem Erkennen von Mutter und Kind äußert und die Basis für alle späteren (religiösen) Rituale darstellt[235]: „Diesen Ritualisierungsaspekt nannte Erikson das ***Numinose***; denn es gibt dem Individuum ein beruhigendes Gefühl durch Vertrautheit und Gegenseitigkeit in Bezug auf Dinge und Personen seiner Zuneigung. Im Bereich gesellschaftlicher Institutionen ist die Religion ganz offensichtlich für das numinose

Mit Martin Heidegger lassen sich unter dem Begriff Existential konstitutive Merkmale des Menschseins verstehen, wie etwa Geschichtlichkeit. An diesen Gedanken anknüpfend formuliert dann Hilberath, Bernd Jochen: Karl Rahner, Gottgeheimnis Mensch, Mainz 1995, S. 35f., dass übernatürlich hier im Sinne von geschenkter, freier und unverfügter Zuwendung Gottes zu den Menschen verstanden werden will. Weiter führt Hilberath, ebd. in Anlehnung an Rahner aus, dass der Mensch in seinem Dasein immer schon über sich hinausgreift und somit der neuscholastische Dualismus aus Natur und Gnade im Sinne eines ‚2-Stockwerk-Modells' zu kurz greift.

235 Vgl. Murray, Thomas; Feldmann, Birgit: Die Entwicklung des Kindes, Weinheim/Basel 1986, S. 110.

Element verantwortlich.“[236] Schulz schließt daran an, wenn sie Eriksons Vorstellung vom Religiösen im Sinne P. Kentenichs dahingehend anschlussfähig interpretiert, dass im Religiösen ein Potential immanent ist, das von Ängsten, beziehungsweise auch der Lebensangst als solcher, befreien kann und Raum für positive Lebensbejahung schaffen kann[237], weil „es Hoffnung und Zuversicht über die diesseitige Existenz hinaus auch in den Bereich des Unwissbaren aktiviert.“[238] Ähnlich sieht es der Wiener Neurologe und Psychiater Viktor Frankl, der vor allem in seinen Ausführung über die Existenzanalyse vom unbewussten Gott spricht.[239] Darin begründet er einen psychologischen Transzendenzbezug, der im Sinne der Spiritualität Schönstatts anschlussfähig ist. Anders als Freud oder Jung verortet er die Gotteserkenntnis nicht im ‚Es‘, sondern in der Mitte der Persönlichkeit im ‚Ich‘.[240] Noch einen Schritt weiter geht Julius Kuhl, der aus psychologischer Sicht aufzeigt, wie sehr der Mensch das ‚Du‘ und die Kommunikation

---

236 Ebd., S. 110.

237 Vgl. Schulz, Angelika: Identitätsbindung, Der Pädagoge Pater J. Kentenich und die Identitätstheorie von Erik H. Erikson, Vallendar-Schönstatt 1995, S. 106f.

238 Ebd., S. 107. Vgl. zudem Erikson, Erik: Der junge Mann Luther, Eine psychoanalytische und historische Studie, Frankfurt 1989, S. 130.

239 Vgl. Frankl, Viktor: Der unbewußte Gott, Psychotherapie und Religion, München 1974, S. 54-64. „Die sich so enthüllende unbewusste Gläubigkeit des Menschen – mitgegeben und mitgesehen im Begriff seines ‚tranzendent Unbewussten' – würde besagen, dass Gott von uns unbewusst immer schon intendiert ist, dass wir eine, wenn auch unbewusste, so doch intentionale Beziehung zu Gott immer schon haben. Und diesen Gott eben nennen wir den unbewussten Gott." (ebd. S. 55).

240 Vgl. ebd., S. 57-59.

für die Selbstentfaltung beziehungsweise -entwicklung braucht. Diese notwendige Kommunikation deutet er als spirituelle Kompetenz, die auch die Möglichkeit der Begegnung mit der Transzendenz erschließt.[241]

Domenica: „Gerade als Mama merke ich, wie ich durch Miriam, Klara und Sophia nochmal einen anderen Zugang zu Gott bekommen habe. Ich habe jetzt ein ganz anderes Verständnis von dem, was Liebe ist."

Tobias: „Hey, du hattest davor doch auch schon mich …"

Domenica: „Natürlich … Wenn man hier Augenrollen schriftlich festhalten könnte, würde ich das an dieser Stelle tun. Aber im Ernst, ich meine nicht, dass ich durch die Kinder erst einen Zugang zu diesem Geheimnis bekommen habe, was Liebe/lieben bedeutet. Aber es ist schon nochmal um eine Facette reicher geworden."

Tobias: „Ich kann für mich sagen, dass ich, seit ich Vater bin, nochmal ein ganz anderes Verständnis und eine tiefe Dankbarkeit für meine Eltern gelernt habe. Vermutlich hat sich so gesehen auch mein Verständnis von ‚Gott als Vater' nochmal neu vertieft."

Domenica: „Vermutlich … Aber ich bezweifle doch sehr, dass Gott als Vater so ein Chaot ist, wie du es manchmal bist."

Möglicherweise würde das Gottesverständnis, wie es der Spiritualität Schönstatts zugrunde liegt, nur einen Nischenplatz in den herausfordernden universitären Dogmatikvorlesungen zum Thema Gottesbild einnehmen;

241 Vgl. ausführlich: Kuhl, Julius: Spirituelle Intelligenz, Glaube zwischen ICH und SELBST, Freiburg 2015.

vielleicht könnte aber gerade diese psychologisch-begründete personale Dimension ein Aspekt sein, der die etwaigen systematisch-theologischen Höhenflüge in gesunder Weise menschlich erden könnte.

Erfahrungstheologie und Resonanzraum zum Thema: „Gott"

„Klara, wie stellst du dir Gott vor?"

„Ich stell ihn mir so vor, dass er pink ist und Einhörner mag."

Natürlich kann man lange über die Frage nachdenken, wie soll man welches Gottesbild erzieherisch vermitteln – sofern man das überhaupt möchte. Die drei kleinen Damen in unserer Familie jedenfalls wachsen mit der Grundhaltung auf, der liebe Gott meint es gut mit mir. Dies wird immer wieder in Worte gebracht. Beispielsweise bei den ritualisierten Tischgebeten. Immer, wenn wir gemeinsam zu Tisch sitzen, versuchen wir ‚Danke' nach ‚oben' zu sagen. Zu allermeist fassen wir uns an den Händen und beten klassischerweise „Jedes Tierlein hat sein Essen, jedes Blümlein trinkt von dir, hast auch du uns nicht vergessen, lieber Gott wir danken dir." Oft genug wird dabei schon der gedeckte Tisch genauestens inspiziert. Nicht selten mit der kindlichen Prinzessinnenfrage im Hinterkopf, ob hier denn auch etwas dabei ist, das *mir* schmeckt – etwas, für das sich das Tischgebet auch lohnt und nicht nur Gemüse oder sonstige ‚Erwachsenengerichte' wie Spargel oder Steak.

Domenica: „Ich würde sagen, dass sich unsere Abendgebete mit den Kindern auch an dem Bild des ‚lieben und guten Gottes' orientieren. Wir schauen dort immer dankend zurück und blicken vertrauend in die Zukunft. Ich glaube, dass das die Kinder spüren."

Tobias: „Davon bin ich auch überzeugt. Vor allem, weil wir es ihnen auch so vorleben. Wenn wir im gemeinsamen Gebet vor Gott bringen, dass wir dankbar für den schönen Tag sind, dass wir dankbar sind für die Fahrradtour oder das gemeinsame Lesen, dann vermitteln wir eine Grundhaltung der Dankbarkeit Gott gegenüber durchaus auch sehr konkret – in unserm Leben, in unserer Familie mit unseren Erfahrungen."

Domenica: „Das stimmt. Klara hat das letztens schön in Worte gefasst, als ich nochmal nach dem ‚ins Bett legen' bei ihr war. Da fängt sie an: „Jesus passt auf mich auf." Und ich frage nach: „Wo ist er denn dieser Jesus, Klara?" „Er ist im Himmel und in meinem Herz."

Tobias: „Ich finde es gut, wenn sie mit einem solchen an Vertrauen und Dankbarkeit gekoppelten Gottesverständnis aufwachsen."

Domenica: „Ich glaube, dass ich ohne Maria keine solche Gottesbeziehung hätte, wie ich sie heute habe. Für mich ist sie ein Zugang zu Gott und dem Himmel."

***

Tobias: „Das Bild von Gott als dem guten Hirten hat für mich nochmal eine besondere Bedeutung erhalten, seit ich bei unserem örtlichen Schäfer immer wieder ein bisschen mithelfen darf."

Domenica: „Ich kann mir zwar vorstellen, was du meinst, aber beschreib' das noch ausführlicher."

Tobias: „Da gibt es mehrere Facetten. In Anlehnung an Psalm 23, der von Gott als dem guten Hirten spricht, wo dessen Stock, Stimme und Stab Zuversicht geben, kann ich das nachvollziehen. Wenn mein Freund, der Schäfer, ruft, hören seine Schafe. Sie kennen seine Stimme und sie folgen ihm. Er sorgt sich um seine Tiere und kümmert sich in beeindruckender Weise. Und die Schafe wissen das. Das finde ich ein schönes Bild – ein Bild, das für mich zu Gott passt."

Domenica: „Ich finde es manchmal herausfordernd, mich mit einem Schaf zu vergleichen."

Tobias: „Selbstverständlich hat jedes Bild auch seine Schwächen, aber vor allem das Vertrauensverhältnis von Seiten der Schafe gegenüber ihrem Hirten, lässt sich kongruent auf meine Gottesbeziehung übertragen."

Domenica: „Für unsere Töchter ist klar, dass der ‚liebe Gott' absolut positiv besetzt ist. Für sie ist ebenso klar, dass er deshalb ähnlich euphorisch auf die Prinzessinnen-Glitzerwelt blickt, wie sie den dreien so sehr zu eigen ist."

Tobias: „Ja, das stimmt. Für Miriam, Klara und Sophia steht außer Frage, dass der liebe Gott ein Teil ihrer Welt ist und deshalb selbstverständlich auch pinke Glitzereinhörner liebt."

***

P. Kentenich spricht immer wieder davon, dass wir Gott entdecken sollen in unserm Leben und Alltag. Wenn er als sogenannte Methode der Gotteserkenntnis davon redet, dass Gott erfahrbar ist in den Stimmen der Zeit, des Seins und der Seelen, dann können wir das auf uns und unser Leben anwenden.

Tobias: „Gott hinter den Zeitenstimmen zu erkennen fällt mir vergleichsweise leicht. Die globale Herausforderung des Klimawandels in Einklang zu bringen mit einem Schöpfergott, der die Erde gut geschaffen hat und daran interessiert ist, dass verantwortungsbewusst mit seiner Schöpfung umgegangen wird.“

Domenica: „Gott sah, dass es gut war. Aber die Frage ist doch, warum verhindert Gott nicht die Folgen des Klimawandels?“

Tobias: „Ich glaube, Gott ist nicht die Autokorrektur des Menschen. Ich glaube aber, dass er uns die Kraft und den Verstand gibt, dass wir als Menschheit zukunftsorientierter in seinem Sinne mit unserm Planten umgehen können.“

Domenica: „Zu den Seinsstimmen fallen mir die Rosen in unserm Garten ein. Sie sind für mich ein Hinweis auf Gott, der eine Hingabe für das Schöne in der Welt hat. Oder auch die wunderschönen Weinberge des Kaiserstuhls. Dort fühle ich mich dem Himmel und somit auch Gott näher.“

Tobias: „Ich glaube, das Staunen über die Natur und ihre Wunder ist einer der Wege um Gott zu erkennen, der für viele Menschen, die diesbezüglich eine Offenheit haben, nachvollziehbar ist. Egal ob es um Berge und Wälder, Blumen, Pflanzen und Früchte geht.“

Domenica: „Gott erkennen in den Seelenstimmen, ist für mich das Einfachste. Dazu reicht ein Blick in die Augen unserer Töchter.“

Tobias: „Auch wenn sie uns manchmal zur Weißglut bringen können, sind sie doch erfahrbare Wunder, die es einem leicht machen, an einen Gott zu glauben, der es gut mit uns meint. An einen Gott, der größer ist als man selbst.“

Domenica: „Ja, egal wie sehr sie mich auch manchmal ärgern; ich liebe sie immer. Wenn wir von Gott glauben dürfen, dass er die Liebe ist, dann ist er immer da, wenn ich mit den Mädels zusammen bin und wenn ich an sie denke.“

Tobias: „So gesehen bist du für mich auch ein besonderer Gotteszugang.“

Domenica: „Und du für mich. Ich muss dich nicht immer mögen, aber lieben tu’ ich dich trotzdem. Letztlich haben wir uns das versprochen, als wir vor einigen Jahren in dieser kleinen Kirche am Kaiserstuhl ‚Ja‘ zueinander gesagt haben.“

Tobias: „Irgendwie ist die ganze Theologie rund um die Sakramentenlehre sehr viel konkreter und erfahrbarer, wenn es um’s praktische Leben geht.“

Domenica: „Was für eine Erkenntnis, Herr Theologe. Ist das nicht der Grund, warum wir über Erfahrungstheologie etwas schreiben und keine Entfaltung irgendeiner Sakramentenlehre vornehmen?“

Tobias: „Stimmt. Eine weitere Gotteserfahrung in unserer Ehe ist für mich dann, wenn wir nach einem Streit uns wieder versöhnen. Dort, wo Versöhnung geschieht, da ist Gott erfahrbar.“

Domenica: „Das ist oft aber auch ein anstrengender Prozess.“

Tobias: „Die Versöhnung finde ich gar nicht so schwer, denn schließlich bist du ja die Person, die ich liebe. Für mich ist es eher herausfordernd, eigene Fehler einzugestehen …“

Domenica: „Ich will das an dieser Stelle unterstreichen, denn auch das ist Teil dieses anstrengenden Prozesses. Grundsätzlich stimme ich dir zu, Gott ist dort erfahrbar, wo Verzeihen und Versöhnen geschieht. Damit dies aber klappt, braucht es eine Vertrauensgrundlage, auf der man miteinander bauen und streiten kann. Und auch das würde ich wieder als eine Facette von ‚Liebe' bezeichnen."

***

Zur Erfahrung eines personalen Gottes gehört auch, einen Umgang auf die quälende Frage des ‚Warums' zu finden. Für uns selbst kann es hilfreich sein bei den Schicksalsschlägen, die uns betreffen zu fragen, ob es einen Sinn dahinter gibt, beziehungsweise ob wir eine Möglichkeit finden, wo wir Gott in diesem Leid erfahren und entdecken konnten. Wir haben die Erfahrung machen dürfen, dass gerade in schmerzhaften Erfahrungen und leidgeprägten Prozessen eine gemeinsame Spurensuche als Ehepaar, wo und wie Gott hierbei zu entdecken war, uns gezeigt hat, dass er sein Versprechen hält und tatsächlich der Ich-bin-da ist. Auch für uns. In unserm Leben. In unserm Leid.

Das soll keineswegs als naive und weltfremde Blauäugigkeit verstanden werden, da auch wir Leiderfahrungen auch aus dem Rückblick oft keineswegs als *Sinnvoll* erfahren oder deuten können. Mitunter werden uns in solchen Erfahrungen, wie gerade beschrieben, dann Momente der Gottes-Nähe geschenkt, aber, wenn wir die Wahl hätten, würden wir fast immer diese Erfahrung von personaler göttlicher Nähe eintauschen, wenn dafür die leidauslösende Situation ungeschehen gemacht würde.

Tobias: „Natürlich hätten wir lieber, dass deine Mama den Krebs besiegt hätte. Dass sie noch am Leben ist und alle ihre Enkelinnen hätte kennen lernen dürfen.“

Domenica: „Ja. Oder, dass es keinen Krebs gibt. Nirgends.“

Mit Gott haben wir ein ‚Du‘, wo wir unsere Wut und Trauer, unsere Fragen und Zweifel abladen können. Manchmal ist es dann am Ehepartner, Gott zu verteidigen – auch wenn er das nicht nötig hätte. Vertrauenssätze, die einem von außen nicht zugesagt werden können, weil sie sonst zu schnell in Verdacht geraten das persönliche Leid zu nivellieren und nicht ernst zu nehmen, können uns als diejenigen, die von Leid betroffen sind, dennoch helfen:

- Gott wird einen Weg in die Zukunft aufzeigen.
- Gott hat nicht versprochen, dass uns kein Leid geschehen wird, aber dass er da ist.
- Gott weiß, was er tut und er ist gut. Immer noch. Auch in unserm Leben; in unserm Leid.

Solche Sätze haben etwas mit Vertrauen und Beziehung zu tun. Uns helfen sie nur, wenn sie von innen heraus gesprochen werden können und nicht von außen zugesagt werden. Das klappt aber nur, wenn unsere Beziehung zu Gott auf einem tragfähigen Fundament steht – bevor es zu leidvollen Extremerfahrungen kommt.

***

Tobias: „Aus heutiger Sicht würde ich sagen, dass eine meiner prägenden Gotteserfahrungen, die ich als Kind machen durfte die war, als ich Jesus den großen Zeh amputiert habe."

Domenica: „Bitte was?"

Tobias: „Als kleiner Junge – vielleicht in der ersten oder zweiten Klasse – gab es eine wöchentlich stattfindende Gruppenstunde im evangelischen Gemeindehaus des Nachbarortes."

Domenica: „Und dort durftest du als kleiner katholischer Bub hingehen?"

Tobias: „Bei uns daheim, Diasporagebiet, waren konfessionelle Unterschiede nie so ausgeprägt – zumindest in meiner Erinnerung. Kirche war für mich schon als Kind mit einer gewissen Selbstverständlichkeit ökumenisch."

Domenica: „Okay und was hat das jetzt mit Jesu' großem Zeh zu tun?"

Tobias: „In besagter Gruppenstunde und in jenem Gemeindehaus gehörte es obligatorisch dazu, dass vor und nach dem Programm wahlweise Tischkicker gespielt oder mit einem Schaumstoffball eine Partie Fußball im großen Gemeindesaal gekickt wurde."

Domenica: „Letzteres durftet ihr?"

Tobias: „Der Saal war karg ausgestattet und außer einem Kruzifix an der Wand gab es wenig Deko- oder Einrichtungsgegenstände, so dass zum einen nicht viel kaputtgehen konnte und zum anderen praktisch auf nichts Rücksicht genommen werden musste. Wir liebten es. Und dann kam der Hartgummiball."

Domenica: „Im Saal?"

Tobias: „Tatsächlich hatte von uns wohl keiner die Schussstärke, die auch nur ansatzweise eine Gefahr für die Fenster bedeutet hätte. Und wie gesagt: kaputtgehen konnte ja praktisch nichts. Also fast nichts …"

Domenica: „Das bedeutet?"

Tobias: „Naja, mit einem unglücklich verzogenen Schuss, traf ich das einzige Dekorationselement im großen Raum – das Kruzifix. Und auch wenn wir nicht die Schusskraft hatten, um eine Scheibe zu Bruch gehen zu lassen, für Jesu' großen Zeh reichte es."

Domenica: „Ihr habt den Zeh von Jesus vom Kreuz geschossen?"

Tobias: „Ja, aber wir haben es auch geschickt vertuscht und ihn unter einem Teppich verschwinden lassen."

Domenica: „Ist das dein Ernst?"

Tobias: „Ja, aber der Höhepunkt kommt noch. Als ich dann ein bis zwei Jahre später zur Erstbeichte gehen sollte, habe ich dem dafür zuständigen Pater diese Geschichte erzählt. Der konnte nicht an sich halten und hat losgelacht und mir versichert, dass der liebe Gott ganz bestimmt genügend Humor hätte, um herzlich über meine vertuschte ‚Jesus-Zeh-Amputation' lachen zu können. Das hat mein Priesterbild positiv geprägt und im Letzten noch mehr mein Gottesbild."

Domenica: „Und hast du dann auch was als Buße machen müssen?"

Tobias: „Grundsätzlich fällt das Ganze ja unter das Beichtgeheimnis, aber ich meine mich zu erinnern, dass ich ein Vater-unser und ein Gegrüßet-seist-du-Maria hab' beten sollen. Der Pater meinte auch, dass das schon ausreichen würde, weil es ja das evangelische

Gemeindehaus getroffen habe. Diese humorvoll gemeinte Bemerkung habe ich allerdings erst Jahre später als solche verstanden. Aber seither fällt es mir leicht zu glauben, Gott als einen barmherzigen Gott anzusprechen, der meine Fehler mit Humor nehmen kann."

Impuls: Unser Leben mit Gott

In der Spiritualität Schönstatts wird Gott nicht bloß als abstrakte Idee gedacht. Vielmehr gilt es, Gott als den Gott des Lebens, als den Gott der Geschichte – auch im eigenen Leben – zu entdecken: Als den Gott des eigenen Lebens – den Gott der eigenen Geschichte. Gott ist dabei ein personales ‚Du'. Und dieses ‚Du' will mit mir und mit uns Geschichte gestalten.

Nehmen Sie sich Zeit und tauschen Sie sich aus.

1. Wer ist Gott für dich? Welche Vorstellung von Gott hilft dir?
2. Was möchtest du Gott von dir und deinem Leben zeigen?
3. Was möchtest du von ihm wissen; was von ihm lernen?

Gott-Vater
Gott Abrahams, Jakobs und Isaaks
Mütterlicher Schöpfer
Ewiger Ursprung
ICH-BIN-DA

Gott-Sohn
Jesus von Nazareth
Brüderlicher Freund
Menschgewordenes Wort
Weg, Wahrheit und Leben

Gott-Heiliger Geist
Gegenwärtige Gottesnähe
Lebendige Geistkraft
Himmlische Feuerzungen

Dreifaltiger Gott
Gelebte Beziehung
Mysterium der Liebe
Menschenfreund

Kapitel 8: Selbsterziehung

Selbsterziehung oder „Wunder gibt es immer wieder“

O-Ton P. Kentenich: Wenn ich andere erziehen darf, erziehe ich mich selber weiter

‚Ethos und Ideal in der Erziehung‘ ist die erste größere Tagung pädagogischen Charakters, die P. Kentenich öffentlich hält – das war im Jahr 1931. Hierin erklärt er ausführlich, wie er sich idealerweise Wege zur Persönlichkeitsbildung vorstellt und welche Hilfsmittel er den erziehenden dabei an die Hand geben möchte. Im Kontext der Zeit ist die personenzugewandte pädagogisch und psychologisch verortete Ausführung zur Entwicklung von (jungen) Menschen bemerkenswert:

„Nun dürfen wir aber nicht vergessen: Für gewöhnlich sind wir alle als Erzieher und Erzieherinnen für den einen oder anderen das Idealbild, der Garderobenständer, entweder dafür oder dafür. Schon aus diesem Grunde mögen Sie schließen, dass die große Gabe, der schöne Erzieherberuf, ein ständiger Imperativ für uns ist: Wenn ich andere erziehen darf, erziehe ich mich selber weiter. Ich soll das nicht tun, damit der andere nicht enttäuscht wird. Ach wo! Das ist eine Selbstverständlichkeit. Wenn ich das tue ‚damit‘ oder ‚damit nicht‘, dann ist etwas Lauerndes dahinter. Dann ist das Tendenz. Ich muss mich nur dazu angetrieben fühlen, das zu sein, was Gott von mir verlangt, und das durchzuführen bis zum Letzten trotz aller Menschlichkeiten.

Das ist nicht schlimm, dass ich Menschlichkeiten an mir habe. Das ist sehr gut. Dann wird der gesteigerte Idealismus auf ein rechtes Maß zurückgeführt.“[242]

Einordnende Kommentierung: Selbsterziehung

Dass innerhalb der Spiritualität Schönstatts neben theologischen und psychologischen Aspekten vor allem auch pädagogische Elemente leitend und prägend sind, zeigt sich schon in den Anfängen der Bewegung.[243] Von Anfang an zeichnet Pater Kentenich sein neuartiger pädagogischer Ansatz in Bezug auf die ihm anvertrauten Schüler aus, der auf Freiheit und ganzheitliche Eigenverantwortung setzt. Erika Frömbgen weist nach, dass sich die Zielperspcktive aller Pädagogik im Sinne Schönstatts am ehesten mit dem Zielbild des neuen Menschen in neuer Gemeinschaft abbilden lässt.[244] Daneben betont sie, dass es im Organismus der Schönstattpädagogik verschiedene Pole gibt, die einerseits markiert sind durch bewusste Verstandes-, Herzens- und Willensbildung und andererseits durch Grundformen der

242 Kentenich, Joseph: Ethos und Ideal in der Erziehung, Wege zur Persönlichkeitsbildung, bearbeitete Nachschrift durch Frömbgen, M. Erika, Vallendar-Schönstatt [2]1992, S. 316.

243 Kentenich, Joseph: Schönstatt, Die Gründungsurkunden, Schönstatt-Verlag (Hg.), Vallendar-Schönstatt [7]1995, S. 12.

244 Vgl. Frömbgen, M. Erika: Neuer Mensch in neuer Gemeinschaft, Zur Geschichte und Systematik der pädagogischen Konzeption Schönstatts, Vallendar-Schönstatt 1973, S. 172-176.

Glaubens-, Liebes- und Sendungserziehung.[245] Letztere sind immer im dialektischen Zueinander von Selbst- und Fremderziehung zu sehen.[246] All dies soll gemäß P. Kentenich als gesunde theologisch-psychologisch orientierte marianische Erziehung gestaltet sein, die zu einer Durchgöttlichung von Leben und Welt führt.[247]

Domenica: „Puh, da haben wir aber eine ganze Armada an erklärungsbedürftigen Wörtern und Begrifflichkeiten …"

Tobias: „Dann greif' doch mal eines raus."

Domenica: „Herzensbildung – das gefällt mir. Ich finde, das drückt viel von dem aus, worum es eigentlich geht: Eine ganzheitliche Entwicklung; nicht nur um ein verschultes Weiterbildungswissen."

Tobias: „Frei nach dem Motto: lieber ein sympathischer Mensch als ein unsympathischer Alleswisser."

Domenica: „Exakt … Dass du das nur nicht vergisst. Du hast auch die Tendenz alles besser wissen."

Tobias: „Bevor wir hier in eine Mansplainingdebatte abdriften, lass uns lieber auf die Pädagogik Pater Kentenichs zurückkommen."

Seine grundlegende Pädagogik mit konsequent personalem Ansatz, wie er sie in zahlreichen Vorträgen und Predigten ausgeformt hat, lässt sich letztlich auf fünf

---

245 Vgl. ebd., S. 287f.

246 Ebd., S.287f.

247 Kentenich, Joseph: Briefwechsel mit Alois Wurm 1933, S. 209, zitiert aus: Frömbgen, M. Erika: Neuer Mensch in neuer Gemeinschaft, Zur Geschichte und Systematik der pädagogischen Konzeption Schönstatts, Vallendar-Schönstatt 1973, S.287.

Leitsterne[248] hin untergliedern: Demnach ist die Pädagogik und damit auch die Spiritualität Schönstatts geprägt durch Bindungspädagogik[249], Bewegungspädagogik[250], Bündnispädagogik[251], Idealpädagogik[252] und Vertrauenspädagogik[253]. In der Aufschlüsselung und

248 Daraus entstanden sind auch Kurse zur Erziehung, die auf diesen Leitsternen aufbauen. Vgl. https://akademie-ehe-familie.de/5-sterne-fuers-leben/ (zuletzt aufgerufen am 06.06.2023).

249 Vgl. Boll, Günther: ... vor allem mein Herz, Joseph Kentenich – Pädagoge und Gründer, Vallendar-Schönstatt 2012, S. 230-233. Vgl. außerdem Ders.: Bindung, Bindungspädagogik, in: Brantzen, Hubertus; King, Herbert; Penners, Lothar; Pollak, Gertrud; Schlosser, Herta; Schmiedl, Joachim und Wolf, Peter (alle Hg.): Schönstattlexikon, Fakten Ideen Leben, Vallendar-Schönstatt [2]2002, S. 29-34.

250 Vgl. Boll, Günther: ... vor allem mein Herz, Joseph Kentenich – Pädagoge und Gründer, Vallendar-Schönstatt 2012, S. 266 – 269. Vgl. außerdem Frömbgen, M. Erika: Bewegungspädagogik, in: Brantzen, Hubertus; King, Herbert; Penners, Lothar; Pollak, Gertrud; Schlosser, Herta; Schmiedl, Joachim und Wolf, Peter (alle Hg.): Schönstattlexikon, Fakten Ideen Leben, Vallendar-Schönstatt [2]2002, S. 24-27.

251 Vgl. Boll, Günther: ... vor allem mein Herz, Joseph Kentenich – Pädagoge und Gründer, Vallendar-Schönstatt 2012, S. 230-233. Vgl. außerdem Frömbgen, M. Erika: Bündnispädagogik, in: Brantzen, Hubertus; King, Herbert; Penners, Lothar; Pollak, Gertrud; Schlosser, Herta; Schmiedl, Joachim und Wolf, Peter (alle Hg.): Schönstattlexikon, Fakten Ideen Leben, Vallendar-Schönstatt [2]2002, S. 49-52.

252 Vgl. Boll, Günther: ... vor allem mein Herz, Joseph Kentenich – Pädagoge und Gründer, Vallendar-Schönstatt 2012, S. 236-262. Vgl. außerdem Frömbgen, M. Erika: Idealpädagogik, in: Brantzen, Hubertus; King, Herbert; Penners, Lothar; Pollak, Gertrud; Schlosser, Herta; Schmiedl, Joachim und Wolf, Peter (alle Hg.): Schönstattlexikon, Fakten Ideen Leben, Vallendar-Schönstatt [2]2002, S. 169-174.

253 Vgl. Boll, Günther: ... vor allem mein Herz, Joseph Kentenich – Pädagoge und Gründer, Vallendar-Schönstatt 2012, S. 265f. Vgl.

Entfaltung dieser Aspekte zeigt sich die grundsätzliche Pädagogik, die fest verwoben mit der Spiritualität Schönstatts ist. Angestrebt wird dabei eine christlich orientierte Wertepädagogik mit dem bereits benannten Ziel des neuen Menschen in neuer Gemeinschaft. Dabei sind folgende Prämissen leitend:

- Gott hat in jeden Menschen als sein Abbild einen Funken seiner selbst hineingelegt.
- In jedem Menschen ist die Fähigkeit zum Guten angelegt.
- Es gibt eine innere Sehnsucht der Seele, die eigenen inneren Voraussetzungen und Grundlagen zu entfalten und nach dem Besten seiner selbst zu streben.

Günther Boll weist darauf hin, dass dieser damit implizierte Blickwechsel gleichsam als „Neuansatz"[254] und „Paradigmenwechsel"[255] des damaligen pädagogischen Konzepts angesehen werden darf, der grundlegend bei der Persönlichkeitsbildung eines jeden Einzelnen ansetzt.[256]

---

außerdem Frömbgen, M. Erika: Vertrauenspädagogik, in: Brantzen, Hubertus; King, Herbert; Penners, Lothar; Pollak, Gertrud; Schlosser, Herta; Schmiedl, Joachim und Wolf, Peter (alle Hg.): Schönstattlexikon, Fakten Ideen Leben, Vallendar-Schönstatt [2]2002, S. 413f.

254 Boll, Günther: … vor allem mein Herz, Joseph Kentenich – Pädagoge und Gründer, Vallendar-Schönstatt 2012, S. 236.

255 Ebd., S. 236.

256 Vgl. ebd., S. 236.

Domenica: „Mir gefällt der Gedanke, dass jeder etwas in sich trägt, was für andere eine Brücke zu Gott sein kann."

Tobias: „Wenn ich dich unter diesem Aspekt sehe, dann muss ich sagen, dass es mir leichtfällt, Gott für seine wunderbare Schöpfung zu loben."

Domenica: „Was für eine Theologen-Liebeserklärung. Aber: Man nimmt, was man kriegt."

Eine der fünf Leitsterne der Pädagogik Schönstatts ist das Konzept, das sich hinter dem Begriff der ***Bindungspädagogik*** verbirgt. An dieser Stelle sei auf die Kapitel fünf und neun dieser Arbeit verwiesen, die sich ausführlich auch mit dem Konzept der personalen Bindung, der Frage nach Bindung an Ideen und Orte auseinandersetzt.[257]

Das Konzept der ***Bewegungspädagogik*** wird heute vielleicht eher durch Bezeichnungen wie ‚prozessorientierte Pädagogik' oder ‚Gruppendynamik' gefasst. Sie auf diese Begriffe zu reduzieren, würde aber zu kurz greifen. Grundsätzlich umfasst die Bewegungspädagogik den erzieherischen Vorgang des (Sich-)Bewegens und Bewegtwerdens – viele Aspekte, die sich am Motiv des Weges und der Wegsuche orientieren.[258] P. Kentenich ist daran gelegen, immer wieder zu vermitteln, dass es

257 Vgl. Kapitel 5: Freiheit und Bindung oder „Warum Bullerbü auch am Rande des Schwarzwaldes liegt" und vgl. Kapitel 9: Heiligtum oder „Wo das schönste Land in Deutschlands Gauen liegt".

258 Vgl. Frömbgen, M. Erika: Bewegungspädagogik, in: Brantzen, Hubertus; King, Herbert; Penners, Lothar; Pollak, Gertrud; Schlosser, Herta; Schmiedl, Joachim und Wolf, Peter (alle Hg.): Schönstattlexikon, Fakten Ideen Leben, Vallendar-Schönstatt ^{2}2002, S. 24-27. Hier: S. 24.

zielgerichtet um ein organisches – sprich ganzheitliches – Wachstum innerhalb von Erziehungsprozessen gehen muss. Das ‚organische Denken, Leben und Lieben'[259] bildet den Kernaspekt der Bewegungspädagogik. Dieser Aspekt lässt sich durch den Begriff der Lebensbewegung fassen, der durch eine ‚Ideenbewegung' im Sinne einer Wertvermittlung geleitet und letztlich durch eine ‚Gnadenbewegung' ergänzt und vollendet wird.[260] Untermauert wird das Ganze durch die drei sogenannten Wachstumsgesetze der Seele. Diese besagen: 1. Wachstum vollzieht sich in der Regel langsam. 2. Wachstum entwickelt sich von innen nach außen, also von der Personenmitte her. 3. Schließlich wird noch postuliert, dass es um ein Wachstum von einer ‚organischen Ganzheit' in eine andere ‚organische Ganzheit' geht.[261] Diese Wachstumsgesetze werden in Anlehnung an Kierkegaard durch das sogenannte Stadiengesetz ergänzt. Das besagt, dass es auch bei allem organischen Wachstum einen plötzlichen Einbruch „des Göttlichen ins Menschliche"[262] geben kann. P. Kentenich spricht davon, dass

---

259 Vgl. Kentenich, Joseph: Texte zum 31. Mai 1949, Vortrag im Heiligtum von Bellavista am 31. Mai 1949, bearbeitet durch Fernandez, Rafael und Unkel, Hans-Werner, Santiago de Chile 1974, S. 228. Vgl. zudem Schlosser, Herta, Organisches Denken, in: Brantzen, Hubertus; King, Herbert; Penners, Lothar; Pollak, Gertrud; Schlosser, Herta; Schmiedl, Joachim und Wolf, Peter (alle Hg.): Schönstattlexikon, Fakten Ideen Leben, Vallendar-Schönstatt ²2002, S. 287-291.

260 Vgl. Frömbgen, M. Erika: Bewegungspädagogik, in: Brantzen, Hubertus; King, Herbert; Penners, Lothar; Pollak, Gertrud; Schlosser, Herta; Schmiedl, Joachim und Wolf, Peter (alle Hg.): Schönstattlexikon, Fakten Ideen Leben, Vallendar-Schönstatt ²2002, S. 24-27. Hier: S. 25.

261 Vgl. ebd., S. 25.

262 Ebd., S. 26.

eine langsame, organische Entwicklung dadurch unterbrochen wird, dass „plötzlich ein unerwarteter starker Einbruch ins Seelenleben zu konstatieren ist. Ehe man sich versieht und ehe man um ihre Zusammenhänge weiß, spürt man sich unversehens auf eine unbekannte höhere Ebene emporgeführt, fühlt sich dort beheimatet in neuen unbekannten Gesetzmäßigkeiten und rhythmischen Erlebnissen."[263] Als biblisches Beispiel wird hierbei auf das Berufungserlebnis des Apostels Paulus vor Damaskus verwiesen.[264] Bewegungspädagogik macht aber nicht nur auf allgemeine Gesetzmäßigkeiten aufmerksam, vielmehr wird die zeitliche Dimension der Entwicklung von Menschen und Gemeinschaften über Generationen hinweg ebenso in den Blick genommen[265], wie die Eigendynamik und – Gesetzmäßigkeit

---

263 Kentenich Joseph: What is my philosophy of education?, in: Philosophie der Erziehung, Prinzipien zur Formung eines neuen Menschen- und Gemeinschaftstyps, aus dem Jahr 1961 bearbeitet von Schlosser, Herta, Vallendar-Schönstatt 1991, S. 39-89. Hier: 56f.

264 Vgl. Apg 9,3-29.

265 Frömbgen weist in diesem Zusammenhang darauf hin, dass P. Kentenich in Anlehnung an die Psychologie vom ‚Gesetz des ungelebten Lebens' (vgl. hierzu: Frömbgen, M. Erika: Ungelebtes Lebens, in: Brantzen, Hubertus; King, Herbert; Penners, Lothar; Pollak, Gertrud; Schlosser, Herta; Schmiedl, Joachim und Wolf, Peter (alle Hg.): Schönstattlexikon, Fakten Ideen Leben, Vallendar-Schönstatt ²2002, S. 399-401) spricht, das besagt, dass jede Generation sich immer wieder neu auf den Weg machen muss und sich nicht ausruhen darf auf den Errungenschaften der Vorfahren. P. Kentenich drückt das wie folgt aus: „Jede neue Generation soll mehr oder weniger den Weg der ersten gehen, nicht die geistigen Güter fertig übernehmen, sondern sich in ernster Selbstbetätigung und Selbstentfaltung neu erobern." (Kentenich, Joseph: Vortrag 1935, in: Frömbgen, M. Erika: Bewegungspädagogik, in: Brantzen, Hubertus; King, Herbert; Penners, Lothar; Pollak,

von Gruppen, Familien, Gemeinschaften, Gliederungen und anderen organischen Systemen.

Domenica: „Beim Thema ‚Wachstum' muss ich unweigerlich an unseren Garten denken. Da wächst ziemlich viel. Nicht alles, was von mir angestrebt ist und doch ist es ein stetiges Wachsen. Himmlisch. Ich meine jetzt nicht zuerst das Unkraut."

Tobias: „Du spielst auf die Erdbeeren und Stachelbeeren an, die von sich heraus aus der Erde kommen. Die Samen waren im Boden noch grundgelegt, ohne dass wir etwas dazu beigetragen haben."

Domenica: „Genau. Mir gefällt dieses Bild des Gartens sowieso auf ganz vielen Ebenen. Es braucht neben Pflege und Rahmenbedingungen auch immer Vertrauen und Mut, etwas, das man nicht gepflanzt hat, den nötigen Raum zum ‚Wachsen' zu geben."

Die ***Bündnispädagogik,*** die ein Spezifikum im Pädagogikverständnis Schönstatts darstellt, ist wesentlich gekennzeichnet durch das sogenannte Liebesbündnis.[266] Das Liebesbündnis mit der Gottesmutter, das letztlich tiefer hineinführt in das Liebesbündnis eines jeden Menschen mit dem dreifaltigen Gott. Dieses Liebesbündnis ist gleichsam das Kernstück der marianischen (Selbst-)Erziehung im Sinne P. Kentenichs. Es ist gewissermaßen der Mittelpunkt eines Kreises, dessen Radius die Beziehungsform Bündnis zwischen Gott und den

---

Gertrud; Schlosser, Herta; Schmiedl, Joachim und Wolf, Peter (alle Hg.): Schönstattlexikon, Fakten Ideen Leben, Vallendar-Schönstatt ²2002, S. 24-27. Hier: S. 27).

266 Vgl. weiter oben Kapitel 2: Das Liebesbündnis oder „Warum ich mein Einhorn mit anderen teilen würde".

Menschen von den Stammvätern angefangen über das Neue Testament bis zu uns heute zeichnet. Um sinnvoll im Rahmen der Bündnispädagogik innerlich wachsen zu können bedarf es laut P. Kentenich vier konkreter Dispositionen: 1. Es braucht „positive religiöse Erlebnisse in einer Atmosphäre des religiösen Selbstverständlichen (Begegnungen, Gespräche, Gottesdienste, Workshops); 2. fester Halt in einer religiösen Gemeinschaft; 3. Halt in einem klaren religiösen Wissen; 4. Halt in einem vorgelebten Beispiel."[267]

Grundlage für jedes Streben nach Selbsterziehung und gleichsam „innerer Kern des pädagogischen Konzepts"[268] P. Kentenichs ist die sogenannte ***Idealpädagogik,*** die mitunter auch als Haltungspädagogik bezeichnet wird.[269] Es geht darum, die in jedem Menschen grundgelegte Haltung des Sehnens der eigenen Seele nach innerer Entfaltung, zu kultivieren und zu fördern. Idealpädagogik gipfelt in dem freien Entschluss sich bewusst für die erkannten Werte zu entscheiden und daraufhin auszurichten. Dabei geht es nicht um „philosophischen Idealismus oder gar [um] ein theoretisches Konzept ideologischer Indoktrination"[270], sondern

267 Frömbgen, M. Erika: Bündnispädagogik, in: Brantzen, Hubertus; King, Herbert; Penners, Lothar; Pollak, Gertrud; Schlosser, Herta; Schmiedl, Joachim und Wolf, Peter (alle Hg.): Schönstattlexikon, Fakten Ideen Leben, Vallendar-Schönstatt ^{2}2002, S. 49-52. Hier: S. 51.

268 Boll, Günther: … vor allem mein Herz, Joseph Kentenich – Pädagoge und Gründer, Vallendar-Schönstatt 2012, S. 236.

269 Vgl. ebd., S. 237.

270 Frömbgen, M. Erika: Idealpädagogik, in: Brantzen, Hubertus; King, Herbert; Penners, Lothar; Pollak, Gertrud; Schlosser, Herta; Schmiedl, Joachim und Wolf, Peter (alle Hg.): Schönstattlexikon, Fakten Ideen

darum, dass die personale Idealgebundenheit sich am Wert- und Wahrheitsgehalt des Ideals ausrichten kann auf der Grundlage einer soliden Ich-Integrität.[271] Eine solche Haltung gilt es einzuüben, da sie in einer pluralistischen Gesellschaft – so die Grundannahme P. Kentenichs – nicht mehr automatisch, quasi funktional, gesichert ist.[272] Eine zweite Grundannahme knüpft daran an. Dabei formuliert er, dass es zumindest „in einem gewissen Maß eine homogene Atmosphäre"[273] zuweilen braucht, um in der pluralistischen Umwelt die eigene Identität zu wahren und durchzutragen.[274] Frömbgen führt dazu aus, dass „die personale wie auch die soziale Selbsterfahrung und Selbsterkenntnis"[275] den idealpädagogischen Ansatz Schönstatts bestimmen, indem sie Werterschließung und Wertintegrierung in das Eigene beinhalten.[276] P. Kentenich ist dementsprechend daran gelegen, dass eine solche Pädagogik auch sogenannte

Leben, Vallendar-Schönstatt ²2002, S. 169-174. Hier: S. 171.

271 Vgl. ebd., S. 172.

272 Vgl. Kentenich, Joseph: Ethos und Ideal in der Erziehung, Wege zur Persönlichkeitsbildung, bearbeitete Nachschrift durch Frömbgen, M. Erika, Vallendar-Schönstatt ²1992, S. 190-192.

273 Boll, Günther: … vor allem mein Herz, Joseph Kentenich – Pädagoge und Gründer, Vallendar-Schönstatt 2012, S. 238.

274 Vgl. Kentenich, Joseph: Ethos und Ideal in der Erziehung, Wege zur Persönlichkeitsbildung, bearbeitete Nachschrift durch Frömbgen, M. Erika, Vallendar-Schönstatt ²1992, S. 190-192.

275 Frömbgen, M. Erika: Idealpädagogik, in: Brantzen, Hubertus; King, Herbert; Penners, Lothar; Pollak, Gertrud; Schlosser, Herta; Schmiedl, Joachim und Wolf, Peter (alle Hg.): Schönstattlexikon, Fakten Ideen Leben, Vallendar-Schönstatt ²2002, S.169-174. Hier: S. 169.

276 Vgl. ebd., S. 169.

„Werterlebnisse“[277] und Werterfahrugen fördert. ‚Lernen durch Einsicht‘ und ‚Lernen am Modell‘ wird dann idealerweise zusammen gedacht. Dabei geht es nicht um irgendwelche Idealgestalten vergangener Tage, sondern um reale, kreative Lebensübertragung im Hier und Jetzt.[278]

Tobias: „Ich habe da sehr konkret einige Personen vor Augen, für die ich dankbar bin, dass sie mich durch ihre Art geprägt haben. Dabei geht es gar nicht darum, dass ich selbstverständlich vorhandene Schwächen und Fehler dieser Personen ausblende, aber es gibt eben positive Eigenschaften die mich nachhaltig beeindruckt haben.“

Domenica: „Zum Beispiel?“

Tobias: „Ich versuche es mal ein wenig zu anonymisieren. In der Jugendarbeit habe ich einen authentischen Gruppenleiter erlebt, der selbst mit viel innerer Stärke seinen Weg vom Hauptschulabschluss über die Ausbildung bis hin zum Abitur und anschließendem Studienabschluss bewältigt hat, nur damit er anderen jungen Menschen heute als Hauptschullehrer ein Beispiel sein

277 Kentenich, Joseph: Seelenführerkurs 1926, unveröffentlicht, in: Frömbgen, M. Erika: Idealpädagogik, in: Brantzen, Hubertus; King, Herbert; Penners, Lothar; Pollak, Gertrud; Schlosser, Herta; Schmiedl, Joachim und Wolf, Peter (alle Hg.): Schönstattlexikon, Fakten Ideen Leben, Vallendar-Schönstatt [2]2002, S. 169-174. Hier: S. 170.

278 Vgl. Frömbgen, M. Erika: Idealpädagogik, in: Brantzen, Hubertus; King, Herbert; Penners, Lothar; Pollak, Gertrud; Schlosser, Herta; Schmiedl, Joachim und Wolf, Peter (alle Hg.): Schönstattlexikon, Fakten Ideen Leben, Vallendar-Schönstatt [2]2002, S. 169-174. Hier: S. 171. Frömbgen (ebd. 172f.) führt aus, dass Ideale im Sinne der schönstättischen Idealpädagogik weder als unerreichbare Phantome noch als selbstentfremdungfördernde Kollektivmechanismen zu denken sind.

kann. Ein Beispiel dafür, dass auch sie etwas Wert sind und er ihnen Möglichkeiten aufzeigt, wie sie ihre eigene Zukunft in die Hand nehmen können. Oder auch unterschiedliche geistliche Begleiter, die mir in sympathischer Weise den Weg dahin gezeigt haben, wie ich zu meinen Themen und meinen Fragen vordringe. Oder auch meine Omas, die in ihrer schlichten fränkischen Lebenserfahrung und -wirklichkeit mir als lebendige Glaubenszeuginnen ein Beispiel sind.“

Domenica: „So gesehen fallen mir auch Personen ein. Der erste Trommellehrer, der mir einen Zugang zu den Instrumenten des Schlagwerks ermöglicht hat, hat mich sicherlich auch geprägt. Auch Personen, die es gut mit mir gemeint haben, als ich – auf mich allein gestellt – in Chile unterwegs war.“

Bei der schönstättischen Idealpädagogik ließe sich kritisieren, dass hier mit subjektiver Werteempfindlichkeit gerechnet wird, ohne auf „objektive Werte und Idealvorstellungen des christlichen Glaubens“[279] zu verzichten und somit ein Druck von Überforderung, der letztlich zur Unfreiheit führt, denkbar wäre. Daneben wird zudem auf den Erwartungs- und „Forderungsdruck von Idealen und Leitbildern“[280] hingewiesen, insbesondere wenn sie von außen als etwas autoritatives Fremdes angesehen werden und dadurch in der Gefahr liegen jemanden seelisch krank zu machen.[281] Boll reagiert

279 Boll, Günther: … vor allem mein Herz, Joseph Kentenich – Pädagoge und Gründer, Vallendar-Schönstatt 2012, S. 257.

280 Ebd., S. 257.

281 Vgl. kritisch Schmidbauer, Wolfgang: Alles oder nichts, Über die Destruktivität von Idealen, Hamburg ^{7}1987.

verteidigend auf diese Vorwürfe und führt aus, dass P. Kentenich diese Gefahren sehr wohl bewusst waren: „Auch unsere Idealerziehung kann sehr falsch sein; sehr gefährlich sein. Wenn wir das Wort ‚Ideal' und ‚Idealerziehung' nicht richtig greifen, dann können wir uns etwas anknobeln, können unsere ganze Natur hineinreißen in einen Ideengang, der künstlich geformt ist und der uns absolut daran hindert, das eigene Ich von innen heraus zur Entfaltung zu bringen."[282] Zudem wird herausgestellt, dass es bei aller Subjektivität grundsätzlich Anforderungen von außen gibt, die es in der Persönlichkeitsentwicklung zu berücksichtigen gelte: sei es für den gläubigen Menschen durch das Ernstnehmen einer gottgefügten Schöpfungsordnung; sei es psychologisch betrachtet durch die äußeren Gegebenheiten und Limitierungen, die zum Person-sein gehören; sei es soziologisch gesehen durch die beschränkenden Zeit- und Sozialsituationen. Für P. Kentenich war hierbei zentral, dass es um eine innere Bejahung der äußeren und inneren Gegebenheiten gehen muss; hin zu einem frei bejahten Annehmen von Charaktereigenschaften oder ungeschuldeten Situationen – so dass Idealpädagogik immer auch Freiheitspädagogik meinen muss.[283] Auch die

282 Kentenich, Joseph: Ansprache vom 17.07.1966 vor dem Studentat der Schönstattpatres in Münster, An seine pars motrix, Bd. 4, S. 25, hier: in: Boll, Günther: ... vor allem mein Herz, Joseph Kentenich – Pädagoge und Gründer, Vallendar-Schönstatt 2012, S. 258.

283 Vgl. Boll, Günther: ... vor allem mein Herz, Joseph Kentenich – Pädagoge und Gründer, Vallendar-Schönstatt 2012, S. 259. Vgl. aber auch Kapitel 5: Freiheit und Bindung oder „Warum Bullerbü auch am Rande des Schwarzwaldes liegt". Zudem greift P. Kentenich auf die Assoziationsmethode zwischen Wort, Wahrheit und Wert zurück: „Das Wort muss als Ausdruck einer Wahrheit dastehen. Aus der Wahrheit muss

Herausforderungen und Unwägbarkeiten im Entdecken von persönlichen (aber auch gemeinschaftlichen) Idealen – hier spricht P. Kentenich oft von einem Hell-Dunkel unseres Erkennens – bestreiten letztlich nicht die „langjährige und vielfältige pädagogische Erfahrung", die die Idealpädagogik und deren Brauchbarkeit und Lebensdienlichkeit im pädagogisch-spirituellen Konzept Schönstatts einnimmt.[284] Das schließt auch ein, dass es selbstverständlich geübt sein muss, einladend und werbend mit – im letzten unerreichbaren – Idealen umzugehen; dass sie eher Ansporn sind und so etwas wie „heilige Unzufriedenheit"[285] mit dem Ist-Zustand auslösen.[286] Es braucht gerade beim Auseinanderklaffen von Ideal und Wirklichkeit „eine fast unbegrenzte Weite des Herzens und ein […] ebenso festes Vertrauen auf Gottes umfassende Liebe, um diesen Prozess zu begleiten und anzunehmen, um die Spannung auszuhalten."[287] Dies gilt besonders in der Eltern-Kind-Beziehung, als auch in der inneren Beziehung zu sich selbst.

---

gleichzeitig der Wert herausgearbeitet werden, sowohl der objektive als auch der subjektive Wert. [So dass methodisch darauf zu achten ist], 1. dass der im Ziel mitklingende Gedanke zu einem herrschenden Gedankenkomplex wird; 2. dass der herrschende Gedankenkomplex zu einem herrschenden Wertkomplex wird; 3. dass der herrschende Gedanke nicht nur zu einem objektiven, sondern auch zum subjektiven Wertkomplex wird." (Kentenich, Joseph: Grundriß einer neuzeitlichen Pädagogik für den katholischen Erzieher, Vorträge der Pädagogischen Tagung 1950, Vallendar-Schönstatt 1971, S. 135).

284 Vgl. Boll, Günther: … vor allem mein Herz, Joseph Kentenich – Pädagoge und Gründer, Vallendar-Schönstatt 2012, S. 259f.

285 Ebd., S. 262.

286 Vgl. ebd., S. 262.

287 Ebd., S. 261.

Domenica: „Mir gefällt diese Aussage, dass es eine Weite des Herzens braucht. Ich merke immer wieder, wie ich hinter meinen eigenen Vorstellungen im Bereich der Erziehung unserer Töchter zurückbleibe; wenn ich beispielsweise zu wenig Zeit habe, um Miriam bei ihren Hausaufgaben zu unterstützen oder wenn ich viel zu wenig exklusive Mamazeit mit Sophia verbringe oder ich mich von Klaras Temperament aus der Ruhe bringen lasse."

Tobias: „Und da hilft dir dann, dass du eine Weite des Herzens hast?"

Domenica: „Nicht direkt, aber ich gebe gerne zu, dass die Mädels durchaus auch merken dürfen, dass ich nicht immer allen Ansprüchen genügen kann. Ebenso merken sie dann aber hoffentlich auch, dass mein weites Herz viel mehr Liebe für sie hat, als sie sich vorstellen können. Und das entlastet mich ungemein."

Die ***Vertrauenspädagogik*** ist die Grundlage aller pädagogischen Überlegungen P. Kentenichs. Sie gründet im Vertrauen auf das Gute und im Letzten auf der anthropologischen Annahme, dass es in jedem Menschen eine Grundtendenz gibt, die sein eigenes ideales Ich bejaht. Erika Frömbgen sieht die Vertrauenspädagogik als eine „konsequente Folgerung aus dem angestrebten Ziel des neuen, freien Menschen."[288] Günther Boll stellt dazu heraus, dass diese Form der Pädagogik dort zum charakteristischen Erziehungsstil wird „wo im Erzieher dieser Glaube an das entwicklungsfähige Gute in der

288 Frömbgen, M. Erika: Vertrauenspädagogik, in: Brantzen, Hubertus; King, Herbert; Penners, Lothar; Pollak, Gertrud; Schlosser, Herta; Schmiedl, Joachim und Wolf, Peter (alle Hg.): Schönstattlexikon, Fakten Ideen Leben, Vallendar-Schönstatt [2]2002, S. 413f.

Menschennatur zur bestimmenden Grundhaltung geworden ist.“[289] Anders als es der Volksmund mit dem Sprichwort ‚Vertrauen ist gut, Kontrolle ist besser‘ zum Ausdruck bringt, weist Boll darauf hin, dass für P. Kentenich stets das Motto galt: ‚Erzieher sind Liebende, die nie von ihrer Liebe lassen‘.[290] Vertrauenspädagogik setzt ein „interessiertes und wohlwollendes Zuhören“[291] voraus, das schließlich emporbildend zum Ideal wirkt. In Bezug auf die Selbsterziehung bedeutet Vertrauenspädagogik auch Vertrauen in die beste Version meiner selbst, zu der ich werden möchte. Frömbgen sieht in dem Zusammenhang in der Vertrauenspädagogik nicht nur „eine wesentliche Voraussetzung, um gesundes Selbstvertrauen in die eigenen Fähigkeiten und Begabungen, und damit ein gesichertes Selbstbewusstsein aufzubauen, sondern zugleich eine entscheidende Vorerfahrung für religiöses Hoffen und Vertrauen.“[292] Sie verweist zudem auf die historischen Wurzeln der

---

289 Boll, Günther: … vor allem mein Herz, Joseph Kentenich – Pädagoge und Gründer, Vallendar-Schönstatt 2012, S. 265. Boll verweist weiter darauf, dass P. Kentenich selbst sich als „fanatischen Anhänger der Vertrauenspädagogik“ (Kentenich, Joseph: Ethos und Ideal in der Erziehung, Wege zur Persönlichkeitsbildung, bearbeitete Nachschrift durch Frömbgen, M. Erika, Vallendar-Schönstatt [2]1992, S. 294) verstand.

290 Vgl. Boll, Günther: … vor allem mein Herz, Joseph Kentenich – Pädagoge und Gründer, Vallendar-Schönstatt 2012, S. 265.

291 Ebd., S. 266.

292 Frömbgen, M. Erika: Vertrauenspädagogik, in: Brantzen, Hubertus; King, Herbert; Penners, Lothar; Pollak, Gertrud; Schlosser, Herta; Schmiedl, Joachim und Wolf, Peter (alle Hg.): Schönstattlexikon, Fakten Ideen Leben, Vallendar-Schönstatt [2]2002, S. 414. Vgl. dazu bestätigend aus entwicklungspsychologischer Sicht: Erikson, Erik: Identität und Lebenszyklus, Berlin 1973.

Vertrauenspädagogik bei P. Kentenich als Kontrasterfahrung zum pädagogischen Pessimismus seiner Zeit, der geprägt war durch strenge Disziplinarmaßnahmen, Freiheitsbeschränkungen oder dauernder Kontrolle und Ähnlichem.[293]

Für P. Kentenich ist das geflügelte Wort vom erzogenen Erzieher immer wieder wichtig. Dabei ist Erziehung nicht bloß eine Sache von außen, sondern grundlegend maßgeblich ist die eigene Kraft in Bindung an Gott und die Gottesmutter. Das Schlagwort der Selbsterziehung ist daher grundlegend und konstitutiv, um der Zielgestalt des neuen Menschen in neuer Gemeinschaft entgegen zu wachsen. Frömbgen weist zurecht auf die Herausforderung hin, dass gerade die Pädagogik Schönstatts in der Gefahr einer „pädagogischen Sesshaftigkeit" steht, die zukunftsgerichtete Veränderungsbereitschaft verhindert und bereits im Vorfeld den Dialog mit der nachwachsenden Generation als Repräsentanten der ‚neuen Zeit' verunmöglicht. Daher betont sie, dass es entscheidend darauf ankäme, wenn man das pädagogische Konzept P. Kentenichs als Erbe antrete, sich seiner Methode und seinen Erkenntnisquellen bewusst zu werden, um der Gefahr einer zu traditionsbeladenen Pädagogik zu entgehen und das ‚neue Ufer' nicht aus dem Blick zu verlieren[294]. Die Elemente oder geistlichen

293 Vgl. Frömbgen, M. Erika: Vertrauenspädagogik, in: Brantzen, Hubertus; King, Herbert; Penners, Lothar; Pollak, Gertrud; Schlosser, Herta; Schmiedl, Joachim und Wolf, Peter (alle Hg.): Schönstattlexikon, Fakten Ideen Leben, Vallendar-Schönstatt [2]2002, S. 413.

294 Frömbgen, M. Erika: Pädagogik, in: Brantzen, Hubertus; King, Herbert; Penners, Lothar; Pollak, Gertrud; Schlosser, Herta; Schmiedl, Joachim und Wolf, Peter (alle Hg.): Schönstattlexikon, Fakten Ideen

Übungen, die für P. Kentenich dabei als probate Hilfsmittel situationsangemessen und personenbezogen empfohlen werden, sind Schätze in Anlehnung an die Tradition der christlichen Aszese, wie etwa der ignatianischen allgemeinen und besonderen Gewissenserforschung. Zu diesen geistlichen Hilfsmitteln zählen:

Die Übung des Partikularexamens,
das Suchen und Orientieren am Persönlichen Ideal,
das Führen einer geistlichen Tagesordnung und
die regelmäßige geistliche Begleitung.

Domenica: „Sollten wir die Begriffe nicht in einer oder mehreren Fußnoten erklären?"

Tobias: „Ich glaube, das meiste davon ist selbsterklärend. Gut, Partikularexamen vielleicht nicht unbedingt."

Domenica: „Nicht unbedingt? Das versteht keiner, der das noch nie gehört hat."

Tobias: „Es geht um einen besonderen Vorsatz, etwas, das ich immer wieder mir vornehme. Dabei ist es oft wichtig, dass es durchaus etwas Positives sein kann wie ‚Ich nehme mir Zeit für mich oder Zeit zum Gebet oder …"

Domenica: „… Oder ich lasse meine Kleidungsstücke nicht im Wohnzimmer liegen. Das wäre doch mal ein Partikularexamen für dich. Aber Spaß beiseite, mir erscheint diese Bemerkung sehr wichtig auch in Bezug auf eine etwaige geistliche Tagesordnung (kurz GTO). Es geht eben nicht darum, mit aller Gewalt an den eigenen Schwächen zu arbeiten, sondern die eigenen Stärken zu

---

Leben, Vallendar-Schönstatt [2]2002, S. 293-297. Hier: S. 296.

stärken. Für mich war das sehr wichtig klarzuhaben, dass auf meiner GTO vor allem Dinge stehen, die mir Freude machen, wie z.B. die täglichen fünfzehn Minuten Trompete-Üben."

Die Diskrepanz zwischen dem pädagogischen Konzept Schönstatts und anderen etwaigen theoretischen pädagogischen Konzepten, die mitunter zu „unüberbrückbaren Gegensätzen in den sich konfrontierenden Auffassungen kommen"[295], greift Frömbgen auf und betont dem gegenüber den Mehrwert der schönstättischen Pädagogik. So kann sie auf eine Effektivität und durchgehaltene Kontinuität und Praxis von mehreren Jahrzehnten erfolgreicher Arbeit hinweisen. Zudem konstatiert sie, dass die „moderne Erziehungswissenschaft heute zumeist für einen Menschen und für eine Gesellschaft der annährend absoluten Weltzugewandtheit, ohne dem Zug zum Numinosen Rechnung zu tragen"[296], arbeitet. Die Pädagogik Schönstatts versteht sie daher als Angebot, um den dadurch entstandenen „anthropologischen Leerraum"[297] zu füllen.

(Selbst-)Erziehung ist auch ein Thema, das in Ehe und Familie wie selbstverständlich gelebt wird. Dabei gibt es die unterschiedlichsten Dimensionen. So weist die Thematik nach dem gemeinsamen Wachstum als (Ehe-)Paar selbstverständlich auf die Frage hin, wie es gelingen kann, *gemeinsam* zu wachsen. Diese letztlich

295 Frömbgen, M. Erika: Neuer Mensch in neuer Gemeinschaft, Zur Geschichte und Systematik der pädagogischen Konzeption Schönstatts, Vallendar-Schönstatt 1973, S. 290.

296 Ebd., S. 290f.

297 Ebd., S. 291.

pädagogische Lebensfrage ist sicherlich für jede Einzelperson in einem Familiengebilde relevant. Für die Beziehungen untereinander und die Ehe und Familie als Ganzes, gilt es dann aber auch gemeinschaftlich auszutarieren, wie sinnvolles, lebensmäßiges Wachstum gemeinsam funktionieren und gestaltet werden kann. Die fünf pädagogischen Leitsterne der Spiritualität und Pädagogik Schönstatts können hierbei helfen, so dass heutige Familien als Modellbild für die ‚neue Gemeinschaft' und deren Mitglieder als Vorbild für den angestrebten ‚neuen Menschen' fungieren können.

Erfahrungstheologie und Resonanzraum zum Thema: „Selbsterziehung"

Das Thema Erziehung ist in einem Haushalt, in dem drei kleine Wirbelwinde leben, derzeit nicht mehr wegzudenken. Für uns als Eltern ist das Thema immer wieder neu herausfordernd. Uns ist bewusst, dass wir für unsere Kinder gleichzeitig Profis und Dilettanten sind, was das Thema Erziehung angeht. Für uns als Erziehende tut die demütige Selbstvergewisserung gut, dass auch wir Lernende sind; dass auch wir keinesfalls fertig sind, was unsere eigene Erziehung betrifft. Selbsterziehung und Lernen ist ein lebenslanges Aufgabenfeld.

„Auf einer Postkarte durfte ich den sympathischen und treffenden Spruch lesen: „Unser Alltag ist ihre Kindheit." Die Erfahrung, dass ich dabei viel häufiger der Lernende als der Lehrende im Umgang mit den drei

Mädchen war, lässt mich auch im Schreiben dieser Zeilen wieder eine tiefe Demut und enorme Dankbarkeit empfinden. Außerdem stimmt es mich zuversichtlich in Bezug auf alles weitere unvermeidbare Scheitern auf dem Weg meiner erzieherischen Aufgaben. Vielleicht sind die Lektionen von unbeschwerter Leichtigkeit, absoluter Lebensfreude und bewundernswertem Staunen sowie kindlichem Vertrauen und ehrlicher Liebe ja auch die Botschaften, auf die es im Leben ankommt. Vielleicht werden solche Lektionen, wie sie in diesen Kurzgeschichten in vielfältiger Weise enthalten sind, irgendwann ja mal dazu führen, dass Miriam, Klara und Sophia sich bewusst werden, dass sie ganz viel von dem, was Leben ausmacht einfach von klein auf in sich tragen."[298]

***

Tobias: „Was machst du denn zur Selbsterziehung?"

Domenica: „Ich möchte ja immer ein besserer Mensch sein. Du etwa nicht?"

Tobias: „Ich bin schon perfekt."

Domenica (rollt mit den Augen): „Ich glaub' schon, dass in jedem Menschen viel reingelegt wurde und da kann man viel rausholen, wenn man sich die Mühe macht. So funktioniert Leben schon, aber ich muss halt wollen, dass ich das Beste meiner selbst aus mir raushole. Klar ist auch, dass da immer wieder scheitern dazu gehört."

---

298 Hofmann, Tobias: „Aber pink wär' mir lieber!", Alltag und Herausforderungen eines Vaters, unabhängig publiziert 2022, ISBN: 979-8836740207, S. 259f.

Tobias: „Du musst es ja nicht allein machen, auch wenn's Selbsterziehung heißt."

Domenica: „Sondern, wer hilft mir da? Meine Kinder, weil sie mich prüfen und an die Situationen bringen, wo ich mich erziehen muss, wo ich wachsen will, kann und muss."

Tobias: „Wenn jeder Mensch wirklich eine Lieblingsidee Gottes ist, und das glaub ich, dann ist ja jeder ein richtig toller Mensch von der Grundidee her. Aber das zur Entfaltung zu bringen, ist schon eine Hausnummer."

Domenica: „Für mich hilft es, immer wieder auf den Tag zu schauen – P. Kentenich würde das vermutlich als GTO – ansehen, auch wenn ich es aktuell nicht immer schriftlich festhalte."

Tobias: „Was ist für dich einfacher, Erziehung oder Selbsterziehung?"

Domenica: „Erziehung musst du unweigerlich machen, da kommst du gar nicht drum rum. Selbsterziehung, da könnte man ‚drum rum kommen'. Eigentlich."

Tobias: „Du verkörperst für mich das Bild dieser erzogenen Erzieherin, wie ich P. Kentenich versteh'. Ich habe den Eindruck, dass du von unseren drei kleinen Damen nichts verlangst, was du dir nicht selber zuerst erzieherisch ‚erarbeitet' hast – in Bezug auf dich selbst. Deine Forderungen und Anforderungen sind auch für die Mädels als sinnvoll erkennbar. Ich genieße das sehr miterleben zu dürfen."

Domenica: „Jetzt stell' dich hier mal nicht so als passives Gegenüber oder Zuschauender dar. Du kannst mir noch so viele Komplimente in Bezug auf Erziehung machen; dich brauchen die Mädels – genauso wie ich – auch in diesem Kontext."

Tobias: „Das stimmt. Und dessen bin ich mir durchaus bewusst. Ich kann in dem Zusammenhang auf mein Persönliches Ideal eingehen. Denn das hat sich verändert als ich Vater geworden bin und meiner Lebenssituation angepasst. Nicht grundsätzlich, aber die Adressatendynamik wurde sehr viel konkreter."

Domenica: „Adressatendynamik? Was willst du damit sagen?"

Tobias: „Naja, vorher lag ein Aspekt meines Persönlichen Ideals im Einsatz für andere begründet. Das hat sich konkretisiert. Ich weiß, wenn ich meinem Ideal entsprechen will, gilt es dieses Thema ‚Einsatz für andere' ganz konkret auf Miriam, Klara und Sophia anzuwenden.

Nun eine ganz andere Frage: Und wie motivierst du unsere Töchter, sich unter dem Schutze Mariens selbst zu erziehen? (Sophia lacht und grinst mich an, als ich Domenica diese Frage stelle.)"

Domenica: „Ich hoffe vieles passiert automatisch. Nicht im Sinne, du musst dich selbst erziehen, sondern, ich will sie in ihren Stärken stärken, Werte vorleben und zeigen, dass auch ich mich entwickle und der Rest – den wird die Gottesmutter dann schon richten."

Tobias: „Man kann die Gottesmutter schon bitten, mitzuwirken. Darum, dass Klara mit ihrer Willensstärke klarkommen lernt; darum, dass sich Miriam nicht nur in ihre Schüchternheit zurückzieht, sondern verantwortungsbewusst – wie sie es so gut kann – für andere da ist; darum dass Sophia mit ihrer Kopf-durch-die-Wand Methode hoffentlich nie einen Schädelbruch erleidet und Menschen eher durch ihr sympathisches Lächeln begeistert."

Tobias: „Was war der größte Entwicklungsschritt, den du je gegangen bist?"

Domenica: „Mama zu werden."

Tobias: „Und was hat dir geholfen, dass du dir diese Aufgabe zutraust, nachdem du vorher oft ins Wort gebracht hast, dass du auch gehörig Respekt vor dieser Aufgabe hattest?"

Domenica: „Du hast mir geholfen, indem du meine Fähigkeit gestärkt hast und dann natürlich mein innerer Wunsch ‚Mama-werden zu wollen'. Dafür wollte ich auch alles tun, was mir möglich ist."

***

Erziehung läuft manchmal auch von selbst – so, dass man auch in diesem Sinne von Selbsterziehung sprechen könnte. Oftmals erziehen sich die drei Mädels auch gegenseitig. Sei es im Sinne eines ‚copy and paste'-Modus, in Bezug auf all die Dinge, die die Älteren tun und können. Meistens sind diese Dinge dann nicht unbedingt die, die auf dem elterlichen Erziehungstableau oben gestanden hätten:

„Schau' mal Papa, Miriam hat mir gezeigt, wie ich alleine das Bonbonpapier öffnen kann."

Klara: „Genau, Sophia! Ich zeig' dir jetzt, wie du die Schublade aufmachen kannst."

„Papa?" „Ja, Klara?" „Du bist ein Heiopei!" „Ein was, bitte?" „Ein Heiopei – das hab' ich von Mimi gelernt."

Erziehung läuft aber auch durch Alltagskommunikation der drei kleinen Damen untereinander: Ich habe mein Bett mal wieder nicht für mich allein. Klara liegt zwischen meiner Frau und mir – im badischen Dialekt meiner Frau würde man vom berühmten ‚Gräble' sprechen. Sophia liegt auf der anderen Seite zwischen Beistellbett und meiner Frau. Und Mimi nestelt sich irgendwo bei unseren Füßen eine bequeme Bettstatt. Alle wollen schlafen. Wirklich alle? Nein, ein kleines Wesen – unsere Jüngste – ist hell wach. Im Prinzip hört man auf jedes Quieken und Brabbeln von einer anderen Seite des Bettes Sätze wie: „Bitte, Sophia – schlaf ein!" Oder „Sophia, jetzt wird geschlafen." Oder „Warum bist du nicht müde, Kind?"

So lange es nur um Geräusche geht, halte ich das in der Regel noch gut aus. Sophia fühlt sich durch die vielfachen Reaktionen der übrigen Familienmitglieder aber motiviert, noch eine Stufe wacher zu werden und fängt an auf meiner Frau herumzukrabbeln, um möglichst rasch zu Mimi oder Klara durchzustoßen. Meine Frau versucht das im Halbschlaf zu verhindern. Mit überraschendem Erfolg. Allerdings hat dieser Erfolg einen Preis: Sophia wendet ihre – nun vollständig erwachte Aufmerksamkeit – dem mütterlichen Nachttisch zu. Und dort gibt es den Schalter der Zerstörung, wie der Rest der Familie den Lichtschalter des Schlafzimmers nennen würde. Sophia ist fasziniert von Schaltern jeglicher Art. Erst recht von Lichtschaltern. Es stört sie dabei wenig, dass sie dabei riskiert, dass die Hälfte der Familie Gefahr läuft zu erblinden, wenn die nachtgewöhnten Augen plötzlich mit gleißendem Licht geblendet werden. Sophia kennt da keine Gnade. Ein kurzes

Klacken. Ich versuche mir die Decke über den Kopf zu ziehen. Das misslingt, weil Miriam am Fußende die gleiche Taktik ansteuern will. Mama stöhnt auf. Nur Klara bleibt – auch das ist überraschend – sehr ruhig. In sachlichem Tonfall erklärt sie ihrer kleinen Schwester: „Sophia, du weißt doch, dass wir hier sind, um zu schlafen und nicht, um das Licht anzumachen." Mit diesem oberlehrerhaften Tonfall hält uns Klara in erschreckend beeindruckender Weise unseren elterlichen Erziehungsstil vor. Anders als bei mir und meiner Frau geschieht hier allerdings das Unfassbare. Sophia blickt auf, lächelt Klara an und – jetzt kommt's – schaltet tatsächlich den Lichtschalter wieder aus.

***

„Papa?"

„Ja, Klara?"

„Ich bin froh, dass ich Klara heiße. Und ich bin froh, dass ich Klara bin."

„Ich bin auch froh. Und warum bist du froh darüber?"

„Weil ich sonst nicht so gut malen könnte."

„Das stimmt, du hast Talente, die zu dir gehören. Fähigkeiten, die dich ausmachen, wie das Gut-Malen-Können."

„Und das Tanzen. Schau' mal"

Staunend darf ich nun dem kindlich-himmlischen Tanzstil meiner Klara zusehen, die sich aus tiefstem Herzen darüber freut, dass sie sie ist. Und dass sie so wie sie ist, einzigartig ist. Ich als Papa glaube, dass sich so der liebe Gott fühlen muss, wenn er auf uns mit seinen elterlichen Augen blickt. Ganz genau so, wie ich, während ich einem lachenden kleinen Wirbelwind bei seiner siebten oder achten Drehung zuschaue, der unentwegt ruft: „Juhu. Ich bin Klara!"

***

Domenica: „Zum Thema Bewegungspädagogik fällt mir ein, dass Sophia gerade Laufen lernt."

Tobias: „Du weißt schon, dass ***das*** nicht unbedingt mit Bewegungspädagogik impliziert ist."

Domenica: „Durchaus, aber ich geb' dir ein Beispiel, warum es gar nicht so weit davon entfernt ist, wie du vielleicht denkst."

Tobias: „Da bin ich gespannt."

Domenica: „Sophia verwirklicht dabei die Wachstumsgesetze P. Kentenichs, denn das mit dem ‚Laufen lernen' geht bei ihr langsam von statten. Und es kommt aus ihrer ganz persönlichen Mitte heraus; sie lässt sich nicht vorschreiben, wie oder wann sie üben beziehungsweise gar Laufen soll. Vielmehr entscheidet sie, wann sie für den nächsten Schritt – im wahrsten Sinn des Wortes bereit ist."

Tobias: „Das ist wirklich ziemlich gut."

Domenica: „Außerdem stammt doch der Satz von P. Kentenich, dass Leben sich am Leben entzündet. Und das ist nun einmal besonders bei Sophia zu erkennen. Immer, wenn sie andere Kleinkinder und Babys sieht, dann ist sie viel motivierter an ihren eigenen Fort*schritten* zu arbeiten."

Tobias: „Tatsächlich ist für sie nichts so motivierend wie Gleichaltrige, die an ihr vorbeilaufen."

***

Domenica: „Nun ist noch nicht klar geworden, warum denn dieses Kapitel die Überschrift eines 70er-Jahre Schlagertitels von Katja Ebstein trägt."

Tobias: „Ich empfinde alles ‚Erziehen' – egal ob bei der Kindererziehung oder der Selbsterziehung – im letzten als eine Art Wunder."

Domenica: „Es stimmt: Wir können nur Grundlagen legen und darauf vertrauen, dass diese Erziehungssamen anfangen zu keimen, zu wachsen und schließlich Früchte zu tragen."

Tobias: „Da wären wir dann wieder bei der Bündnispädagogik. Wir vertrauen darauf, dass mit unserem Beitrag Gott und die Gottesmutter als Expertinnen für Wunder, das ihre dann dazu beitragen."

Domenica: „In dem Ebstein-Song heißt es ja auch in Bezug auf Wunder ‚Wenn sie dir begegnen, musst du sie auch sehen.' Ich habe jeden Tag diese drei lebendigen Wunderwerke Gottes vor Augen. Da fällt mir das Staunen dann wirklich leicht."

Tobias: „Ja. Vor allem, wenn man sie so sieht und zurückdenkt, wie sie noch vor so kurzer Zeit waren. Viel kleiner. Und jetzt? Zeit für den klassischsten aller Elternsätze: Sie werden so schnell groß."

Domenica: „Und nur, weil sich dieses Wunder des Wachstums und der Entwicklung bei fast allen Menschen ereignet, ist es deswegen nicht weniger wundervoll."

Tobias: „In einem Psalm heißt es ‚Staunenswert sind deine Werke' – das trifft es für mich."

Domenica: „Oh je, wenn du jetzt auch noch mit Bibelstellen anfängst, dann ist es wohl besser dieses Kapitel an dieser Stelle zu beenden."

Impuls: (Selbst-)Erziehung in der Familie

Oft ist nicht klar, wer von wem lernt. „Wer erzieht hier eigentlich wen?", ist sicher eine Frage, die sich alle Eltern in Bezug auf Ihre Kinder vermutlich eher früher als später stellen. Wieviel Anteil habe ich an meiner eigenen Erziehung? Diese Frage stellt man sich in der Regel eher selten und dennoch ist sie ein wertvoller Schlüssel in Bezug auf die eigene Persönlichkeitsentwicklung. Sich selbst zu erziehen, fordert die Bereitschaft innerlich wachsen zu wollen.

Nehmen Sie sich Zeit und tauschen Sie sich aus.

1. Was kann ich von (meinen) Kindern lernen?
2. An meinen Stärken arbeiten: Wo will ich in der nächsten Woche besonders an mir selbst „arbeiten"?
3. Wer sind/waren Vorbilder für mich, die mich geprägt und mitgeholfen haben, dass ich heute bin wie ich bin?

Gott du Schöpfer allen Lebens,

du hast auch mich ins Leben gerufen.
Und du sahst, dass es gut war.
Ich bin dein geliebtes Kind.
In deinen Augen bin ich deine Lieblingsbeschäftigung.

Trotzdem:
Schmerzlich merke ich,
dass es Grenzen gibt.
Ich wäre gern besser;
Ich genüge manchmal nicht mal den eignen
Ansprüchen;
Ich habe Fehler und Macken;
Ich mache Fehler.

Trotzdem:
Ich will immer mehr zu der Person werden,
wie ich von dir als geniale Idee gedacht bin.
Hilf mir dabei!

Trotzdem:
Bin ich schon jetzt geliebt.
Von dir.
Immer.

Dank dir,
bin ich sehr gut.

Amen.

Kapitel 9: Heiligtum

Das Heiligtum oder „Wo das schönste Land in Deutschlands Gauen liegt“

O-Ton P. Kentenich: ... dann darf ich Ihnen wohl eine stille Lieblingsidee kundtun

Es ist der 18. Oktober 1914. Seit sechs Wochen gibt es Krieg in Europa. Die Stimmung unter den Jungs ist spannungsgeladen. Der Spiritual hat zum Vortrag ins Kongregationskapellchen unten beim alten Haus geladen. Zwei Jahre nachdem P. Kentenich im Rahmen des Vortrags, der als Vorgründungsurkunde bekannt wurde, die jungen Männer motiviert hat, ihre Marienweihe auch innerlich nachzuvollziehen und sich unter dem Schutze Mariens selbst zu erziehen zu festen, freien, priesterlichen Charakteren, geht er nun einen Schritt weiter. Der Vortrag, den er an diesem Datum hält, wird später als Gründungsurkunde in die Schönstatt-Geschichte eingehen. Darin verkündet er seine stille Lieblingsidee, die darauf baut, hier im Kapellchen der Gottesmutter eine Wohnung zu geben:

„Wenn Sie aber den Urheber dieses Wunsches wissen wollen, dann darf ich Ihnen wohl eine stille Lieblingsidee kundtun. Als Petrus die Herrlichkeit Gottes auf Tabor gesehen, rief er entzückt aus: Hier ist wohl sein. Lasset uns hier drei Hütten bauen! Dieses Wort kommt mir wieder und wieder in den Sinn. Und des Öfteren schon habe ich mich gefragt: Wäre es nun nicht möglich, dass unser Kongregationskapellchen zugleich unser Tabor würde, auf dem sich die Herrlichkeit Mariens offenbarte? Eine größere apostolische Tat können wir ohne Zweifel nicht vollbringen, ein kostbareres Erbe unseren Nachfolgern nicht zurücklassen, als wenn wir unsere Herrin und Gebieterin bewegen, hier in besonderer Weise ihren Thron aufzuschlagen, ihre Schätze auszuteilen und Wunder der Gnade zu wirken. Sie ahnen, worauf ich hinziele: Ich möchte diesen Ort gerne zu einem Wallfahrts-, zu einem Gnadenort machen für unser Haus und für die ganze deutsche Provinz, vielleicht noch darüber hinaus. Alle, die hierher kommen, um zu beten, sollen die Herrlichkeit Mariens erfahren und bekennen: Hier ist wohl sein, hier wollen wir Hütten bauen, hier soll unser Lieblingsplätzchen sein! Ein kühner Gedanke, fast zu kühn für die Öffentlichkeit, aber nicht zu kühn für Sie. Wie oft war in der Weltgeschichte das Kleine und Unansehnliche die Quelle des Großen und Größten. Warum sollte das bei uns nicht auch der Fall sein können? Wer die Vergangenheit unserer Kongregation kennt, dem wird es nicht schwer zu glauben, dass die göttliche Vorsehung mit ihr noch etwas Besonderes vorhat."[299]

Einordnende Kommentierung: Heiligtum

In den zahlreichen Klassikern der Kinder- und Jugendliteratur gibt es häufig konkrete Orte, die doch in gewisser Weise als Sehnsuchtsorte unerreichbar bleiben.

299 Kentenich, Joseph: Schönstatt, Die Gründungsurkunden, Schönstatt-Verlag (Hg.), Vallendar-Schönstatt [7]1995, S. 23f.

Dort finden die Abenteuer und Erlebnisse der Heldinnen und Helden statt. Fasziniert wird man als Lesender hineingenommen in die unendliche Weite und Vielfalt Phantasiens, auf die paradiesische Urlaubsinsel Saltkrokan oder den verträumten Hundert-Morgen-Wald – um nur einige zu nennen. Ein ganz realer Sehnsuchtsort, der ebenso Ausgangspunkt von Träumen, Hoffnungen und Erlebnissen ist, ist das Schönstatt-Heiligtum.

Dieses kleine, unscheinbare, ehemalige Friedhofs-Kapellchen spielt von Beginn an für Schönstatt eine zentrale Rolle. Die ‚stille Lieblingsidee', aus diesem Ort einen Wallfahrtsort zu machen, gründet auf der Idee des italienischen Ortes Valle di Pompei. Anders als viele andere Wallfahrts- und Gnadenorte, gab es in Valle di Pompei zunächst keine Wundererzählungen und Erscheinungen – vielmehr entstand dort ein Gnadenort allein durch Gebetseinsatz. Das inspirierte und veranlasste P. Kentenich, mit den ihm anvertrauten Jungs mit der alten Michaelskapelle ähnlich zu verfahren. Dieses Kapellchen, das der Marianischen Kongregation[300] unter der Leitung P. Kentenichs zur Verfügung gestellt wurde, wird innerhalb der Spiritualität Schönstatts auch als Heiligtum, beziehungsweise Urheiligtum bezeichnet. Damit soll in Anlehnung an die biblischen Bilder vom heiligen Ort ausgedrückt werden, dass dies ein Ort ist, an dem Gott und die Gottesmutter der gläubigen Überzeugung nach geistig Wohnung bezogen haben.

300 Zum Thema ‚Marianische Kongregation' vgl.: Schmiedl, Joachim: Marianische Kongregation, in: Brantzen, Hubertus; King, Herbert; Penners, Lothar; Pollak, Gertrud; Schlosser, Herta; Schmiedl, Joachim und Wolf, Peter (alle Hg.): Schönstattlexikon, Fakten Ideen Leben, Vallendar-Schönstatt [2]2002, S. 246.

Wie wichtig die Bindung[301] an diesen Ort war, zeigte sich während des Zweiten Weltkriegs. Marienschwestern, die als Missionarinnen in Uruguay waren, hatten auf die Maße des Kapellchens in Schönstatt aus ihrem Gedächtnis zurückgegriffen. Mit diesen Maßen wurde ein erstes sogenanntes Filialheiligtum gebaut und die Idee der Ortsbindung stärker forciert. Am 18. Oktober 1943 wurde dieses erste Filialheiligtum eingeweiht. Es sollten zahlreiche folgen. Derzeit gibt es gut 200 Filialheiligtümer, die in Form, Ausstattung und Bauweise jeweils mehr oder weniger stark an das Originalheiligtum, das sogenannte Urheiligtum in Vallendar-Schönstatt, angelehnt sind.

Domenica: „Na? In wie vielen solcher Heiligtümer warst du schon?“

Tobias: „Ohne konkret nachzuzählen, würde ich eine Zahl sagen, irgendwo zwischen 30 und 40.“

Domenica: „Ich denke, ich komme auf mehr. Als ich beispielsweise in Chile war, habe ich meine Reise durch dieses faszinierende Land anhand der geographischen Lage der Schönstattheiligtümer geplant.“

Das Schönstatt-Urheiligtum, das seit 1947 von der Kirche offiziell als Wallfahrtsort anerkannt wird, ist bestimmt durch seinen Grundcharakter als Bündnisstätte, wo die Gottesmutter als große Erzieherin tätig ist. Lothar Penners stellt nachvollziehbar heraus, dass in der Spiritualität Schönstatts die Überzeugung lebendig ist, dass vom Heiligtum die sogenannten drei Wallfahrtsgnaden

301 Zum Thema Bindung siehe auch weiter oben: Kapitel 5: Freiheit und Bindung oder „Warum Bullerbü auch am Rande des Schwarzwaldes liegt".

ausgehen: Die Gnade der Beheimatung, die Gnade der (seelischen) Wandlung und die Gnade der Sendung bzw. apostolischen Fruchtbarkeit.[302]

Die Bindung zum Kapellchen, dem Heiligtum, wird dann innerhalb der Spiritualität Schönstatts weiter entfaltet, indem ausgehend vom Urheiligtum beziehungsweise den Filialheiligtümern, auch das eigene Hausheiligtum ein zentraler Ort im eigenen Nahraum sein soll. Über das Hausheiligtum hinaus spricht P. Kentenich dann auch noch vom Herzensheiligtum[303], dem Tempel des Heiligen Geistes, im Herzen eines jeden Menschen. Mit dem Herzensheiligtum ist „das menschliche Herz als Wohnung des Dreifaltigen Gottes vor allem gemeint."[304]

Domenica: „Mich hatte mal eine Marienschwester angesprochen, was ich denn dächte, wie wohl mein Herzensheiligtum aussähe?"

Tobias: „Und? Was denkst du?"

---

302 Vgl. Penners, Lothar: Heiligtum, in: Brantzen, Hubertus; King, Herbert; Penners, Lothar; Pollak, Gertrud; Schlosser, Herta; Schmiedl, Joachim und Wolf, Peter (alle Hg.): Schönstattlexikon, Fakten Ideen Leben, Vallendar-Schönstatt ^{2}2002, S. 147-149. Hier: S. 148.

303 Vgl. King, Herbert: Herzensheiligtum, in: Brantzen, Hubertus; King, Herbert; Penners, Lothar; Pollak, Gertrud; Schlosser, Herta; Schmiedl, Joachim und Wolf, Peter (alle Hg.): Schönstattlexikon, Fakten Ideen Leben, Vallendar-Schönstatt ^{2}2002, S. 155-161.

304 Das Zitat ist entnommen aus dem Grußwort vom 07.09.1968 an die Schönstattfamilie anlässlich des Katholikentages in Essen 1968: in: King, Herbert: Herzensheiligtum, in: Brantzen, Hubertus; King, Herbert; Penners, Lothar; Pollak, Gertrud; Schlosser, Herta; Schmiedl, Joachim und Wolf, Peter (alle Hg.): Schönstattlexikon, Fakten Ideen Leben, Vallendar-Schönstatt ^{2}2002, S. 155-161. Hier: S. 155.

Domenica: „Ich bin noch nicht abschließend zu einem Ergebnis gekommen; aber neben der Musik nehmt ihr darin einen großen Raum ein. Also du und unsere Mädels."

Tobias: „Na, wenn wir da drin sind, dann ist es dort sicher viel chaotischer als dir lieb ist."

Lothar Penners stellt dazu heraus, dass gerade im Miteinander und Zueinander der unterschiedlichen Heiligtümer von einem „Organismus der Heiligtümer"[305] die Rede sein kann. Damit ist der lebensmäßige Zusammenhang zwischen dem Urheiligtum als erstem Gnadenort und den Filial- und Hausheiligtümern gemeint, die schließlich in die lebendigen Steine des Herzensheiligtums münden.[306] Grundsätzlich sollen alle Heiligtümer im Sinne der Bindungspsychologie eine natürlich-übernatürliche Beheimatung bieten, die in unserer säkularen Gesellschaft als „Kontaktstellen zum religiösen Vollzug"[307] angesehen werden können.

Dieses Konzept einer lokal verorteten Bindung ist in der Psychologie durchaus vertraut. So vertritt die Entwicklungspsychologin Heidi Keller schon 1988 das Modell, wonach Ortsidentität einen Teil des Selbstkonzepts von Menschen darstellt, die sich aus der Bindung an bestimmte Orte entwickelt. Demnach ist die Bedeutung der physischen Umgebung relevant und wertvoll

---

305 Penners, Lothar: Heiligtum, in: Brantzen, Hubertus; King, Herbert; Penners, Lothar; Pollak, Gertrud; Schlosser, Herta; Schmiedl, Joachim und Wolf, Peter (alle Hg.): Schönstattlexikon, Fakten Ideen Leben, Vallendar-Schönstatt [2]2002, S. 148.

306 Vgl. ebd., S. 148.

307 Ebd., S. 148.

für den Aufbau der eigenen Ich-Identität.[308] Das Konzept der Ortsbindung und -identität für das Individuum charakterisiert der Psychologe Urs Fuhrer anhand von drei Faktoren: Zum einen fördert die Bindung an Orte, dass sich das Gefühl von Sicherheit entwickelt; zum anderen fördert die Ortsidentität, dass eine innere Aktivierung stattfindet und das Individuum zur aktiven und kreativen Auseinandersetzung mit der Umwelt angeregt wird; und schließlich stärkt dieser als Kodex bezeichneten physische Bezugsrahmen im Menschen die Erfahrung von Autonomie.[309] Diese psychologischen Konzepte oder auch die Aussagen von Antje Flade aus der Sozialpsychologie, wonach Ortsbindung durch unterschiedliche Bindungsfaktoren gekennzeichnet ist – wie etwa emotionale Bindungen an bspw. Verwandte und Freunde, institutionelle Bindungen an bspw. Kirche, Arbeit und Schule, soziale Aktivitäten in Vereinen und Gruppierungen oder auch emotionale Bindungen an die Wohnumwelt[310] – sind anschlussfähig an das Konzept Heimat und Ortsbindung bei P. Kentenich.

---

308 Vgl. Keller, Heidi: Geographische Identität als Teil der Entwicklung eines Selbstkonzepts, Aspekte angewandter Entwicklungspsychologie – ein Projektbericht, in: Schweizerische Zeitschrift für Psychologie 47 (2/3) (1988), S. 183-192.

309 Vgl. Fuhrer, Urs: Ortsidentität, Selbst und Umwelt, In: Lantermann, Ernst-Dieter und Linneweber, Volker (beide Hg.): Enzyklopädie für Psychologie, Themenbereich C: Theorie und Forschung, Serie IX Umweltpsychologie, Band 1, Göttingen 2008, S. 415-442.

310 Vgl. Flade, Antje: Wohnen und Wohnbedürfnisse im Blickpunkt, in: Harloff, Hans Joachim (Hg.): Psychologie des Wohnungs- und Siedlungsbaus., Göttingen/Stuttgart 1993, S. 45-56. Vgl. außerdem ausführlich: Flade, Antje: Wohnen psychologisch betrachtet, Bern 2006.

Dieser spricht bei seinem Konzept von Beheimatung von ‚vier Dimensionen von Heimat':

Er unterscheidet zwischen der physischen Dimension, der psychisch-gemüthaften Dimension, der geistigen Dimension und schließlich der übernatürlichen Dimension.[311] Gerade diese übernatürliche Dimension meint bei P. Kentenich die letzte Geborgenheit in Gott – die vollkommene Heimat. Martin Fraatz zeigt auf, dass es bei P. Kentenich eine klare Zuordnung gibt, wonach die realen Gegebenheiten, die die physische Heimat ausmachen letztlich die psychische und vor allem religiöse Dimension von Heimat sichern sollen: „Hinter dieser Zuordnung steht die Zweitursachenlehre: Es ist im Grunde ausschließlich Gott selbst als Erstursache, der dem Menschen Heimat im Sinne tiefster Geborgenheit schenken kann. Diese Urheimat wird aber vermittelt durch innerweltliche Zweitursachen, eben jene Orte, Gegenstände, Personen usw., durch die Beheimatung konkret erlebt wird."[312]

Domenica: „Wie zeigt sich bei dir denn konkret die Bindung an Orte?"

Tobias: „Ich erlebe Orte, die mir vertraut sind, als emotionale Kraftquellen. Oft kann ich das gar nicht in Worte fassen, aber solche Orte, die mir Heimat vermitteln, tun mir einfach gut – so wie unser Zuhause. In dem Zusammenhang: wenn wir vorhin schon den

311 Vgl. Faatz, Martin: Heimat, in: Brantzen, Hubertus; King, Herbert; Penners, Lothar; Pollak, Gertrud; Schlosser, Herta; Schmiedl, Joachim und Wolf, Peter (alle Hg.): Schönstattlexikon, Fakten Ideen Leben, Vallendar-Schönstatt ^{2}2002, S. 154.

312 Ebd., S. 154.

Hundert-Morgen-Wald erwähnt haben, nochmal ein Zitat von Winnieh dem Puh: ‚Zuhause ist da, wo ich den Bauch nicht einziehen muss.'"

Domenica: „Vielleicht sollte Zuhause bei dir manchmal eher der Ort sein, wo man(n) mehr Sport macht, um überhaupt keinen Bauch zu haben, den man nicht einziehen müsste."

Sehr konkret wird der Aspekt ‚Heiligtum' innerhalb der Spiritualität Schönstatts dann, wenn es um das sogenannte Hausheiligtum[313] geht. Das Ehepaar Rebbe führt dazu treffend aus, dass das Hausheiligtum die lokale Mitte der Familie ist, da hier „Bindung an Gott, die Gottesmutter und untereinander erfahren und gestaltet"[314] wird. Die ganze Thematik ‚Hausheiligtum' hat auch als Ehepaar und dementsprechend auch als Familie einen enormen Stellenwert; denn hierbei zeigt sich eben wesentlich das, was das Beziehungs- und Familienleben ausmacht. Außerdem verweist das Hausheiligtum auf die permanente Realität der Gottesgegenwart und kann zudem sichtbarer Ausdruck der Beziehung zur Übernatur sein.

1) Das Hausheiligtum als Ort von Beziehungsgeschehen

Das Hausheiligtum im Zuhause stellt einen Mehrwert für die Familie dar, da es sich dabei um einen Ort

---

313 Vgl. dazu Rebbe, Maria und Rebbe, Winfried: Hausheiligtum, in: Brantzen, Hubertus; King, Herbert; Penners, Lothar; Pollak, Gertrud; Schlosser, Herta; Schmiedl, Joachim und Wolf, Peter (alle Hg.): Schönstattlexikon, Fakten Ideen Leben, Vallendar-Schönstatt ²2002, S. 139-140.

314 Ebd., S. 140.

handeln kann, der das Beziehungsgeschehen der einzelnen Familienmitglieder untereinander prägen und gestalten kann. So kann das Hausheiligtum ein Ort sein, an dem man gemeinsam betet, singt oder auch religiöse (Familien-)Rituale entwickelt und durchführt. Das Hausheiligtum kann aber auch der Ort sein, an dem (ritualisierte) Familiengespräche stattfinden oder ein Ort der bewusst nach einem Streit aufgesucht wird, um den Schritt auf den Andern zuzugehen und sich zu versöhnen. Solche Familiengespräche ermöglichen allen Beteiligten in einem geschützten Rahmen ihre Anliegen, Sorgen, Hoffnungen und Wünsche innerhalb der Familie zum Ausdruck zu bringen. So kann das Hausheiligtum auch der Ort sein, wo wichtige Gespräche geführt werden. Durch das Hausheiligtum ist es zudem den Eltern möglich, Werte und Grundhaltungen in der Familie vorzuleben und weiterzugeben.

Domenica: „Ich genieße es derzeit sehr, wenn die Mädels ihre gemalten oder gebastelten Kunstwerke mit nach Hause bringen und sie unbedingt an unser Netz im Hausheiligtum hängen wollen."

Tobias: „Ja, das stimmt. Auch die zahlreichen Fotos von Menschen, die uns wichtig sind, werden eigentlich bei fast jedem Essen kommentiert."

Domenica: „Meine Oma, Uroma Klara, die Namensgeberin unserer Klara, liegt dabei überproportional häufig vorn dabei, wenn's um Kommentierung von Personen auf Fotos geht."

Tobias: „Auch das ist so. Sympathisch fand ich die Vorstellung, als Miriam Klara erklärt hat, dass die Uroma im Himmel auf Dinosaurier aufpassen kann, weil die auch schon alle tot seien."

2) Das Hausheiligtum als Ort der erfahrbaren Gegenwart Gottes

Das Hausheiligtum kann neben der Förderung des Beziehungsgeschehens innerhalb der Familie auch die Beziehung zu Gott fördern und unterstützen. Erfahrbar wird Gottes Gegenwart vor allem durch die Lebensereignisse, die im Hausheiligtum vor Gott gebracht werden. Geleitet von den Fragen, ‚Wo habe ich Gottes Wirken erfahren?', ‚Wo war Gott in dieser oder jener Situation?' oder auch ‚Was will mir Gott damit sagen?', werden in den Erzählungen der anderen Familienmitglieder Gotteserkenntnisse ermöglicht. Aber auch das Abladen von Angst, Schmerz, Wut und Trauer im Hausheiligtum eröffnet eine Perspektive im Sinne der Spiritualität Schönstatts, dass Gott mit seiner liebenden Gegenwart wirken kann.

3) Das Hausheiligtum als Kristallisationspunkt unserer Lebensrealitäten

Wie in einem Kristall werden auch im Hausheiligtum Dinge so zentriert und fokussiert, dass sie darüber hinaus ihre weitere Wirkung entfalten und ausstrahlen. Die Dinge, die in einem Hausheiligtum im Zentrum stehen, sind vor allem die Lebensvorgänge und -realitäten der Familie. Aktuelle Lebensvorgänge können anhand von sichtbaren Zeichen, Symbolen und Fotos dort ihren Platz bekommen, um so bei den Familienmitgliedern gegenwärtig zu sein und auch um diese bedeutsamen Vorgänge Gott bewusst anzuvertrauen. Durch das Zusammentragen der jeweiligen Lebensvorgänge gewinnt der Ort Hausheiligtum auch dadurch einen zentralen Stellenwert, da hier die Erfahrungen der gesamten

Familie zusammenlaufen und das Hausheiligtum somit auch als ‚Herz der Familie' im Zuhause bezeichnet werden kann.

Das Heiligtum will ein Kraft- und Sehnsuchtsort sein und ist dies doch nie nur aus sich heraus. Erst die Bindung von Menschen an diesen Ort, die dortige Verbindung hinein in die Transzendenz, die dortige Erfahrung der Wirksamkeit Gottes und der Gottesmutter, lassen diesen Ort zu einem Ort werden, der vergleichbar phantastisch ist wie Michael Endes Phantasien, ähnlich paradiesisch wie Astrid Lindgrens Saltkrokan oder der zum Träumen einlädt wie Alan Alexander Milnes Hundert-Morgen-Wald.

Erfahrungstheologie und Resonanzraum zum Thema: „Heiligtum"

Domenica kommt aus Baden und lebt lokale Bindung an dieses Fleckchen Erde in sympathischer Weise entsprechend aus. Für sie ist ganz klar, dass die Eingangsworte des Badner-liedes „Das schönste Land in Deutschlands Gau'n, das ist mein Badnerland" durchaus aus tiefstem Herzen ihrem eigenen Lebensgefühl entsprechen. Um diesen badischen Lokalpatriotismus zumindest einigermaßen einzuordnen, sei an dieser Stelle angefügt, dass diese entwicklungspsychologisch gesehen wichtige emotionale Ortsbindung keinesfalls mit der Abwertung oder auch wertenden Abgrenzung zu anderen Regionen, Ländern oder Orten einhergeht.

Domenica: „Als Beleg für meine Kulturoffenheit könntest du anfügen, dass ich schließlich einen Franken geheiratet habe."

Tobias: „Und das ist in deinen Augen ein Beleg für Kulturoffenheit? Vielleicht verfolgen wir diese Spur nicht weiter und du erzählst mal, was deine badische Heimat mit deiner Beziehung zum Heiligtum zu tun hat."

Domenica: „Hier in Baden ist meine Heimat; hier bin ich zuhause. Ich verbinde hier kulturelle Besonderheiten wie das Feiern der Fasnet oder die diversen Weinfeste aus meiner Heimatregion am Kaiserstuhl als wichtigen Teil meines Lebens, der mich nachhaltig geprägt hat. Ein weiteres Beispiel: Mir geht das Herz auf, wenn ich die Klänge des Badnerliedes höre, dann kann ich meistens gar nicht anders als mitzusingen."

Tobias (singt): „Das schönste Land in Deutschland Gauen, das ist mein Badner Land."

Domenica (singt ebenfalls): „Es ist so herrlich anzuschauen und ruht in Gottes Hand … Ich bin stolz auf dich, dass du das aus dem Stegreif so hingekriegt hast. Zum Glück dringt dein mangelndes Gesangstalent, wenn man das hier so schreibt, nicht durch. Aber tatsächlich gefällt mir persönlich diese zweite Zeile sehr gut. Hier verbindet sich meine persönliche irdische Heimat mit der himmlischen Heimat bei Gott."

Tobias: „Ich könnte ja noch was zum Gottesbezug in der Bayernhymne schreiben."

Domenica: „Ich glaube unser Punkt ist bereits klar geworden."

Tobias: „Nur noch nicht ganz, was das mit dem Schönstatt-Kapellchen, dem Heiligtum, zu tun hat."

Domenica: „Auch das Kapellchen ist für mich ein irdischer Ort, wo ich eine Verbindung zum Himmel erspüre. Dort bin ich daheim – aber auch die Gottesmutter und der liebe Gott. Das ist unser gemeinsames Zuhause – ähnlich wie mein Badnerland."

Tobias: „Das könnte man so natürlich von ganz vielen Orten der Welt aussagen, dass dort wo Menschen daheim sind, auch Gott und die Gottesmutter gegenwärtig sind."

Domenica: „Klar, aber ich bin nun mal Badnerin und dementsprechend denke ich bei Heimat und Heimatverbundenheit eben zunächst an Baden und ans Heiligtum. Bei letzterem ist es dann aber auch egal, wo es auf der Welt steht, damit ich mich dort daheim fühle."

Tobias: „Ich finde es auch beeindruckend, dass diese psychologische Dimension der Ortsbindung in Bezug auf die Schönstatt-Kapellchen auch bei unseren Mädels greift."

Domenica: „Das stimmt. Sobald sie an einem Ort sind, wo ein Heiligtum steht, fühlen sie sich wahrnehmbar wohl und sicher. Das ist ergreifend schön zu erleben."

Tobias: „Psychologisch kann man deuten, dass die drei eben das gewohnte Bauwerk des Kapellchens als einen Anker-, beziehungsweise Sicherungspunkt ansehen. Außerdem strahlen wir als Eltern natürlich auch etwas aus, wenn wir bei einem Heiligtum sind. Wenn sich Mama und Papa wohl fühlen, tun das die Kinder auch. Ich bin durchaus aber auch daran interessiert, die Dimension dahinter wahrzunehmen. Wir vermitteln Miriam, Klara und Sophia, dass dort im Heiligtum Gott und die Gottesmutter erfahrbar sind und sich niederlassen. Ich glaube, sie spüren auch das."

Domenica: „Das stimmt, auch wenn sie mit Begriffen wie ‚heiliger Ort' oder ‚heilig' wenig anfangen können, ist das genau ein solcher Ort für sie. Selbst für Sophia mit ihren noch nicht einmal zwei Jahren."

***

„Hey Mimi und Klara, was sind Orte, die für euch wichtig sind?" Ich bin gespannt was da jetzt kommt. Klara antwortet sofort. Wie aus der Pistole geschossen, „das Einhornland und das Playmobilland." „Und bei dir?", frage ich an Miriam gerichtet: „Unser Haus und mein Kindergarten." Nun meldet sich auch wieder Klara zu Wort: „Ich mag auch unser Haus und Lindas Haus und Julias Haus und den Kindergarten." Nun ergänzt Miriam wieder: „Und das Heiligtum, wo die Gottesmutter wohnt." „Wow", denke ich mir und frage mich, ob sie die Antwort nur mir zu Liebe geben. „Was macht einen solchen Ort aus, der euch wichtig ist?", will ich nun wissen. „Also", holt Miriam für ihre Antwort aus: „Naja, das Heiligtum einfach so, weil es mir dort gefällt und andere Orte sind mir wichtig, weil ich dort viele Freunde treffe und weil ich dort spielen kann."

***

Wir haben uns 2008 kennenglernt. Genauer gesagt am 08. November 2008 – in Curicó/Chile. Dort wurde das zwanzigste Schönstatt-Heiligtum Chiles eingeweiht. Es war ein beeindruckendes Fest; ein großartiges Erlebnis. Das großartigste an diesem Tag war aber, dass dies der erste Tag einer gemeinsamen Zukunft war – ohne, dass uns dies dort in der Sonne Chiles bereits klar gewesen wäre. Zusammengekommen sind wir erst Monate später, als wir uns zurück in Deutschland im Rahmen unserer jeweiligen Studien wieder getroffen haben. Doch das ist eine andere Geschichte. Zurück nach Curicó. Zurück nach Chile. Wir durften in unserm Leben, in unserer gemeinsamen Geschichte mehrmals erfahren, wie die Gottesmutter vom Heiligtum aus wirkt.

Gnade der Beheimatung

Domenica kommt, wie bereits erwähnt, vom Kaiserstuhl und Tobias aus Franken. Frei nach dem Motto „Fränkische Bratwurst trifft Badischen Wein“. Beide sind wir heimatverbunden, da wir dort geprägt wurden und viele Schritte des inneren und äußeren Wachstums gehen durften. Als wir beide 2008 nach Chile kamen – zum freiwilligen sozialen Jahr beziehungsweise zum Studium – war dies zunächst eine Erfahrung von Fremdsein: Andere Sprache, andere Kultur, andere Menschen und Gewohnheiten. Beide können wir den Moment ziemlich gut beschreiben, als aus dieser – durchaus selbst gewählten – Unsicherheit und Ungewissheit ein Gefühl der Geborgenheit und Heimat wurde. Beide hatte wir – aufgrund unserer Nähe zur Schönstattbewegung – Chile als den Ort unseres Auslandsjahres gewählt. Chile und insbesondere die Geschehnisse um den 31. Mai 1949 sind für die Geschichte Schönstatts von großer Bedeutung. Damit eng verbunden ist das Schönstattzentrum in Santiago de Chile in Bellavista.[315]

Der Moment, als wir unabhängig voneinander zum ersten Mal die Schwelle zum Heiligtum in Bellavista überschritten, war der Moment, als wir wussten: Jetzt wird

315 Vgl. weiter oben in diesem Werk Kapitel 3: Apostolat und Sendung oder „Wie man zur Prophetin wird“.

es gut; hier sind wir daheim. Knapp 12.000 km von daheim weg und dennoch zu Hause.

Tobias: Ja, das Heiligtum war ein äußerer Ausdruck für ein inneres Empfinden. Aber es war eben mehr als nur das vertraute Gebäude – auch innerlich war da dann ein Gefühl von Heimat, als ob die Cordillera plötzlich zu *meiner* Cordillera würde, als ob die fremde Sprache und die unbekannten Menschen, plötzlich zu *meiner* fremden Sprachen und die Menschen zu meinen mir noch unbekannten Nachbarn, meinen noch nicht vertrauten Freunden und meiner bisher unentdeckten Familie würden.

Gnade der Wandlung

Domenica: „Die Gnade der Wandlung habe ich als Gnade der Berufung erlebt und zwar in jenem gerade erwähnten Heiligtum in Curicó. Dem Rat einer sympathisch skurrilen Marienschwester folgend, wir sollten doch bei der Einweihung besondere Geschenke von der Gottesmutter erbitten – habe ich dort zum ersten Mal für meinen zukünftigen Ehemann gebetet. Ich hatte allerdings nicht damit gerechnet, dass sie so schnell ist.“

Tobias: „Du würdest also sagen, ich bin ein Geschenk der Gottesmutter an dich.“

Domenica: „So würde ich das jetzt nicht direkt ausdrücken; das würde dir viel zu schnell zu Kopf steigen.“

***

Tobias: „Gnade der Wandlung muss nicht immer bedeuten, dass es um Wunder welche Lebensentscheidungen geht, sondern kann auch manchmal einfach nur bedeuten, dass ich zur Ruhe komme. Ich bin ein emotionaler

Mensch und mich berühren und bewegen unterschiedliche Impulse von außen oftmals durchaus so, dass sie mich nicht loslassen. Sei es in um sich selbst kreisenden Gedankenspiralen oder endlosen ‚Was wäre wenn'-Fantasien. Das tut mir nicht immer gut. Im Heiligtum darf ich zur Ruhe kommen. „Komm wieder zur Ruhe mein Herz"[316] heißt es im Psalm 116, der Gebetssprache Jesu. Das empfinde ich genau so, wenn ich in einem Schönstattkapellchen bin. Für mich ist das auch ein Geschenk, das natürlich zum Glück keinesfalls exklusiv nur an ein Heiligtum gebunden ist."

***

Gnade der Sendung

Wir haben einen Auftrag als Ehepaar. Einem inneren Antrieb entsprechend, wollen wir uns als Paar für andere Paare einsetzen. Unserem Charisma als Ehepaar entsprechend, wollen wir uns einbringen in die Ehe- und Familienarbeit. Wir tun dies aufgrund unserer spirituellen Verwurzelung im Liebesbündnis im Rahmen der Schönstattbewegung und innerhalb der Kirche. Dass wir diesen Impuls für uns so klar haben, haben wir nicht nur unzähligen Paargesprächen und Eheabenden zu verdanken, sondern auch der Gottesmutter, die wir als Dreimal Wunderbare Mutter in diversen Schönstattkapellchen verehren. Das Heiligtum ist dabei der Ort, wo wir unsere Sendung als Ehepaar verorten. Dort schöpfen wir Kraft für unser Tun; dort können wir aber auch das Abladen, was herausfordernd und schwierig ist. Erfolge und Misserfolge – sofern das überhaupt sinnvolle Kategorien sind – haben dort ihren Platz.

---

316 Ps 116,7.

Domenica: „Du solltest dabei auf alle Fälle unser Hausheiligtum erwähnen, denn dort beten wir für die anderen Familien. Dort überlegen wir gemeinsam, wie wir dies oder jenes durchführen wollen. Dort entstehen normalerweise unsere Vorträge.“

Tobias: „Du hast recht, selbstverständlich lässt sich dieses theoretische Konzept der Wallfahrtsgnaden auch auf unser Hausheiligtum anwenden. Zum Hausheiligtum sollten wir vielleicht noch ein wenig mehr erzählen.“

***

‚Hausheiligtum‘ ist für uns als Ehepaar nichts Unbekanntes. Wir beide waren in der Jugendarbeit der Schönstattbewegung aktiv und hatten daher schon lange vor unserer Beziehung jeweils ein eigenes Hausheiligtum. Dieses war für jeden von uns schon immer ein wichtiger Ort im eigenen Zimmer, an dem gebetet wurde und sich Lebensvorgänge exemplarisch in Form von Bildern, Symbolen, Gegenständen, Devotionalien und Fotos zeigten. Dabei war für uns beide selbstverständlich, dass das Hausheiligtum situations- und lebensmäßig sich verändern konnte, das heißt das Hausheiligtum entwickelte sich stets mit uns mit.

Domenica: „Beispielsweise ergänzten nach meiner mehrmonatigen Auslandserfahrung in Chile zahlreiche Gegenstände und Symbole mein Marienbild, die mir in dieser Zeit besonders wichtig geworden sind. Beispielsweise ersetzte das Kreuz der Einheit mein bisheriges Kreuz, das durch den Brand in meinem Elternhaus während meiner Aus-(lands)zeit zerstört wurde.“

Tobias: „Auch bei mir waren vor allem die Orts- und Situationswechsel ausschlaggebende Faktoren, die mich veranlassten, mein Hausheiligtum zu ergänzen oder zu verändern. So kristallisierte sich beispielsweise nach der Zivildienstzeit in München die Christusikone vom Sinai als zentrales Element heraus. Weitere einschneidende Erlebnisse waren darüber hinaus sowohl der Eintritt, als auch der Austritt aus dem Priesterseminar, sowie die Zeit meines Auslandsjahres in Santiago de Chile."

***

Eine ganz neue und herausfordernde Situation entstand, als wir nach unserer Hochzeit unsere gemeinsame Wohnung in Donaueschingen/Aasen zusammen einrichteten. Dieser Prozess erforderte auch eine Auseinandersetzung mit der Thematik ‚Hausheiligtum', da jeder ‚seine wichtigen Symbole' einbringen wollte. Uns beiden erschien eine bloße Kumulation beider Vorgängerhausheiligtümer jedoch als unangemessen. Ohne auf jedes Detail näher einzugehen, wollen wir uns nun exemplarisch mit einigen Inhalten, die uns an unserem Hausheiligtum besonders wichtig sind, auseinandersetzen:

- **MTA-Bild**

Das Bild der dreimal wunderbaren Mutter von Schönstatt (im Weiteren als MTA bezeichnet), war für uns beide wichtiger Bestandteil unserer jeweiligen persönlichen Hausheiligtümer. Spannend war dabei dann die Frage, für welches MTA-Bild wir uns in unserem gemeinsamen Hausheiligtum entscheiden. Für uns war es wichtig, dass es eine positive Entscheidung für ein Bild und keine negative Entscheidung gegen ein anderes war. Letztlich haben wir uns für das Mosaik-MTA-Bild entschieden.

Domenica: „Dieses Bild hast du mir gebastelt und geschenkt als du in deiner Praktikumszeit in Mannheim warst. Dies war das erste Mal in unserer Beziehung, dass wir in unterschiedlichen Städten gelebt haben."

So ist dieses Bild für uns nicht nur ein Symbol für die Gottesmutter und unsere Beziehung zur Schönstattbewegung, sondern auch ein Ausdruck unserer Verbundenheit über etwaige Distanzen.

- **Heilig-Geist-Symbol**

Ein besonders wertvolles Symbol, das zuvor in keinem unserer jeweiligen Hausheiligtümer existierte, ist das Heilig-Geist-Symbol, das über dem MTA-Bild hängt. Für uns beide hat es aber eine tiefe Bedeutung durch die jeweilige Auslandszeit in Chile gewonnen, wo wir uns 2008 bei der Heiligtumseinweihung in Curicó kennen gelernt hatten. Üblicherweise hängt nur in Chile über der Eingangstür jedes Heiligtums dieses

Heilig-Geist-Symbol.[317] Zu unserer Hochzeit haben wir von der MJF[318] Freiburg diese von Hand geschnitzte Nachbildung des chilenischen Heilig-Geist-Symbols geschenkt bekommen.

Tobias: Besonders berührend ist für mich, dass das einzige Heiligtum im deutschsprachigen Raum, das ebenfalls ein solches Heilig-Geist-Symbol über seiner Eingangstür hat, mein Heimatheiligtum ist – das Heiligtum der Verbundenheit auf dem Marienberg bei Bamberg. So fühle ich mich über mein Hausheiligtum weiterhin, obwohl ich im Bistum Freiburg wohne, mit dem Bamberger Heiligtum, der Bamberger Schönstattbewegung und den Freunden auf dem Marienberg verbunden.

- **Kreuz der Einheit**

Domenica: „Das Kreuz der Einheit hat mich schon als kleines Kind fasziniert und begeistert. Deshalb gehört für mich immer schon das Einheitskreuz zu meinem Hausheiligtum."

Für uns beide zeigt sich in der Darstellung des Kreuzes der Einheit die organische Verbundenheit zwischen Jesus und Maria sowie das gelebte Liebesbündnis als vollendete Ausdrucksform der Liebe. Im Rahmen der

317 Die Schönstattbewegung der drei südamerikanischen Länder Chile, Brasilien und Argentinien versteht sich aus der Geschichte der Schönstattbewegung heraus jeweils mit einer der drei göttlichen Personen verbunden. Das zeigt sich jeweils in der landestypischen Gestaltung der Heiligtumstüren (Brasilien – Gott-Sohn; Argentinien – Gott-Vater; Chile – Heiliger-Geist).

318 MJF steht für Mädchen/junge Frauen und bezeichnet eine Gliederung der Schönstattbewegung, in der Domenica jahrelang aktiv war.

Ausbildung zum Ehe- und Familientrainer, als wir uns erneut ausführlicher mit unserem Hausheiligtum beschäftigt haben, wurde uns bewusst, dass wir uns beide ein gemeinsames Kreuz der Einheit wünschen. Deshalb haben wir uns dafür entschieden, angelehnt an das handgeschnitzte Heilig-Geist-Symbol, beim selben Künstler ein dazu passendes Kreuz der Einheit fertigen zu lassen.

Tobias: „Auch wenn das Kreuz der Einheit ursprünglich von Domenicas Hausheiligtum übernommen wurde, finde ich mich insofern darin wieder, dass ich mich in Chile intensiv mit der Geschichte und Entstehung dieses Kreuzes beschäftigt habe. Für mich spiegelt sich zudem im Kreuz der Einheit meine enge Verbundenheit mit Padre Francisco Garcia-Huidobro, bei dem ich während meiner Zeit in Chile leben durfte und dessen Patres-Kurs unter anderem maßgeblich an der Entstehung des Kreuzes beteiligt war."

- **Medaille vom Jugendfestival**

Die Medaille vom Jugendfestival 2005 in Schönstatt im Vorfeld des internationalen Weltjugendtages in Köln ist ein Symbol, das uns beiden wichtig ist. Wir haben dieses Festival beide als sehr intensiv und prägend erlebt. Aus der Retrospektive erkennen wir daher beide in dieser Medaille neben der Verbindung zum Urheiligtum und dem Ort Schönstatt vor allem auch ein Symbol für unser gemeinsames, geistliches Fundament in unserer Beziehung.

- **Schwangerschaftstests**

In den unterschiedlichsten Dingen und Gegenständen werden auch aktuelle Lebensvorgänge mit in unser Hausheiligtum und somit ins Gebet hineingenommen. Exemplarisch hierfür steht ein kleiner Krug mit positiven Schwangerschaftstests. Sie alle sind für uns Symbol der Hoffnung und Freude, aber auch (in Bezug auf die zwei Fehlgeburten) Ausdruck tiefen Schmerzes.

- **Netz der Verbundenheit**

Schon immer zentraler Bestandteil für unsere jeweiligen Hausheiligtümer und schließlich für unser gemeinsames als Familie, sind diverse Fotos von Menschen mit denen wir uns verbunden wissen und die wir im Gebet begleiten.

In Form eines Netzes, das gleichsam die Verbundenheit zu den jeweiligen Personen ausdrückt, gibt es einen zentralen Ort innerhalb unseres Hausheiligtumes für Fotos. Dabei spiegeln sich in diesem Netz der Verbundenheit die unterschiedlichsten Lebensvorgänge. So finden sich neben Bildern von Domenicas Mama, die im Januar 2018 gestorben ist, auch Bilder unserer Neffen und Nichten oder auch Postkarten in Anlehnung an prägende Ereignisse unserer Beziehungsgeschichte. Einer der Vorteile dieses Netzes liegt unter anderem darin, dass ausreichend Platz für die diversen Fotos ist. Somit ist ein Sortieren nach Bedeutsamkeit nicht nötig und die jeweils entscheidenden Lebensvorgänge der einzelnen Familienmitglieder haben alle ihren Platz.

- **Krug**

Ein weiterer Bestandteil ist ein großer Krug. Dabei ist uns das Symbol des Kruges keineswegs unbekannt. Er wird fleißig gefüllt. Wir bringen dort all das hin, was unser Leben ausmacht und bauen darauf, dass Gott auf die Bitte der Gottesmutter hin, ähnlich wie bei der Hochzeit zu Kana, Wandlung schenken wird.

Impuls: Wo sind wir daheim?

Bindung zu Orten ist für Menschen normal. Das gehört zu unserer Identität. Die Antworten auf die Fragen, wo wir verwurzelt sind und wo wir herkommen, sind nicht nur Teil unserer vergangenen Erfahrungen, sondern prägen uns auch maßgeblich, um gestärkt in die Zukunft zu gehen. Und es gibt sie, die heiligen Orte – Orte, wo wir Himmel und Erde; Gott und Mensch zueinander finden.

Nehmen Sie sich Zeit und tauschen Sie sich aus.

1. Was bzw. wo ist für mich Heimat? Wo sind die heiligen Orte in meinem Leben?
2. Gibt es Orte, wo ich Gottes Nähe erfahren habe?
3. Wo ist ein „heiliger Ort“ in meinem Zuhause?

Unser Haus inmitten der Sterne[319]

Wie ein kleines Blatt im Wind,
wie ein heimatloses Kind,
so sind wir zuweilen
in den Stürmen unsrer Zeit.
Wer schenkt uns ein sichres Dach?
Wer hält unsre Sehnsucht wach?
Wo ist Wärme und Geborgenheit?

Unser Haus inmitten der Sterne,
unser Haus inmitten der Welt,
ein heiliger Ort, wo Gottes Liebe
auf unsre Erde fällt.

Wie ein seelenloses Teil,
einem Herzen kalt wie Stein,
fühlen wir zuweilen
im Getriebe unsrer Zeit.
Wer verwandelt Herz und Sinn?
Wer führt uns zur Quelle hin?
Wo ist Freude und Lebendigkeit?

Unser Haus inmitten der Sterne,
unser Haus inmitten der Welt,
ein heiliger Ort, wo Gottes Hoffnung
auf unsre Erde fällt.

319 Text, Musik und Rechte beim Autor Wilfried Röhrig. Hier: https://www.spurensuche.info/portfolio/unser-haus-in-mitten-der-sterne/

Wie ein Kreisel auf dem Weg,
der nur um sich selbst sich dreht,
leben wir zuweilen
in den Tagen unsrer Zeit.
Wer hält an und lässt verstehn?
Wer lässt uns Gemeinschaft sehn?
Wo ist Weite, wo ist Offenheit?

Unser Haus inmitten der Sterne,
unser Haus inmitten der Welt,
ein heiliger Ort, wo Gottes Feuer
auf unsre Erde fällt –
unser Haus.

(zuletzt aufgerufen am 06.06.2023).

Kapitel 10: Himmelwärts / Tod

Himmelwärts oder „Warum es gut ist eine Oma Friedi im Himmel zu haben“

O-Ton P. Kentenich: ... und Sion lächelt uns von ferne zu

Pater Kentenich hat in seiner Zeit, als er als Häftling Nr. 29392 im Konzentrationslager in Dachau war (1942-45), das Schönstattwerk weiter ‚ausgegründet‘. In dieser Zeit sind auch die Gebetstexte, die heute als „Himmelwärts“[320] *bekannt sind, von ihm verfasst worden. Die für unsere Ohren herausfordernde Versdichtung der Schüttelreime und die zuweilen kryptisch anmaßenden Textphrasen sind der Situation und Zeit geschuldet. Peter Wolf, stellt dazu heraus, dass die Versform der Gebete, „teils aus Gründen der leichteren Lernbarkeit, teils aus Gründen der Tarnung gegenüber der Lagerleitung“*[321] *gewählt wurde. Dabei geht es „nicht um Dichtung im Sinne der Poesie, sondern um eine Form der ‚Ideenlyrik‘, die Ideen und Gedanken komprimiert und*

320 Kentenich, Joseph: Himmelwärts, Gebete aus Dachau, Zur Kommentierung und Einordnung der Himmelwärts-Gebete und Texte vgl. Wolf, Peter: Gebetsschule ‚Himmelwärts‘, geistlicher Kommentar zu den Dachauer Gebeten von Pater Josef Kentenich, Vallendar-Schönstatt 1996.

321 Wolf, Peter: Himmelwärts, in: Brantzen, Hubertus; King, Herbert; Penners, Lothar; Pollak, Gertrud; Schlosser, Herta; Schmiedl, Joachim und Wolf, Peter (alle Hg.): Schönstattlexikon, Fakten Ideen Leben, Vallendar-Schönstatt ²2002, S. 162.

verdichtet ins Wort bringt."[322] *Der nachfolgende Text ist aus einem der 25 Gebetskomplexe, dem sogenannten Schönstatt-Officium, übernommen:*

„EINSTIMMUNG UND VORBEREITUNGSGEBET
(vor jeder Hore zu beten.)

[179]Im Geiste knie ich vor deinem Bilde,
du Dreimal Wunderbare, Starke, Milde,
vereint mit allen, die sich dir geweiht
und für dein Reich zu sterben sind bereit.
[180]Wir wollen uns in deinem Bilde spiegeln
und unser Liebesbündnis neu besiegeln.
Mach uns, dein Werkzeug, dir in allem gleich,
bau überall durch uns dein Schönstattreich.

COMPLET

Die Sonne geht nun müde, still zur Ruh',
und Sion lächelt uns von ferne zu.
[217]Dein Sterben war Entrücktsein nur aus Sehnen,
dein Leib lernt die Verwesung niemals kennen.
Du thronst verklärt nun in der „Heiligen Stadt",
auf Sion, das dir Gott geöffnet hat.
[218]Durchs Heiligtum weist du uns stets nach oben
zum ewigen Schönstatt, wo wir Gott einst loben,
zeigst die Vergänglichkeit der irdischen Welt,
bis du aufs Ewige uns hast eingestellt.
[219]Lehr täglich mich so leben, daß das Sterben
wird leicht, wie es sich schickt für Himmelserben,
am Abend mit mir zu Gericht so gehn,
daß nach dem Tod ich dich und Gott darf sehn.

322 Ebd., S. 162.

[220]Die Ehre sei dem Vater froh erwiesen
durch Christus mit Maria, hochgepriesen,
im Heiligen Geiste voller Herrlichkeit
vom Weltall jetzt und alle Ewigkeit. Amen.“[323]

Einordnende Kommentierung: Himmelwärts

Der jüdische Friedensnobelpreisträger, Ausschwitz- und Buchenwaldüberlebende Elie Wiesel hat den vielbeachteten Satz in Bezug auf die Shoa gesagt: „Darüber zu sprechen, ist unmöglich, darüber zu schweigen, verboten.“ Bis zu einem gewissen Grad lässt sich diese Aussage wohl analog auf die vielschichtigen Grausamkeiten anwenden, die Opfer des NS-Regimes wurden. Einige dieser Opfer sind auch katholische Priester, die dem System kritisch entgegenstanden. Zu den mehr als 2700 Geistlichen, die als Häftlinge im Konzentrationslager Dachau inhaftiert waren, zählte auch Pater Joseph Kentenich.[324] Ein sehr aktives Weitergründen beziehungsweise Ausgründen des Schönstattwerkes aus dem Konzentrationslager heraus zeugt von der inneren Haltung P. Kentenichs, die zukunftsgerichtet die tödliche Lageratmosphäre übersteigt. Ein beeindruckendes schriftliches Glaubenszeugnis sind die Verse

323 Kentenich, Joseph: Himmelwärts, Gebete aus Dachau, Gebete für den Gebrauch in der Schönstatt-Familie, Vallendar-Schönstatt 1973. Hier: Nr. 47; Nr. 48,4 und Nr. 55.

324 Vgl. dazu ausführlich Monnerjahn, Engelbert: Häftling 29392, Der Gründer des Schönstattwerkes als Gefangener der Gestapo 1941-1945, Vallendar-Schönstatt 1972.

des Gebetbüchleins ‚Himmelwärts', die er in der Zeit in Dachau verfasste. Die Worte aus diesem Gebetbuch ‚Himmelwärts' und insbesondere die Abendhoren wollen daran erinnern, dass die ewige Heimat beziehungsweise das ‚ewige Schönstatt' – wie P. Kentenich es ausdrückt – als christliches Hoffnungspotential über rein irdisches Miteinander hinausweisen.

Domenica: „Ich finde dieses Kapitel sehr herausfordernd, da es für uns kaum nachvollziehbar ist, welch' lebensfeindliche und bedrohliche Umgebung das Konzentrationslager als solches darstellt. Ich befasse mich damit nicht gern."

Tobias: „Da stimme ich dir zu. Die Besuche in den heutigen Gedenkstätten lassen ein wenig davon erahnen, wie dort die Umstände waren. Ich fühle mich jedes Mal aufs Neue erleichtert, wenn ich nach den Besuchen nach wenigen Stunden in den ehemaligen KZs wieder ‚rausgehen' kann."

Domenica: „Mir gibt auch zu denken, dass es auch heute noch erschreckend viele Orte gibt, die in ähnlicher Weise menschenverachtend und ausbeutend wirken. Sind wir als Menschheit denn nicht lernfähig?"

„Eine christliche Gemeinschaft darf ihre Toten nicht vergessen, darf nicht an der Todeslinie enden. Wir sollen uns vom Heiligtum nach oben, himmelwärts weisen lassen und uns verbunden wissen mit denen, die vor uns Schönstattfamilie gebildet haben. Das ‚ewige Schönstatt' ist eine personale Größe, wenn es wahr ist, dass die Liebe bleibt (1 Kor 13,8)."[325] Mit dieser geistlichen

325 Wolf, Peter: Gebetsschule ‚Himmelwärts', geistlicher Kommentar zu den Dachauer Gebeten von Pater Josef Kentenich, Vallendar-

Deutung zeigt Peter Wolf den Horizont auf, in den diese Gebete gesprochen werden: „Der Quellgrund, woher uns die Kraft zukommen soll, ist die Verheißung unserer christlichen Hoffnung.“[326] So weist er auf die eschatologische Dimension der Spiritualität Schönstatts hin, bei der die Gottesmutter wieder als Erzieherin die traditionelle, kirchliche Lebenskunst der ars vivendi und der ars moriendi[327] uns näher bringen soll. Günther Boll deutet die Eschatologie P. Kentenichs im Angesicht von Leid und Schmerz mit dem Vers aus „Ich fahr mit dir durch Finsternis und Nacht, weil deine Liebe immer für mich wacht“[328] dahingehend, dass hier deutlich wird, dass so die Verkündigung der Vaterbotschaft nicht zu einem seichten Heilsoptimismus wird, sondern „hilft – nicht zunächst auf der theoretischen Ebene der Theodizee – zur existentiellen Bewältigung der quälenden Lebensrätsel in der Nachfolge Jesu, zu dessen Leben und Sendung Kreuz und Leid gehören.“[329]

Schönstatt 1996, S. 200.

326 Ebd., S. 201.

327 Ars vivendi et ars moriendi = Die Kunst zu leben und die Kunst zu sterben. Vgl. Wolf, Peter: Gebetsschule ‚Himmelwärts', geistlicher Kommentar zu den Dachauer Gebeten von Pater Josef Kentenich, Vallendar-Schönstatt 1996, S. 201.

328 Kentenich, Joseph: Himmelwärts, Gebete aus Dachau, Gebete für den Gebrauch in der Schönstatt-Familie, Vallendar-Schönstatt 1973. Hier: Nr. 112.

329 Boll, Günther: Gottesbild, in: Brantzen, Hubertus; King, Herbert; Penners, Lothar; Pollak, Gertrud; Schlosser, Herta; Schmiedl, Joachim und Wolf, Peter (alle Hg.): Schönstattlexikon, Fakten Ideen Leben, Vallendar-Schönstatt ^{2}2002, S. 130-135. Hier: S. 135.

Tobias: „Ich beneide Menschen, die so glauben können und merke doch, wie sehr ich gerade im Angesicht von Leid, eher ins Zweifeln gerate."

Domenica: „Ich finde es schwierig, unterschiedliches Leid miteinander vergleichen zu wollen, aber ich habe schon den Eindruck, dass wir miteinander auch schwere Situationen durchgestanden haben. Ich denke an Krankheit und Tod meiner Mama, aber auch an unsere Sternenkinder. Da hat uns unser Glaube schon geholfen, meinst du nicht?"

Tobias: „Das stimmt. Bei allem Zweifel ist da doch dieser Strohhalm des Glaubens, an den ich mich festhalten oder klammern kann."

Domenica: „So glauben und hoffen zu können, empfinde ich als Geschenk. Wenn im Angesicht des dunklen Abgrunds irgendwo noch ein Lichtfunke da ist."

Die ‚Himmelwärts-Gedanken' würden zu kurz greifen und fehlinterpretiert werden, wenn sie allein auf die himmlische Perspektive ausgerichtet gedeutet würden. Vielmehr geht es gerade im Bewusstsein der (eigenen) Endlichkeit um ein zielgestaltetes Leben. Dieses zukunftsorientierte Denken als KZ-Insasse in der „Hölle von Dachau"[330] zu formulieren, gibt dem Ganzen eine eigene Wertigkeit und enorme Bedeutung. Ab den 1950er Jahren verwendet P. Kentenich immer wieder den Terminus technicus der „Zielgestalt", um auszudrücken, wohin sich die Aufgabe Schönstatts für die Zukunft von Kirche und Welt orientieren sollte. Er verwendet

330 Vgl. Kentenich, Joseph: Himmelwärts, Gebete aus Dachau, Gebete für den Gebrauch in der Schönstatt-Familie, Vallendar-Schönstatt 1973. Hier: Nr. 9.

dabei immer wieder das Schlagwort des ‚neuen Menschen in neuer Gemeinschaft', zusätzlich zu den eher sperrigen Begriffen der ‚heilsgeschichtlichen Sendung des Abendlandes' und des ‚Weltapostolatsverbands'.[331] Schlosser greift in ihrer Analyse der Zukunftsvision P. Kentenichs und der Schönstattbewegung bewusst auch die soteriologische und eschatologische Dimension auf.[332] Die Zukunftsvision des Christentums, aber eben auch Schönstatts, ist eine universelle Vision, die „Zeit und Ewigkeit, Diesseits und Jenseits, wirtschaftliche, gesellschaftliche, politische, sittliche und religiöse Nöte aller Menschen"[333] umfasst und als Ziel den in Gott erlösten, neuen Menschen hat. Die Gebete des Himmelwärtsbuches, die in der ‚Hölle von Dachau' entstanden sind, weisen hin auf diese universelle und sieghafte Zukunftsvision.[334] Als wegweisendes Vorbild

---

331 Vgl. Schmiedl, Joachim: Zielgestalt, in: Brantzen, Hubertus; King, Herbert; Penners, Lothar; Pollak, Gertrud; Schlosser, Herta; Schmiedl, Joachim und Wolf, Peter (alle Hg.): Schönstattlexikon, Fakten Ideen Leben, Vallendar-Schönstatt ²2002, S. 443. Zum Verständnis Schönstatts als apostolische Bewegung siehe auch weiter oben: Kapitel 3: Apostolat und Sendung oder „Wie man zur Prophetin wird".

332 Vgl. Schlosser, Herta: Zukunftsvision, in: Brantzen, Hubertus; King, Herbert; Penners, Lothar; Pollak, Gertrud; Schlosser, Herta; Schmiedl, Joachim und Wolf, Peter (alle Hg.): Schönstattlexikon, Fakten Ideen Leben, Vallendar-Schönstatt ²2002, S. 443.

333 Kentenich, Joseph: Brief zum 20. Mai 1948, in: Schlosser, Herta: Der neue Mensch, die neue Gesellschaftsordnung, Mit Originaltexten von Pater Josef Kentenich im zweiten Teil, Vallendar-Schönstatt 1971, S. 288.

334 Vgl. Schlosser, Herta: Zukunftsvision, in: in: Brantzen, Hubertus; King, Herbert; Penners, Lothar; Pollak, Gertrud; Schlosser, Herta; Schmiedl, Joachim und Wolf, Peter (alle Hg.): Schönstattlexikon, Fakten Ideen Leben, Vallendar-Schönstatt ²2002, S. 444.

und Idealbild des vollerlösten Menschen gilt innerhalb der Spiritualität Schönstatts die Gottesmutter. Auch das Liebesbündnis mit der Gottesmutter gewinnt eine soteriologische und eschatologische Dimension, die über die Grenze des Todes hinweggeht. Diese Dimensionen sind unter anderem in der vertikalen Dimension dieses Bündnisses sichtbar, die die Beziehungen der Menschen untereinander beschreibt, die im Liebesbündnis verbunden sind – auch über den Tod hinaus. Himmelwärts drückt ein Streben aus, das in der Wirklichkeit verwurzelt ist, aber dem Himmel entgegenwächst. Ein Bemühen, das darauf gründet, dass der Himmel eine Realität ist, die schon hier auf Erden erfahrbar ist, aber erst in einer Ewigkeit nach dem Tod durch Jesus Christus voll verwirklicht wird. Innerhalb der Spiritualität Schönstatts werden unterschiedliche Weiheakte an die Gottesmutter mit Begriffen wie Blankovollmacht[335], Inscriptio[336] oder Engling-Akt[337] versehen. Diese Formen

---

335 Vgl. Mohr, Daniela: Blankovollmacht, in: Brantzen, Hubertus; King, Herbert; Penners, Lothar; Pollak, Gertrud; Schlosser, Herta; Schmiedl, Joachim und Wolf, Peter (alle Hg.): Schönstattlexikon, Fakten Ideen Leben, Vallendar-Schönstatt ^{2}2002, S.38f. Mohr macht darauf aufmerksam, dass P. Kentenich diesen Begriff bewusst aus der Wirtschaftssprache von Peter Lippert entnommen und kreativ angewandt hat um die Intensivierung des Beziehung hin zu Gott und der Gottesmutter zum Ausdruck zu bringen (vgl. ebd. 38).

336 Vgl. Mohr, Daniela: Inscriptio, in: Brantzen, Hubertus; King, Herbert; Penners, Lothar; Pollak, Gertrud; Schlosser, Herta; Schmiedl, Joachim und Wolf, Peter (alle Hg.): Schönstattlexikon, Fakten Ideen Leben, Vallendar-Schönstatt ^{2}2002, S. 174f.

337 Vgl. Penners, Lothar: Engling-Weihe, in: Brantzen, Hubertus; King, Herbert; Penners, Lothar; Pollak, Gertrud; Schlosser, Herta; Schmiedl, Joachim und Wolf, Peter (alle Hg.): Schönstattlexikon, Fakten Ideen

des Liebesbündnisses umschließen bewusst auch die Dimension des eigenen Leids bis hin zum Tod. Dabei sind sie weniger im Sinne einer Selbstkasteiung oder gar Todessehnsucht zu verstehen, sondern vielmehr aus der gläubigen Perspektive heraus, dass auch hinter eisernen Handschuhen mitunter die Handschrift des göttlichen Vaters entdeckt werden kann.[338] Daniela Mohr weist darauf hin, dass diese Formen wie alle Schritte auf dem Weg des Liebesbündnisses letztlich nur das In-, Mit- und Füreinander vertiefen soll.[339]

Domenica: „Da merke ich, dass ich in meiner jetzigen Lebensphase kaum einen Zugang dazu habe, wenn es darum geht, das Liebesbündnis bis in den eigenen Tod hineinzudenken."

Tobias: „Ja, wir stehen derzeit an einem anderen Punkt. Ich finde die Vorstellung durchaus tröstlich, dass dieses Bündnis bis zuletzt trägt und darüber hinaus. Auch unser Ehebündnis haben wir uns ja versprochen, bis dass der Tod uns scheidet."

Domenica: „Das wiederum finde ich irgendwie verstörend; ich hab' schon die Hoffnung, dass unsere Beziehung und unsere Ehe nicht mit dem Tod endet."

Leben, Vallendar-Schönstatt ²2002, S. 69.

338 Vgl. Kentenich, Joseph: Vortrag in Dietershausen 1967, Causa secundas, Text 63. Abrufbar unter: https://www.j-k-i.de/cs63-causa-secunda-text-63/ (zuletzt aufgerufen am 06.06.2023).

339 Vgl. Mohr, Daniela: Inscriptio, in: Brantzen, Hubertus; King, Herbert; Penners, Lothar; Pollak, Gertrud; Schlosser, Herta; Schmiedl, Joachim und Wolf, Peter (alle Hg.): Schönstattlexikon, Fakten Ideen Leben, Vallendar-Schönstatt ²2002, S. 174f.

Tobias: „Schau'n wir mal. Ich finde es gerade gut, dass das derzeit (noch) nicht unser Thema ist. Ich glaube wir sind dazu momentan zu sehr am Puls des Lebens – gerade auch durch die Kinder. Wir müssen unsere Himmelserfahrungen jetzt erstmal hier auf Erden machen."

Gerade in Ehe und Familie können solche ‚Himmelserfahrungen' gemacht werden – es gibt da die „Augenblicke und Lebensphasen, die ein Stück ‚Himmel' waren oder sind"[340]; aber auch „Ehe und Familie sind nicht einfach ‚der Himmel auf Erden'. Mühen, Sorgen, Enttäuschungen, Höhen und Tiefen des Alltags, Sackgassen bis hin zu Verlust und Tod ‚erden' diese Lebensgemeinschaft."[341]

Der vielleicht engste Weggefährte P. Kentenichs, Alexander Menningen, kann in Bezug auf die Dachau-Zeit des Schönstatt-Gründers in blumigen Worten davon sprechen, dass „Gott um ihn herum das Reich Christi und der Dreimal wunderbaren Mutter von Schönstatt"[342] auch im KZ entstehen ließ und, dass die Pflicht der Dankbarkeit mahne, von dem „geradezu wunderbaren Schutz und Gnadenbeistand der Gottesmutter"[343] Zeugnis abzulegen. Nun mag diese Wortwahl nicht der Elie Wiesels entsprechen. In seinem autobiographischen Werk „Die Nacht" schreibt dieser

340 Brantzen, Hubertus: Mehr als Worte und Gefühle, Liebe leben in Partnerschaft, Ehe und Familie, Freiburg i. Br. 2022, S. 207.

341 Ebd., S. 206f.

342 Monnerjahn, Engelbert: Häftling 29392, Der Gründer des Schönstattwerkes als Gefangener der Gestapo 1941-1945, Vallendar-Schönstatt 1972, S. 14.

343 Ebd., S. 14.

in einer Schlüsselszene auf die Frage nach Gott davon, dass Gott in der Person eines im Todeskampf befindlichen Jungen dort am Galgen hänge.[344] Beide Ansichten, die Wiesels und die Menningens teilen demzufolge die Position, dass Gott auch in der Hölle der Konzentrationslager in den Personen und im Leid der Opfer erfahrbar und gegenwärtig war.

Erfahrungstheologie und Resonanzraum zum Thema: „Himmelwärts“

„Zu meinem Job gehört es von Zeit zu Zeit, auf dem Friedhof zu stehen und Menschen zu beerdigen. Meine Töchter kriegen das vor allem insofern mit, als dass das in der Regel einer der wenigen Anlässe ist, in denen sie mich im schwarzen Anzug und mit schwarzer Krawatte sehen. „Papa, du gehst arbeiten“, stellt Klara dann in einer guten Regelmäßigkeit halb fragend fest. Bisher habe ich mir die Frage verkniffen, ob sie der Meinung sei ich ginge nur, wenn ich mit einem Anzug die Wohnung verlasse, zum Arbeiten. Miriam dagegen ist da schon wissender in ihren Erklärungen. „Papa bringt wieder jemanden in den Himmel“, lautet ihre Erklärung, wenn ich mit meinem Beerdigungsoutfit die Wohnung verlasse. Ich glaube, sie weiß durchaus, dass das eine sehr blumige Umschreibung für meine Arbeit ist. Aber auch hier habe ich bisher auf etwaige Korrekturen verzichtet. Wer bin ich, dass ich die Vorstellungen von Tod,

344 Wiesel, Elie: Die Nacht, Erinnerung und Zeugnis, Freiburg [8]1996.

Sterben, Beerdigen und Himmel meines fünfjährigen Wirbelwinds in Frage stelle?!

Es ist Montag. Irgendein Montag. Nur nicht für Paula. Und auch nicht für alle, denen Paula wichtig war. Denn heute war sie es, Paula, eine liebenswürdige, ältere Dame, die ich zur Zufriedenheit aller Trauergäste beerdigt habe. Ich hänge meinen Gedanken zu Paula und ihren Verwandten noch nach, als ich einige Zeit später den Schlüssel zu unserer Wohnung umdrehe. „Da kommt Papa!", tönt es mir schon entgegen. Ehe ich mich versehe, stürmen drei überdrehte junge Damen auf mich zu, die mit ihrer Art gerade wahlweise für Adrenalin oder Redbull Werbung machen könnten. Theresa, eine Freundin in Mimis Alter, ist eine von den Dreien. Die anderen beiden sind selbstverständlich Klara und Miriam. „Jetzt geht's los!" brüllt mir Klara entgegen und gibt dabei den Ton für die beiden Großen vor. „JETZT GEHT'S LOS", brüllen nun alle drei in meine Richtung. Kurz denke ich an Paula, als ich so mit meinem Anzug vor der kreischenden Meute stehe. „Was geht los?" frage ich unscheinbar. „Du baust uns den Spielzeugzug auf", stellt Theresa erklärend fest. Ich atme nochmal tief ein, lasse den Tod hinter mir und stürze mich ins Leben. Das tut gut.

Grundsätzlich ist mir natürlich bewusst, dass der Tod immer auch zum Leben dazugehört. Meine Töchter dagegen haben noch ein sehr kindliches Verständnis von Endlichkeit. Nämlich praktisch keines. ‚Tot sein' ist für sie gleichbedeutend mit ‚weg sein'. Für sie ist nur eben nicht erfassbar, was das heißt für *immer* weg sein. Naja, soviel weiter bin ich dann doch nicht. Denn wirklich fassen lässt sich die eigene Begrenztheit und Endlichkeit für mich ja auch nicht. Wie die Mädels auch an diesem Punkt zu beeindruckenden Lehrmeisterinnen für mich werden, zeigt sich oft dann, wenn es darum geht, bereits verstorbene Tiere, Menschen oder Verwandte ins eigene Leben zu integrieren. „Das ist die Uroma", erklärt Miriam das Foto ihrer kleinen Schwester. „Die heißt auch Klara – genau wie du. Aber jetzt bist du da und das war so: als du kommen solltest, ist sie gestorben, deshalb hat sie für dich Platz gemacht und passt jetzt im Himmel auf uns auf." Kindliche Logik. Ich greife nicht ein, denn Klara erklärt mir, dass sie das eigentlich ganz gut findet, dass jemand auf sie aufpasst. Nur wenn sie Schokolade stibitzen will, soll ihr am besten niemand zuschauen: Nicht der Papa, nicht die Mama und auch keine tote Uroma im Himmel. Ich muss lachen und reiche ihr und Mimi je ein Stück Schokolade. „Wir haben ganz schön viele Leute, die auf uns aufpassen" fasst Miriam Schokolade schmatzend ihre Gedanken in Worte. „Ja?" meine ich nur. „Ja, denn Oma Friedi passt ja auch auf uns auf." Die Mama meiner Frau ist gestorben kurz bevor Miriam ihren zweiten Geburtstag feiern durfte. „Ob die sich immer abwechseln im Himmel, mit dem auf uns aufpassen?" „Bestimmt", ermutige ich sie in ihren Gedanken. „Vielleicht passt auch jede auf eine von uns auf." „Das kann natürlich sein", stimme ich ihr zu. „Wer passt dann auf Sophia auf? Vielleicht solltest du sterben, damit sie auch jemanden im Himmel hat, der sich um sie kümmert." Auf der einen Seite freut es mich ja, dass sie sich um ihre kleine Schwester sorgt, auf der andern Seite bin ich doch zu gern am Leben, um das unkommentiert stehen zu lassen. „Hmmm, ich bin lieber bei euch allen drei und pass' hier auf euch auf. Oma Friedi und Uroma Klara kriegen das bestimmt gemeinsam so hin, dass sie auf euch alle drei aufpassen können." „Wenn du meinst." sinniert Mimi weiter, „ich glaub' die kriegen das wirklich besser hin, denn sie sind ja Mädchen und du bist ein Junge. Das wär dann nicht so gut." „Was wär' dann nicht so gut?" frage ich nach. „Mädchen können mehr als Jungs und das wär doch blöd für Sophia, wenn nur du auf sie aufpassen würdest." Bevor ich noch was erwidern kann, erklärt sie mir unaufgefordert, wie sie auf diese Schlussfolgerung kommt. „Die Eiskönigin Elsa ist ja auch ein Mädchen." Irgendwann, so nehme ich mir vor, hab' ich vor, ihr klischeehaftes Denken allein aufgrund von Disneyfilmkategorien zu korrigieren – doch nicht heute. Grundsätzlich bin ich durchaus motiviert, sie in ihren kindlichen Emanzipationsvorstellungen zu unterstützen – zumal wenn das bedeutet, dass ich, wenn es nach Mimi geht, noch viele Jahre als Papa an der Seite dieser drei wunderbaren Mädels sein darf. Aber das liegt bekanntlich nicht allein in meinen Händen."[345]

***

Es ist so, dass nur Miriam ihre Oma und Uroma erleben durfte. Klara und Sophia hatten diese Freude nicht, da krebs- beziehungsweise altersbedingt wir vor der Geburt unserer beiden jüngsten Töchter Abschied nehmen mussten.

Bei uns hat es sich eingebürgert, da am Tag der Beerdigung von Domenicas Mama ein Regenbogen über dem Friedhof stand, dass wir an sie denken – immer wenn

345 Hofmann, Tobias: „Aber pink wär' mir lieber!", Alltag und Herausforderungen eines Vaters, unabhängig publiziert 2022, ISBN: 979-8836740207, S. 105-109.

man einen Regenbogen in den Himmel gemalt sieht. Auch unsere Kinder haben das verinnerlicht: An Oma denkt man, wenn man einen Regenbogen sieht. Das uralte Zeichen des Bundes, als ganz persönliches Hoffnungszeichen für uns und unsere Familie.

***

Domenica: „Das Thema Tod und Sterben ist ein schwieriges Thema."

Tobias: „Zumal wir gerade in einer Lebensphase sind, in der uns das – Gott sei Dank – gerade nicht in dem Ausmaß betrifft."

Domenica: „Dennoch sollten wir das Thema ‚Vergänglichkeit' nicht ausklammern, wenn es um die Spiritualität Schönstatts geht, da auch hier die christliche Hoffnungsbotschaft wichtig ist."

Tobias: „Du meinst die Hoffnungsbotschaft, dass es ein Leben gibt nach dem Tod. Dass es etwas gibt, das bleibt und, dass es etwas gibt, das über uns hinausreicht."

Domenica: „Ja. Das ist für mich wichtig in meinem Glauben. Ich will darauf hoffen (dürfen), dass ich Mama irgendwann, irgendwo wiedersehen darf. Ich habe keine Vorstellung, wie genau das aussieht, was man unter ‚Himmel' zu verstehen hat oder wie das ‚konkret' vor sich gehen soll – aber ich baue darauf und bin dankbar, dass meine Hoffnung und mein Glaube meistens größer sind als meine Zweifel."

Tobias: „Erzähl' doch ein bisschen vom Sterben deiner Mama."

Domenica: „Wir waren alle dort. Meine Schwestern, mein Papa und ich. An ihrem Totenbett haben wir gesungen. Die ganze Zeit. „Segne du Maria." „Du bist mein Zufluchtsort." Das hat ihr gutgetan. Und uns auch. Irgendwann hat sie dann den letzten Atemzug gemacht. Ganz friedlich. Da kam dann einfach keiner mehr. Das war ein komisches Gefühl. Seltsam, unglaublich schmerzhaft und doch irgendwie versöhnlich, weil ich für einen zeitlos, kurzen Moment den Eindruck hatte, dass es ihr jetzt gut geht. Weil sie es geschafft hatte und weil sie sich jetzt auf ihren ‚Himmel' freuen darf und dort hoffentlich auch ihre Mama wiedersehen darf."

***

Tobias: „Wie du weißt, war ich ja mal in Chile."

Domenica: „Na klar. Ich fasse diese Feststellung als rhetorische Frage auf. Denn wie du weißt, haben wir uns dort ja kennengelernt."

Tobias: „Ja, aber so können etwaige Lesende die Situation einordnen."

Domenica: „Was willst du denn nun eigentlich sagen?"

Tobias: „Ich habe dort ja das Jahr über bei einem Pater leben dürfen."

Domenica: „Und?"

Tobias: „Einmal haben wir einen Ausflug in die Cordilliera unternommen."

Domenica: „Oh cool. Ich finde diese Berge beeindruckend, wenn die da auf bis zu 5000 Meter direkt hinter der Stadt aufragen. Aber du hast doch Höhenangst?"

Tobias: „Genau, aber ich habe mir gedacht, dass das schon irgendwie gehen wird."

Domenica: „Und ging's?"

Tobias: „Naja bis zu einer gewissen Höhe schon, aber man darf sich die chilenischen Berge ja keinesfalls so vorstellen, dass sich da ein Wanderweg an den nächsten reiht, sondern ich hatte eher das Gefühl, dass da, wo wir waren die letzten Jahre eher keine Menschenseele mehr gewesen ist. Demzufolge war das Ganze doch sehr abenteuerlich."

Domenica: „Ja, das kann ich mir vorstellen; aber wie war's mit der Höhenangst?"

Tobias: „Als es da dann irgendwann sehr steil, sehr tief runterging, ging bei mir dann irgendwann nicht mehr viel. Auf die Frage, warum ich denn nicht hoch auf den Gipfel wolle, wenn wir schon so hoch seien; dass es dort oben dann auf dem Schnee sicher besonders himmlisch sei, habe ich nur müde lächelnd auf meine Höhenangst verwiesen. Daraufhin hat mir P. Francisco[346] einen sehr einprägsamen Satz gesagt: „Tobias, dir kann doch nichts passieren, außer du fällst da runter. Und selbst dann fällst du maximal in Gottes Hand." Die zugegeben eigenwillige Antwort eignet sich zwar kaum als Höhenangst-Therapiemethode – zumindest bei mir – aber sie ist mir doch nachhaltig im Gedächtnis geblieben. Denn P. Pancho hat das ernst gemeint und danach gelebt. Dieses Vertrauen auf den Himmel, den er als Schönstatt-Eterno (ewiges Schönstatt) bezeichnet hat, dass uns bei Gott erwartet, hat mich tief berührt und fasziniert. Bis heute."

---

346 Domenica: Du solltest erklären, dass P. Francisco die gleiche Person ist, wie P. Pancho, weil es sich um eine Abkürzung handelt.
Tobias: Stimmt. Auch wenn ich das nicht ganz durchschaut habe ist Pancho die Abkürzung beziehungsweise Verniedlichung von Francisco. Und die Chilenen lieben Verniedlichungsformen.

Impuls: Wer gehört (immer) noch zu uns? – Wie leben wir mit dem Tod?

Der Tod ist eines der letzten allgemeinen Tabuthemen in unserer Gesellschaft. Niemand befasst sich gern mit der eigenen Endlichkeit. Die große Verdrängung dieses Themas sorgt mitunter für eine große Hilflosigkeit und Sprachunfähigkeit, wenn der Tod dann tatsächlich in unser Leben ragt.

Nehmen Sie sich Zeit und tauschen Sie sich aus.

1. Welche Ängste und Befürchtungen; welche Hoffnungen und Wünsche habe ich, wenn ich an den Tod denke?

2. Welche Menschen gehören zu mir/uns, obwohl sie schon verstorben sind?

3. Was gibt mir Hoffnung, wenn ich an meinen/an deinen Tod denke?

Ewiger Gott,
Du bist der Schöpfer
Über Himmel und Erde
In deiner Hand liegen Leben und Sterben
Ich bringe dir meine Ängste und Zweifel
Meine Einsamkeit
Mein Allein-Gelassen-Werden
Meine Trauer und Verlassenheit
Sei du der Tröster
Sei du da
Bei allen Einsamen
Bei allen Sterbenden
Bei Mir
Schenke uns Kraft und die Nähe von Maria
Jetzt und in der Stunde unseres Todes

Amen

Kapitel 11: Gnadenkapital und Krug

Gnadenkapital oder „Warum meine Schwester auch mal die Playmobil-Königin spielen darf"

O-Ton P. Kentenich: Wir schenken uns und all das Unsere

Im Marianischen Jahr 1954 – Pater Kentenich war in seinem kirchlichen Exil in Milwaukee – verfasste er einen Predigtzyklus über Maria. Dabei ging es ihm um die Einordnung der Gottesmutter in Gottes Allmachts-, Weisheits- und Liebesplan. Diese ‚Marienschule' P. Kentenichs, wie sie von der Herausgeberin Erika Frömbgen bezeichnet wird, greift auf dogmatische und lehramtliche Äußerungen ebenso zurück, wie auf mariologische Äußerungen großer Geisteslehrer in der Kirche. Das Liebesbündnis versteht P. Kentenich in diesem Rahmen als einen vielfach erprobten Weg, wie der einzelne, eine Gemeinschaft oder auch die Gesellschaft als Ganzes am göttlichen Heilsplan mitwirken kann.[347]

„So drängt uns denn die Seinslage der lieben Gottesmutter oder ihre Stellung im Heilsplane sowie die heutige Zeit- und Lebenslage mit sanfter Gewalt in die Arme und in das Herz Mariens, unserer Mutter und Erzieherin. Um uns dort sicher und dauernd zu beheimaten, rät nicht nur sie, sondern auch der Heilige Vater uns, die

347 Vgl. Frömbgen, Erika: Vorwort, in: Kentenich, Josef: Maria – Mutter und Erzieherin, Vallendar-Schönstatt 1973, S. 13f.

Weihe an ihr heiligstes Herz, die er zweimal feierlich im Namen der Kirche auf dem Erdenrund getätigt hat, unsererseits nachzuvollziehen. Unsere Gemeinde möchte das Heilige Jahr durch eine solche gemeinsame Weihe krönen. Die Fastenpredigten möchten unser Herz dafür vorbereiten helfen.

Diese Weihe ist aber gleichbedeutend mit einem gegenseitigen Liebesbündnis zwischen der Dreimal Wunderbaren Mutter und uns. Sie ist ein gegenseitiger Herzens-, Güter- und Interessensaustausch. Darum sagte Grignion von Montfort: ‚Wenn sie (die Gottesmutter) sieht, dass jemand sich (durch die Weihe als Liebesbündnis) voll und ganz ihr schenkt, … so schenkt auch sie sich voll und ganz auf unaussprechliche Weise demjenigen, der ihr (kraft des Liebesbündnisses) alles gibt. Sie versenkt ihn in den Abgrund ihrer Gnaden, schmückt ihn mit ihren Verdiensten, stützt ihn mit ihrer Macht, erleuchtet ihn mit ihrem Licht, entflammt ihn mit ihrer Liebe, teilt ihm ihre Tugenden mit: ihre Demut, ihren Glauben, ihre Reinheit und so weiter. Sie wird seine Bürgschaft, sein Ersatz, sein Alles bei Jesus. Mit einem Worte: Da eine solche Person (kraft des Liebesbündnisses) ganz Maria angehört, so gehört auch Maria (kraft desselben Bündnisses) ganz ihr an.‘

Was wir Beiträge zum Gnadenkapital nennen, ist Ausdruck dieses Bündnisses. Wir schenken uns und all das Unsere dadurch der Gottesmutter, erwarten dafür aber auch sie und alles, was sie ihr Eigen nennt, als Gegengeschenk. Wir erwarten vor allem, dass sie uns in Christus umformt, uns in ihm zum Vater führt und uns in ihre Sendung als Dauerhelferin des Herrn hineinbezieht und so als Werkzeug für die Erlösung und

Befriedung der Welt benutzt. Die Gottesmutter nimmt ein solches Bündnis sehr ernst."[348]

Einordnende Kommentierung: Gnadenkapital

Jugendliche sprechen heutzutage mitunter vom ‚Instant-Karma' oder prägen den Begriff ‚Karma is a bitch'.[349] Sie greifen dabei auf einen spirituellen Begriff aus fernöstlichen Religionen zurück, den des Karmas. Möglicherweise aufgrund des Eingangs in die Jugendsprache ist auch in unserer Gesellschaft mittlerweile der fernöstliche Karma-Begriff vertrauter, als der christliche ‚Gnadenbegriff' oder gar die Rede vom Gnadenkapital.

Domenica: „Meinst du nicht, dass das ein wenig weit hergeholt ist?"

Tobias: „Naja, Indien ist nun mal vergleichsweise weit weg."

Domenica: „Ich meinte nicht die Entfernung, sondern den Vergleich des hinduistischen Karmas mit dem christlichen Gnadenbegriff."

Tobias: „Für mich gibt es da durchaus Analogien, aber ich kann deine Kritik nachvollziehen, ich dachte allerdings, dass du dich eher an dem englischen Schimpfwort stören würdest."

---

348 Kentenich, Joseph: Maria – Mutter und Erzieherin, bearbeitet durch Frömbgen, M. Erika, Vallendar-Schönstatt 1973, S. 163f.

349 Vgl. https://www.bedeutungonline.de/?s=karma (zuletzt aufgerufen am 06.06.2023).

Domenica: „Das ist dann doch zu sehr vertraut, als dass ich mich daran stören würde."

Tobias: „Wie meinst du das?"

Domenica: „Du zitierst doch bei allen möglichen Gelegenheiten als Fan des 1. FC Nürnberg diese urfränkische Leidensfloskel ‚Der Clubb is a Debb' – und das ist nun wirklich nicht so weit weg von dem andern Schimpfwort. Aber zurück zum Gnadenkapital und dem hinkenden Vergleich mit dem Karma."

Beiden Konzepten ist aber die Vorstellung gemein, dass eigenes Tun direkte und indirekte Konsequenzen und Auswirkungen auf einen selbst, aber auch auf andere hat. P. Kentenich hat das katholisch-christliche Gnadenverständnis als Grundlage auf der er sein Konzept von Gnade und Gnadenkapital „lebendig werden lassen"[350] will. Für P. Kentenich, mit seiner ganzheitlichen Sicht auf die Gnadenlehre, besitzt Gnade eine heilende und helfende Kraft[351], die ihrem eigentlichen Wesen nach die „Öffnung des inneren Bereichs Gottes für den Menschen und Einwohnen des Dreifaltigen Gottes im Menschen und Abbildung der drei göttlichen Personen in ihm"[352] ist. Vor allem diese Dimension, dass Gnade

350 Amberger, Otto: Gnade, in: Brantzen, Hubertus; King, Herbert; Penners, Lothar; Pollak, Gertrud; Schlosser, Herta; Schmiedl, Joachim und Wolf, Peter (alle Hg.): Schönstattlexikon, Fakten Ideen Leben, Vallendar-Schönstatt [2]2002, S. 126.

351 Vgl. ebd., S. 126. P. Kentenichs Gnadenverständnis ist dabei stark inspiriert von der Theologie Mathias Scheebens.

352 Amberger, Otto: Gnade, in: Brantzen, Hubertus; King, Herbert; Penners, Lothar; Pollak, Gertrud; Schlosser, Herta; Schmiedl, Joachim und Wolf, Peter (alle Hg.): Schönstattlexikon, Fakten Ideen Leben, Vallendar-Schönstatt [2]2002, S. 126.

nicht nur eine äußerliche Gunst Gottes gegenüber dem Menschen, sondern eine der Seele des Menschen innewohnende Stärke ist, bewirkt letztlich ein Teilhaftigwerden des Menschen am innertrinitarischen Leben Gottes.[353] Otto Amberger merkt dazu an, dass P. Kentenich die Überbetonung der Ungeschuldetheit von Gnade, wie sie in der klassischen Schultheologie stattfand, ablehnt, wonach „die Gnade den Bedürfnissen der menschlichen Natur letztlich völlig äußerlich bleibt (Extrinsezismus)."[354] Dieses relationale Verwobensein von Natur und Gnade spiegelt sich im Ausdruck des ‚Organischen Denkens, Lebens und Liebens' bei P. Kentenich wieder.

Domenica: „Das ist zwar nachvollziehbar, aber sprachlich sehr herausfordernd formuliert. Wir sollten schauen, dass auch Nicht-Theologen die Chance haben, die Sachen, die wir schreiben verstehen zu können."

Tobias: „Du bist doch auch eine Nicht-Theologin?"

Domenica: „Ja, aber eine, die sehr viel Sympathie und Verständnis für die Theologie und gewisse Theologen mit einem Hang zu komplexen Formulierungen mitbringt."

Tobias: „Sollen wir wieder mehr über Schimpfwörter und fernöstliche Religionskonzepte schreiben?"

Domenica: „Nein, aber wenn wir schon beim Club waren, vielleicht helfen ein paar Fußballmetaphern dem Verständnis."

Tobias: „Relationales Verwobensein hieße demnach, dass es beim Fußball eben nicht nur auf die physischen

353 Vgl. ebd., S. 126.

354 Ebd., S. 126.

Fähigkeiten und Talente der Spieler ankommt, sondern auch auf Trainingszustand, Mannschaftsgefüge und Platzsituation."

Domenica: „Und den Schiedsrichter. Nur wenn er acht Minuten in der Relegation Nachspielen lässt, darf auch der 1. FC Nürnberg auf ein Fußballwunder[355] hoffen."

„Beiträge zum Gnadenkapital sind in der Geistigkeit Schönstatts ein fester Bestandteil seiner Bündnisspiritualität."[356] Dabei ist der Begriff Gnadenkapital sowohl Herausforderung als auch Anspruch; gerade im Kontext theologischer und katholischer Tradition. Was steckt nun hinter dem polarisierenden Wort des Gnadenkapitals? Die Antwort ist kurz und komplex zugleich: Im Gnadenkapital stellt der menschliche Bündnispartner der Gottesmutter die unterschiedlichsten Bemühungen im Sinne von beispielsweise Gebet, Apostolat, Arbeit, Gedanken, Herausforderungen, Danksagungen und Bitten, Geleistetes und Errungenes zur Verfügung mit der Bitte, dass sie sich damit vom Schönstatt-Heiligtum aus wieder und weiterhin als wirksam erweisen möge. Grundlage ist der Satz aus der Gründungsurkunde Schönstatts, der Maria in den Mund gelegt wird: „Bringt mir fleißig Beiträge zum Gnadenkapital. Dann werde ich mich gerne unter Euch niederlassen und reichlich Gaben und Gnaden austeilen; dann will ich künftig

---

355 Zur Erläuterung: Fabian Schleusener sicherte in der 98 Spielminute (90+8) mit seinem Tor in der Zweitligarelegation 2020 den Klassenerhalt.

356 Penners, Lothar: Gnadenkapital, Beiträge zum, in: Brantzen, Hubertus; King, Herbert; Penners, Lothar; Pollak, Gertrud; Schlosser, Herta; Schmiedl, Joachim und Wolf, Peter (alle Hg.): Schönstattlexikon, Fakten Ideen Leben, Vallendar-Schönstatt [2]2002, S. 127.

von hier aus die jugendlichen Herzen an mich ziehen und sie erziehen zu brauchbaren Werkzeugen in meiner Hand."[357] Lothar Penners verweist in der Reflexion auf mehrere theologische Wurzeln des Gnadenkapitals. Zunächst verortet er den Gedanken des Kolosserbriefs aufgreifend (wo der Leib Christi durch das irdische Leben mit dem ergänzt wird, was dort fehle[358]) die Idee des Gnadenkapitals in der paulinischen Theologie. Weiter führt er die ‚Gemeinschaft der Heiligen', wie sie im Credo genannt wird, als ein exemplarisches Beispiel dafür an, dass Christen füreinander eintreten können: sei es durch fürbittende Gebete oder auch durch stellvertretendes Tun.[359] Schließlich führt er mit der Enzyklika ‚Mystici Corporis'[360] von Papst Pius XII auch das Lehramt an, wenn dort der Papst schreibt, dass es ein Mysterium ist, „dass nämlich das Heil vieler abhängig ist von den Gebeten und freiwilligen Bußübungen der Glieder des geheimnisvollen Leibes Jesu Christi, die sie zu diesem Zweck auf sich nehmen, und von der Mitwirkung, die die Hirten und Gläubigen, besonders die Familienväter und -mütter unserem göttlichen Erlöser zu leisten haben."[361] Der eher an die Ökonomie erinnernde

357 Vgl. Kentenich, Joseph: Schönstatt, Die Gründungsurkunden, Schönstatt-Verlag (Hg.), Vallendar-Schönstatt [7]1995, S.27.

358 Vgl. Kol 1,24.

359 Vgl. Penners, Lothar: Gnadenkapital, Beiträge zum, in: Brantzen, Hubertus; King, Herbert; Penners, Lothar; Pollak, Gertrud; Schlosser, Herta; Schmiedl, Joachim und Wolf, Peter (alle Hg.): Schönstattlexikon, Fakten Ideen Leben, Vallendar-Schönstatt [2]2002, S. 128.

360 P. Pius XII.: Enzyklika „Mystici Corporis Christi," in: AAS 35 (1943), S. 193 – 248.

361 Ebd., Hier: Absatz 41.

Ausdruck der ‚Beiträge zum Gnadenkapital' findet sich schon früh in der Geschichte der Schönstattbewegung. Dieses „Verschenken der menschlichen Bemühungen mit dem Ziel, sie [gemeint sind die Beiträge] der Gottesmutter Maria für ihre Wirksamkeit von Schönstatt aus zur Verfügung zu stellen"[362], wird als Beitrag zum Apostolat eingeordnet.

Tobias: „Das ist doch jetzt wieder eher deine Wortwelt als Wirtschaftswissenschaftlerin."

Domenica: „Nur weil der Begriff ‚Kapital' vorkommt – genauso gut hättest du nun auf Herrn Marx und den Kommunismus eingehen können. Aber möglicherweise ist für viele Menschen eine Sprache, die auf alltagserprobte Wirtschaftsbegriffe zugreift, tatsächlich leichter zu verstehen. Ich finde, P. Kentenich hat das hier durchaus genial gemacht, indem er auf den Begriff ‚Kapital' aufgebaut hat. "

Tobias: „Mir wäre es lieber, wenn wir bei den theologischen Kommentierungen bleiben."

Domenica: „Wirtschaft und Theologie; Natur und Gnade – das gehört doch zusammen, Herr Theologe …"

Das theologische Axiom, das auf Thomas von Aquin zurückgeht, dass Gnade die Natur voraussetzt, ist auch Grundlage für die Wirkweise und die Verortung der Beiträge zum Gnadenkapital in der Theologiegeschichte.[363] Dem entgegen steht die protestantische

362 Penners, Lother: Eine Pädagogik des Katholischen, Vallendar-Schönstatt 1983.

363 Ausführlich setzt sich Michael Marmann in seiner Dissertation von 1973 bei Joseph Ratzinger mit der These ‚gratia praesupponit naturam' auseinander: Vgl. dazu Marmann, Michael: Praeambula ad gratiam.

Vorstellung, die innerhalb der sogenannten Rechtfertigungslehre von dem Anspruch ausgeht, dass der Mensch nur aus Gnade und ohne eigenes Zutun von Gott gerettet wird – sola gratia. Diese Vorstellung, die unter anderem auf der Bibelstelle aus dem Römerbrief[364] gründet, wird katholischerseits vor allem durch die Pastoralbriefe und den Jakobusbrief[365] auch dahingehend interpretiert, dass das Tun sogenannter guter Werke ein wesentlicher Bestandteil derer ist, die vom Heiligen Geist berührt sind; frei nach dem paulinischen Spruch: Caritas Christi urget nos.[366] Die umfassende Beantwortung der Frage nach dem Verhältnis von Natur und Gnade würde diese Ausführungen hier sprengen. Daher soll neben der dezidierten Sichtweise P. Kentenichs nur noch darauf verwiesen werden, dass die unterschiedlichen theologiegeschichtlichen und konfessionsgebundenen Entwicklungen über das Verhältnis von Natur und Gnade durch die gemeinsame Erklärung zur Rechtfertigungslehre[367] zumindest

Ideengeschichtliche Untersuchung über die Entstehung des Axioms gratia praesupponit naturam, herausgegeben von Simone Billeci, Saarbrücken 2018. Vgl. zudem Vautier, Paul: Natur und Gnade in: Brantzen, Hubertus; King, Herbert; Penners, Lothar; Pollak, Gertrud; Schlosser, Herta; Schmiedl, Joachim und Wolf, Peter (alle Hg.): Schönstattlexikon, Fakten Ideen Leben, Vallendar-Schönstatt [2]2002, S. 269-272.

364 Röm 11,6: „wenn aber aus Gnade, dann nicht mehr aufgrund von Werken, weil sonst die Gnade nicht mehr Gnade wäre."

365 Jak 2,14: „Was nützt es, meine Brüder und Schwestern, wenn einer sagt, er habe Glauben, aber es fehlen die Werke? Kann etwa der Glaube ihn retten?"

366 Die Liebe Christi drängt uns. Vgl. 2. Kor 5,14.

367 Vgl. Die Gemeinsame Erklärung zur Rechtfertigungslehre, Alle

eine ökumenische Grundlage für weitere Überlegungen gefunden haben. P. Kentenich ist es ein Anliegen, das Begriffspaar ‚Natur' und ‚Gnade' nicht als statische Begriffe zu sehen oder im Sinne einer neuscholastischen Zwei-Stockwerke-Modell-Vorstellung voneinander zu trennen, sondern als gemeinsamen Ausdruck zu verstehen, was er unter dem Begriff des „organischen Denkens"[368] versteht. Der bemerkenswerte Hinweis von Paul Vautier, dass Sätze wie ‚gratia non destruit. Sed praesupponit er perficit naturam'[369] in ihrer Bedeutung sehr stark von der jeweiligen Definition der Begriffe abhängen und erst durch eine lebensmäßige Verortung ihre eigentliche Bedeutung gewinnen, drückt viel von der Haltung P. Kentenichs aus.[370] Diese organische und verbindende Sichtweise P. Kentenichs in Bezug auf die Begriffe ‚Natur und Gnade' kann schon ab Mitte der 1920er Jahre als ein Grundprinzip der Spiritualität Schönstatts angesehen werden.[371] Vor allem seine pädagogische Akzentuierung sorgt dafür, dass er ein starkes

---

offiziellen Dokumente von Lutherischem Weltbund und Vatikan (= Texte aus der VELKD; Nr. 87, Juni 1999), Lutherisches Kirchenamt der VELKD, Hannover 1999.

368 Vgl. Schlosser, Herta: Organisches Denken, in: Brantzen, Hubertus; King, Herbert; Penners, Lothar; Pollak, Gertrud; Schlosser, Herta; Schmiedl, Joachim und Wolf, Peter (alle Hg.): Schönstattlexikon, Fakten Ideen Leben, Vallendar-Schönstatt [2]2002, S. 286-291.

369 Auf Deutsch: Die Gnade zerstört nicht, sondern setzt voraus und vervollkommnet die Natur.

370 Vgl. Vautier, Paul: Natur und Gnade in: Brantzen, Hubertus; King, Herbert; Penners, Lothar; Pollak, Gertrud; Schlosser, Herta; Schmiedl, Joachim und Wolf, Peter (alle Hg.): Schönstattlexikon, Fakten Ideen Leben, Vallendar-Schönstatt [2]2002, S. 269-272. Hier: S. 269.

371 Vgl. ebd., S. 270.

„Interesse an der Verbindung des konkret Fassbaren (Natur) mit den Glaubenserfahrungen (Gnade)“[372] hat und diese herausstellen will. In Anlehnung an A. M. Weiß kommentiert und referiert er immer wieder die vier Eigenschaften der harmonischen Verbindung von Natur und Gnade als ***ursprünglich, pflichtmäßig (im Sinne von: verwiesen auf)***, wirksam und einigend.[373] P. Kentenich wendet sich „sowohl gegen den Supranaturalismus wie gegen den Naturalismus“[374] und betont, dass die Verbindung mit der Übernatur die Natur des Menschen nicht aufhebt, sondern sie in ihrer ganzen Fülle im Sinne der leiblich-seelisch-geistigen Einheit zur Entfaltung bringt.[375] Seine Anthropologie und seine Pädagogik sind Ausgangspunkt der inneren Grundhaltung, dass übernatürliche Beziehungen normalerweise natürliche Beziehungen voraussetzen und dass die religiöse Erlebnisfähigkeit zu allermeist durch die frühkindlichen Erlebnisse in der Familie grundgelegt wird.[376] P. Kentenich geht es nicht um eine Harmonisierung oder Pädagogisierung der Gnadenlehre, sondern ihm ist es ein Anliegen, auch die ‚theologia crucis‘ beziehungsweise die Frage nach Kreuz und Leid in sein organisches

---

372 Ebd., S. 270.

373 Vgl. ebd., S. 270.

374 Ebd., S. 271. Vgl. ausführlich auch Vautier, Paul: Maria, die Erzieherin, Vallendar-Schönstatt 1981, S. 313-315.

375 Vgl. Vautier, Paul: Natur und Gnade in: Brantzen, Hubertus; King, Herbert; Penners, Lothar; Pollak, Gertrud; Schlosser, Herta; Schmiedl, Joachim und Wolf, Peter (alle Hg.): Schönstattlexikon, Fakten Ideen Leben, Vallendar-Schönstatt [2]2002, S. 269-272. Hier: S. 271.

376 Vgl. ebd., S. 271.

Konzept einzubetten.[377] Treffend hält Paul Vautier daher in Bezug auf die vielfach von P. Kentenich verwendete Redewendung und Formel ‚Natur und Gnade' fest: „Natur und Gnade werden in innigster Weise verbunden gesehen; Natur ist Ausdruck, Mittel und Schutz für die Gnade, die Natur bildet das Gnadenhafte vor und ab, die Natur ist pädagogisch, der Genese nach (nicht dem Wert nach) Voraussetzung für das Übernatürliche. Das gilt für den Normalfall; P. Kentenich weiß, dass Gott nicht an eine solche Regel gebunden ist."[378]

Domenica: „Wenn wir so ein Kapitel miteinander schreiben, ist es für mich auch spannend zu sehen, welche Komplexität das Themas aus theologischer Sicht klar hat, auch wenn ich mir dazu bisher kaum Gedanken gemacht hatte."

Tobias: „Ist das für dich nicht auch total spannend?"

Domenica: „Im direkten Gespräch könnte ich ein ironisches ‚aber sicher doch' einbringen – hier wird man das nicht verstehen. Mir leuchtet zumindest ein, dass es sinnvoll ist, hier eine Kommentierung zu platzieren – auch wenn die Erfahrungstheologie ja unser eigentliches Herzstück ist."

---

377 Vgl. zur Frage der Theodizee weiter oben: Kapitel 7: Der personale Gott oder „Warum der liebe Gott pinke Glitzer-Einhörner mag" und Kapitel 10: Himmelwärts oder „Warum es gut ist eine Oma Friedi im Himmel zu haben"

378 Vautier, Paul: Natur und Gnade in: Brantzen, Hubertus; King, Herbert; Penners, Lothar; Pollak, Gertrud; Schlosser, Herta; Schmiedl, Joachim und Wolf, Peter (alle Hg.): Schönstattlexikon, Fakten Ideen Leben, Vallendar-Schönstatt [2]2002, S. 271.

Tobias: „Alles klar, sollen wir diese Kommentierung mit einem weiteren Fußballbeispiel aus der glorreichen Geschichte des 1. FC Nürnberg schließen?“

Domenica: „Bleiben wir lieber beim Karma-Beispiel.“

Auch wenn der Begriff ‚Gnade‘ in unserer pluralen Welt scheinbar aus der Mode gekommen ist, zeigen doch die von Jugendlichen fast schon areligiös verwendete Begrifflichkeit des ‚Karmas‘, dass auch heutzutage mit einem ‚Einbruch des Göttlichen‘ – etwas, das das eigene Leben beeinflusst und gleichzeitig weit übersteigt – gerechnet wird.

Erfahrungstheologie und Resonanzraum zum Thema: „Gnadenkapital“

Es ist Sommer. Aber man merkt davon wenig. Es ist bewölkt und die Stimmung ist auch nicht gerade heiter. Das liegt vor allem an Sophia. Sie weint viel. Sie schluchzt und schreit. Eigentlich ist ihr alles zu viel und alles, was sie denkt, machen zu wollen wird im nächsten Moment wieder verworfen. Der Grund für diese Unwetterstimmungslage ist klar: Sie hat Schmerzen. Zahnschmerzen. Ein kurzer Blick in ihren schreienden Mund macht es deutlich, dass da zwei Backenzähne auf dem Weg sind in ihren Gaumen vorzudringen. Am Abend beim Abendgebet – Sophia hat schon eine geraume Zeit vorher kapituliert und ist erschöpft auf Mamas Arm eingeschlafen – bringt es dann Klara auf den Punkt. Auf die Frage, woran wir heute denken wollen;

was wir dem lieben Gott und Maria bringen wollen, äußert sie sehr einfühlsam: „Ich denk' an Sophia, dass sie morgen nicht mehr so viel schreien muss." „Ja, hoffentlich sind ihre Zähne bald da", ergänzt mein Mann. „Und meine bald weg!" ruft Miriam etwas schwer verständlich, da sie gefühlt die halbe Hand an ihren beiden Wackelzähnen im Mund hat, während sie spricht.

***

Domenica: „Die Idee vom Gnadenkapital ermöglicht mir leichter Dinge zu tun, die ich nicht gerne tue. Da weiß ich, das bring' ich jetzt der Gottesmutter und die macht was draus."

Tobias: „Was zum Beispiel?"

Domenica: „Putzen!"

Tobias: „Das machst du nicht gerne? ***(Domenica findet diese humorvolle Bemerkung offensichtlich nicht ganz so witzig. Ihr Blick sagt alles.)*** Oh! Dann bringst du aber ordentlich Beiträge ins Gnadenkapital."

***

Auf einem Regal neben unserem Essenstisch steht ein imposanter, amphorenartiger Krug. In Anlehnung an Jesu erstes Wunder bei der Hochzeit zu Kana[379] bringen wir in dem Krug unser ‚Wasser' des Alltags und vertrauen darauf, dass dieses Alltagswasser in Hoch-Zeit(s)-Wein verwandelt wird. Wir bringen uns und unser Leben zu Gott und der Gottesmutter und bauen darauf, dass daraus etwas *Wunder*volles wird. In der Regel schreiben (oder malen) wir kleine Zettel, die wir

379 Vgl. Joh 2,1-12.

in den Krug werfen. Auf diesen Zetteln stehen Anliegen, die wir vor Gott bringen wollen, Namen von Menschen an die wir denken wollen oder denen wir uns besonders verbunden wissen. Manchmal wird auf die Zettel geschrieben, was besonders schön war, wie die Ostereiersuche im Kindergarten oder der Waldausflug. Ab und zu bringen wir die Entscheidungen, die für uns als Ehepaar oder Familie wichtig sind – auf Zettel geschrieben – in den Krug: Wo wollen wir daheim sein? Was ist die sinnvollste Entscheidung, um an diesem oder jenen Punkt der Entwicklung unserer Kinder genügend Rechnung zu zollen? Und vieles mehr, wie Herausforderungen, die bevorstehen; Geburtstage und Situationen wofür wir dankbar sind oder auch Anliegen, die wir im Kopf und auf dem Herzen haben. Unser Krug füllt sich. Fast jeden Tag. Stück für Stück. Die Zettel, mit all den Klängen unseres Lebens, den dunklen und dumpfen, genauso wie den hellen und wohlklingenden, bringen wir vor Gott. Wir bauen darauf, dass daraus eine Melodie wird, die zur großen Symphonie unserer Familie, unserer Beziehungen, unserer Zeit passt.

„Klara, was malst du da auf den Zettel?“

„Ich male ein Einhorn.“

„Was willst du denn damit sagen oder dem lieben Gott bringen?“

„Glaubst du nicht, dass Maria sich darüber freuen wird?“

***

Um es zu veranschaulichen könnte es dienlich sein, wenn wir hier ausführen, was wir normalerweise auf unsere Krugzettel schreiben, beziehungsweise worin unsere Beiträge zum Gnadenkapital genau bestehen. Die nachfolgende Liste ist ein Kinder- bzw. Familienzeugnis unsererseits und eine Anregung, auf die Wirkung Gottes und der Gottesmutter zu vertrauen. Es ist – wie so vieles von unseren Erfahrungen hier – nicht als Anleitung und erst recht nicht als Anweisung zu verstehen:

- Danke für die Begegnung heute mit meinen Freundinnen.
- Heute war es anstrengend (auf der Arbeit, mit den Kids). Das bringe ich euch.
- Ich denk' an Oma.
- Hoffentlich klappt das morgen beim Schwimmkurs. Ich bin aufgeregt.
- Ich hab' meine Schwestern gern. Der liebe Gott soll auf uns aufpassen.
- Hoffentlich gibt es morgen nicht schon wieder Nudeln zum Mittagessen.
- Wir denken an unsere Nachbarin, die gerade krank ist.
- Ich bring' all das ‚Wäsche zusammenlegen' und ‚Kinderzimmer aufräumen' hierher.
- Ich habe morgen eine herausfordernde Begegnung vor mir. Sei' du dabei.

- Gestern war ich zum Trauergespräch bei einer Familie, bei der die Mutter gestorben ist; an die denke ich.
- Ich wünsche, dass alle Menschen glücklich sind und, dass es keinen Krieg gibt.
- Ich denk' an unsere Freunde und deren Tiere.
- Ich finde es schön, wie Papa uns vorliest. Das gefällt mir. Ich bringe es in den Krug.
- Ich möchte das Flötespielen und Singen im Kindergarten der Gottesmutter bringen.
- Ich mag keine Hausaufgaben und trotzdem mach' ich sie gut. Das bekommt der liebe Gott.
- …

Domenica: „Ganz oft zählen die Mädels aber auch einfach Namen auf, an wen sie gerade denken und auf wen der liebe Gott und die Gottesmutter aufpassen sollen. Die allermeisten Zettel in unserm Krug sind sicherlich eine Aneinanderreihung von ganz vielen Namen."

Tobias: „Das stimmt, aber das lässt sich datenschutzkonform an dieser Stelle nur schwer abbilden."

***

Domenica: „Ich weiß, dass du mit dem Begriff Gnadenkapital so deine Probleme hattest. Aber für mich ist der Begriff super. Gerade als Wirtschaftswissenschaftlerin ist mir ein solches Wort wie ‚Kapital' eben sehr vertraut und dadurch anknüpfungsfähig an meine sonstige Denkweise."

Tobias: „Gnadenkapital in der Familie, heißt für mich auch beten mit Taten. Ich bring Gott und der Gottesmutter erledigte Aufgaben, die für mich herausfordernd waren – egal ob berufliche Dinge oder das schlichte Spülmaschinenausräumen. Dann halte ich das hin und lege es in deren Hände mit der Bitte: Mach' was draus, so dass Miriam, Klara und Sophia und auch andere Menschen was davon haben."

Domenica: „Von außen betrachtet, könnte man das als naiv ansehen."

Tobias: „Ja, kann schon sein. Aber psychologisch gesehen hilft es mir meine Aufgaben und Herausforderungen besser zu bewältigen, weil ich einen Sinn dahinter habe, für was beziehungsweise für wen ich es tue. Zudem habe ich oft genug dankenswerter Weise die Erfahrung machen dürfen, dass es wirkt; dass sich die Gottesmutter darauf einlässt – auch wenn das Endergebnis nicht immer dem entspricht, wie ich es mir vorher ausgemalt hatte."

***

„Papa, was machst du da?"

„Ich sammel' die Steine aus unserem Garten."

„Und für wen machst du das?"

Diese zweite Frage lässt mich aufhorchen. Denn anders als erwartet lautet diesmal die uralte Kinder- beziehungsweise Menschheitsfrage nicht ‚Warum – machst du das?', sondern ‚Für wen?'. Vermutlich weiß meine sechsjährige Fragenstellerin schon längst, dass es darum geht, die Steine aus der Erde zu sammeln um einen guten und sinnvollen Boden zu haben, wo später Gras angesät werden soll. Aus diesem Grund verzichtet sie wohl auf die naheliegende Frage des ‚Warum'. Spannend ist es dennoch, darüber nachzudenken, für wen ich das mache. Nicht nur die Steine im Garten, sondern auch andere Dinge. Für wen gehe ich arbeiten? Für wen versuche ich mich als Landschaftsgärtner? Für wen quäle ich mich mit Exceltabellen? Für wen mache ich dies? Für wen mache ich das? Häufig ist eine der naheliegendsten Antworten dabei natürlich: Für mich. Relativ schnell fallen mir dann die Personen meiner Familie ein, für die ich alles Mögliche tue: Vom im Badetuch eingewickelten ‚Monster-spielen' für den Kindergeburtstag bis hin zu schweißtreibenden Heimwerkerarbeiten eines talentfreien Maschinenallergikers. Und die Steine? Die sammle ich natürlich, damit wir als Familie irgendwann einen Rasen haben, auf dem die Kinder spielen, der Papa grillen und die Mama in der Sonne liegen kann. (Anmerkung Domenica: „Das ist jetzt aber sehr klischeehaft; zudem unterschlägst du hier, dass die allermeisten Steine wohl durch mich aufgelesen worden sind.") Aber ich denke mir gerade, dass ich jeden Stein auch gerne aufhebe und dabei an eine Person denke, die mir wichtig ist. Personen, die mir in den Sinn kommen. An Personen, denen ich mein Gebet versprochen habe oder denen es vielleicht helfen könnte. Ich denke an die bevorstehenden Geburtstagskinder und an Menschen, die gerade von jemanden Abschied nehmen mussten. Mir kommen Menschen in den Sinn, deren Beziehung gerade leiden oder die selbst gerade am Verzweifeln sind. Ich denke an unsere Nachbarn und Freunde. An Verwandte und Bekannte. Stein für Stein, ein Gebet nach dem anderen. So füllt sich die Schubkarre vor mir mit Steinen. Viele Steine. Viele Anliegen.

„Papa! Für wen sammelst du jetzt die ganzen Steine“

„Für alle!“, gebe ich Miriam knapp zurück. „Jeder Stein steht für Menschen und deren Anliegen. Das ist Beten mit den Händen. Willst du mitmachen?“ „Krieg‘ ich dann dafür Süßigkeiten?“ „Von mir aus.“

Domenica: „Es ist doch unglaublich! Du gibst den Kindern zu viele Süßigkeiten. Selbst bei deiner Analogie zum Thema Gnadenkapital – und das soll es unter diesem Kapitel ja wohl offensichtlich sein – bekommt Miriam am Ende Süßigkeiten. Es geht doch auch darum, dass man bei ‚Gnadenkapital‘ im Vorfeld nicht unbedingt weiß, was wie bei wem dann ankommt; nur dass der liebe Gott und die Gottesmutter mit diesen Gnadenbeiträgen sicher sehr gut umzugehen wissen.“

Tobias: „Miriam wusste vorher ja auch nicht, ob sie am Ende Schokolade oder Gummibärchen für ihr Mithelfen bekommt. Aber klar, wenn du das so anmerkst, ist das wohl die Stelle, wo der Vergleich hinkt.“

***

Manchmal ist auch das Abendgebet selbst unbeabsichtigt ein Beitrag der Eltern zum Gnadenkapital. Das gemeinsame Abendgebet gehört für uns ritualisiert in unser Familiensystem. Nachdem das Abendessen hinter sich gebracht wurde, alle Zähne geputzt sind, die Schlafanzüge angezogen und Mädchen-Haare durchkämmt worden sind, versammeln wir uns alle im elterlichen Schlafzimmer. Noch vor der obligatorischen Gute-Nacht-Geschichte blicken wir gemeinsam auf den Tag zurück und machen ein kurzes Abendgebet. Der Ablauf ist dabei bis auf kleine Abweichungen immer gleich. Nach dem Kreuzzeichen, singen wir ein Lied, dann werden gemeinsam Krugzettel mit allem Schönen und Herausforderndem des zurückliegenden Tages geschrieben beziehungsweise gemalt, danach beten wir miteinander ein ‚Vater-unser' und ‚die kleine Weihe', schließlich wird optional bei Bedarf oder Wunsch noch ein Lied gesungen, bevor wir uns alle gegenseitig segnen, indem wir einander ein Kreuz auf die Stirn zeichnen.

An diesem Abend beginnt alles wie gewohnt. Die Mädels sind noch ein wenig aufgedreht und doch klappt das mit dem ‚Kreuzzeichen üben' zu Beginn überraschend gut. Doch dann geht's los. Der Liedwunsch ‚Ich bin von innen, außen, oben, unten glücklich allezeit' wird gönnerhaft mit einem Grinsen von meiner Frau gewährt, da sie weiß, dass Bewegungslieder immer Sportübungen für mich bedeuteten. Nun ist es so, dass außer Sophia, die ab und an ihre kleinen Händchen vom Bett her in die Höhe reckt oder von Zeit zu Zeit in ein ekstatisches Klatschen verfällt, kaum einer von den anderen Damen mich bei meinen liedunterstützenden Bewegungen begleitet, da sie alle mit Instrumenten ausgestattet sind, um ‚Musik' zu machen. In der Regel hat meine Frau die Gitarre und die Mädels greifen auf eines der zahlreichen in unserem Haus befindlichen Musikinstrumente zurück. Heute hat sich Miriam für zwei Rasseln, beziehungsweise Maracas entschieden. Klara hat noch kein Instrument in der Hand. Ich vermute, sie greift sich dann einfach die Ukulele, die neben der Gitarre liegt. Doch falsch gedacht. Wie von der Tarantel gestochen, fährt sie auf, als sie die ersten Töne der Gitarre vernimmt. „Ich hab' noch kein Instrument!", spricht's und verschwindet in Richtung von Mimis Kinderzimmer, wo sie sich eines auszusuchen gedenkt. „Miriam", wende ich mich vorausschauend an meine Große, „du machst jetzt aber bitte keinen Stunk!" „Na klar, Papa." Ich bin schon erleichtert, als Miriam noch hinterherschiebt, „außer sie hat meine Flöte." Indes kommt Klara grinsend zurück und hält das Instrument noch hinter dem Rücken verborgen. Mit einem verschmitzen Lächeln zieht sie den Miriam-Trigger hervor und hält die Flöte triumphierend in die Höhe. „AAAAAAAHHHH! DAS IST MEINE FLÖTE!" Totaleskalation. Klara pustet nach Leibeskräften in die Flöte, Miriam schreit und Domenica versucht zu deeskalieren, dadurch, dass sie schon die ersten Töne des zu erwartenden Liedes zupft. Während ich den Plan meiner Frau unterstütze und nach Leibeskräften mitsinge und vor allem tanze, dass ‚ich von innen, außen, oben, unten glücklich sei, und zwar alle Zeit' wird deutlich, dass die Deeskalationsstrategie versagt hat. Die Rasseln sind zur Seite gelegt (oder eher geworfen) und die Flöte, die nun hart umkämpft ist, ähnelt eher einem waffengleichen mittelalterlichen Bauernspieß, als einem Musikinstrument. In das Gekreische, Geschrei und Gezanke werfe ich mich dazwischen und versuche die Flöte an mich zu nehmen. Irgendwie scheint die Situation zunehmend Abendgebet unwürdiger. Sophia ihrerseits sitzt staunend daneben. Nachdem Domenica ein Machtwort gesprochen hat („Benehmt euch jetzt endlich!"), das – wie auch immer sie das anstellt – magiegleiche Wirkung zu haben scheint und tatsächlich vorsichtig Entspannung verheißt, beginnt Sophia langsam zu weinen. Das Anheben von Mamas Stimme hat in ihr wiederum ausgelöst, dass sie sirenengleich zu ihrem alles andere als süßem Babygeheul ansetzt. Ich werfe noch zwei vernichtende Blicke in Richtung Klara und Miriam, die ‚schaut mal, was ihr angerichtet habt' ausdrücken sollen, ehe erneut mit dem eigentlichen Lied begonnen wird. Bei Sophia scheint diese Strategie zu greifen. Zumindest verstummt sie mit zunehmender Dauer des Liedes, während die andern beiden – Klara nun doch mit der Flöte und Miriam mit den erneut eingesammelten Maracas – kräftig vor sich hin musizieren. „Wofür sind wir denn heute dankbar? Was wollen wir dem lieben Gott und der Gottesmutter bringen und an wen denken wir heute besonders?" Die Einleitung für das Schreiben der Krugzettel greift Miriam als Steilvorlage auf. „Ich fand es heute blöd, dass Klara mich geärgert hat und meine Flöte genommen hat. Und außerdem ..." Was Miriam ‚außerdem' noch sagen wollte, geht in dem erneuten Geschrei unter, das diesmal von Klara ausgeht. „BLÖDE MIRIAM! DU BIST DOOF!" „Ich bin froh, wenn sich alle vertragen", steuert meine Frau einen konstruktiveren Beitrag für unseren Krugzettel bei, der unter gegenseitigen Beschimpfungen von Klara und Miriam aber fast untergeht. Sophia klatscht und lacht mittlerweile wieder, da sie vermutet, dass Klara und Miriam mit ihr ein Kuschelspiel im elterlichen Bett veranstalten. Einige mahnende Worte später beruhigen sich, die beiden Streithennen dann wieder. Mit dem Hinweis, dass jetzt die Worte ‚doof', ‚blöd' und ‚Flöte' heute nichts mehr im Abendgebet verloren hätten, frage ich nochmal, für wen die beiden beten wollen. „Ich denk' an Oma!" „Manno, Miriam! Ich wollte doch an Oma denken!" „Reißt euch zusammen", sage ich nur, „ihr könnt ja beide an Oma denken." [...]

Irgendwie geht danach auch dieses Abendgebet zu Ende. Vermutlich ist das heute mehr Beitrag zum Gnadenkapital gewesen, als tatsächliches Gebet. Aber die Tage gibt es eben auch. „Jesus war für Maria bestimmt auch nicht immer einfach“, bringt es meine Frau treffend auf den Punkt, ehe ich mich mit den beiden Großen zum Ronja Räubertochter lesen in Klaras Zimmer zurückziehe.

Impuls: Was sind unsere Beiträge?

Der Begriff vom ‚Opfer bringen‘ passt kaum mehr in unsere Zeit. Aufopfernd sich einer Sache, einem Ziel oder häufig einer Person zu verschreiben – das versteht man noch eher. Aufopfernd, wie junge Menschen Zeit und Hoffnung für eine klimafreundliche Zukunft einsetzen. Aufopfernd, wie der Sohn den altgewordenen Vater pflegt. Aufopfernd, wie eine Mama sich für ihre Kinder einsetzt und sich um sie kümmert. Wenn Sie einen Krug in ihrem Zuhause hätten, wo sie mit der Gottesmutter alles, was Sie wollen, Jesus zum Wandeln hinhalten könnten, was würde dann auf ihren Zetteln stehen, die sie in den Krug werfen. Was wären Ihre Beiträge zum Gnadenkapital?

Nehmen Sie sich Zeit und tauschen Sie sich aus.

1. Wann habe ich zuletzt uneigennützig gehandelt? Warum?

2. Was möchte ich Gott und der Gottesmutter hinhalten, dass sie es wandeln?

3. Für wen oder was opfere ich mich auf?

Jesus,
Du warst auf einer Hochzeit in Kana in Galiläa
Du hast dort gewirkt
Weil deine Mutter dich gebeten hat;
Weil Menschen miteinander in Beziehung getreten sind;
Weil Personen auf dich vertraut haben.
Heute schenken wir dir,
Unseren Alltag
Mit den Freuden und Sorgen
Unseren Beziehungen
Mit der Liebe und den Herausforderungen
Unser Tun
Mit den Erfolgen und Misserfolgen
Unserm Können und Nichtkönnen.
Dich bitten wir:
Wandle es
Für dich,
Für uns,
Für alle.
Sei du auch unser Gast
In unserm Alltag,
In unseren Beziehungen,
In unserem Tun.

Amen.

Kapitel 12: Kirche

Dilexit Ecclesiam oder „Warum wir manchmal Dinge tun, die nicht sinnvoll erscheinen“

O-Ton P. Kentenich: ... dass unsere Familie die große Sendung erfüllt

Nachdem P. Kentenich an Weihnachten 1965 wieder nach seiner kirchlichen Rehabilitierung nach Schönstatt aus der Verbannung zurückgekehrt ist, gilt sein Blick der Zukunft der Kirche und der Zukunft des Schönstattswerks. Im Bewusstsein, dass Auftrag und Sendung der Kirche, wie sie im Konzil ausgedrückt wurden, auch Auftrag und Sendung Schönstatts sind, geht es P. Kentenich darum, die Impulse der Spiritualität für die nachkonziliare Kirche fruchtbar zu machen. Bemerkenswert ist nach den 14 Jahre des kirchlichen Exils, dass die Liebe zur Kirche ungebrochen ist. Selbst „in der schwierigsten Zeit seines von der Kirche verfügten Exils in Milwaukee äußerte Pater Kentenich zum ersten Mal: wenn er stirbt – selbst wenn er hier in der Verbannung stürbe – solle man auf seinen Grabstein schreiben: DILEXIT ECCLESIAM – Er liebte die Kirche. Bei mehreren Anlässen, vor allem nach dem Exil, wiederholte P. Kentenich diese Aussage. Ausführungen machten dann deutlich, wie sehr er sich mit dieser Grabinschrift von Kardinal Mermillod identifizierte und in welcher Dimension er sie im Blick auf sein eigenes Leben sah. Als P. Kentenich dann am fünfzehnten

September 1968 starb, war es selbstverständlich, dass sein Grab diese Aufschrift tragen würde.“[380]

„Dass wir insgesamt vor einer neuen Etappe der Familiengeschichte stehen, ist außer Zweifel. Was wollen wir denn nun tun in der gesamten folgenden Etappe? Ich möchte am liebsten an die Tore der folgenden Jahre und Jahrzehnte das Wort schreiben, das ich seinerzeit einmal für das Heilige Offizium geschrieben habe: „Dilexit Ecclesiam".

Das Wort sollte besagen: Ich möchte einmal auf meinem Grabstein das Wort einmeißeln lassen und dorten eingemeißelt sehen und für folgende Zeiten festgehalten wissen: „Dilexit Ecclesiam". Und wie sieht diese Liebe zur Kirche aus?

Ich habe Ihnen in diesen Tagen sagen dürfen, was ich dem Heiligen Vater bei Gelegenheit der unerwarteten Audienz habe versprechen dürfen: Wir als Gesamtfamilie – will also heißen, als Gesamtfamilie, die vom Kreuze abgenommen ist – wollen uns in der Folge bemühen, mit allen Mitteln dem Papste mitzuhelfen an der Verwirklichung der postkonziliaren Sendung der Kirche. So soll das Wort „Dilexit Ecclesiam" eine ausgeprägte, eine tiefgreifende Ausdeutung bekommen: „Dilexit Ecclesiam", Schönstatt dilexit ecclesiam – Schönstatt hat die Kirche geliebt. Die Liebe zur Kirche treibt uns an, die postkonziliare Sendung der Kirche möglichst vollkommen und nach allen Richtungen zu unterstützen.

380 Locher, Peter; Niehaus, Jonathan; Unkel, Hans-Werner; Vautier, Paul (alle Hg.): Kentenich Reader, Band III, Dem Propheten folgen, Vallendar-Schönstatt 2010, S. 357.

Wahrhaftig, „Dilexit Ecclesiam”! Die Liebe zur Kirche hat uns gedrängt, das Schönstatt-Werk ins Leben zu rufen, oder besser gesagt, sie hat den lieben Gott bestimmt, uns diese Sendung zum Wohle der Kirche zu geben. „Dilexit Ecclesiam”, die Liebe zur Kirche hat uns gedrängt, uns das Kreuz des Herrn, die Kreuzigung, von der Kirche selber gefallen zu lassen und diesen Kreuzweg des Herrn uns von der Kirche selber auferlegen zu lassen. „Dilexit Ecclesiam”.

„Dilexit Ecclesiam”, die Liebe zur Kirche drängt uns auch jetzt, diese Kirche, die uns verfolgt hat, mit endloser Wärme zu lieben, alles Vergangene zu vergessen und mit der ganzen Kraft uns nunmehr einzusetzen, dass unsere Familie die große Sendung erfüllt, und der Kirche zu helfen, siegreich vorzustoßen an das Ufer der neuesten Welt; also das Ideal der Kirche am neuesten Ufer zu verwirklichen.“[381]

Einordnende Kommentierung: Ekklesiologie Schönstatts

Von Pater Kentenich stammt der berühmte Ausspruch „Alles für Schönstatt. Schönstatt für die Kirche und die Kirche für den Dreifaltigen Gott.“[382] Hierin wird schon

381 Kentenich, Joseph: Auszug aus einem Vortrag am 31.12.1965 für die gesamte Schönstattfamilie, in: Locher, Peter; Niehaus, Jonathan; Unkel, Hans-Werner; Vautier, Paul (alle Hg.): Kentenich Reader, Band III, Dem Propheten folgen, Vallendar-Schönstatt 2010, S. 358.

382 Weigand, Rudolf; Wolf, Peter: Kirche, in: Brantzen, Hubertus; King,

deutlich, dass P. Kentenich die Schönstattbewegung nie als Gegenüber zur Kirche, sondern als genuinen Bestandteil der selbigen verstanden hat. Das Kirchenbild, das der Spiritualität Schönstatts zu Grunde liegt, ist dabei eines, das erst mit dem Konzil und seiner Theologie einigermaßen kongruent geworden ist.

Domenica: „Ekklesiologie? Auch wenn ich das gut verstehe, sollten wir schauen, dass das nicht wieder so ein abstraktes, theologielastiges Kapitel wird?"

Tobias: „Liegt bei dem Thema aber doch in der Natur der Sache, oder?"

Domenica: „Vielleicht ist das ein grundsätzliches Problem, wenn von Kirche und Kirchenbild nur im Abstrakten gesprochen wird. Wenn Pater Kentenich auf seinen Grabstein schreiben lässt ‚Er liebte die Kirche', dann hat das doch was mit Gefühlen zu tun, die weit über theoretische Abstrakte hinausreichen."

Dennoch stellen Rudolf Weigand und Peter Wolf durchaus zu Recht fest, dass die katholische Kirche für Joseph Kentenich „von Anfang an selbstverständliche Heimat [war], in die es hineinzuwachsen und die es erneuernd mitzugestalten"[383] gilt. Für P. Kentenich ist die Kirche im Sprachduktus immer deckungsgleich mit der katholischen Kirche. Sie sieht er als von Gott eingesetzte Gemeinschaft an, die Menschen ermutigt und befähigt, ihre je eigene göttliche Berufung zu ergreifen, sie zu

Herbert; Penners, Lothar; Pollak, Gertrud; Schlosser, Herta; Schmiedl, Joachim und Wolf, Peter (alle Hg.): Schönstattlexikon, Fakten Ideen Leben, Vallendar-Schönstatt [2]2002, S. 199-202. Hier: S. 202.

383 Ebd., S. 199.

befolgen und danach zu leben.[384] P. Kentenichs Verhältnis zur Kirche ist in der Gründungszeit Schönstatts vor allem implizit auf Veränderung und Umbruch angelegt. Mit seiner Spiritualität, seinem freiheitspädagogischen Ansatz, steht er in vielem den bestehenden kirchlichen Haltungen und Positionen konträr gegenüber. Dabei ist seine Zielperspektive, die des neuen Menschen in neuer Gemeinschaft, von der prophetischen Denkweise geprägt, dass der wachsende Umbruch, wie er in den Zeitenstimmen wahrnehmbar ist, auch zu einer Veränderung und Erneuerung der Kirche führen muss und wird.[385] Im biblischen Bild des Coenaculums verortet er die junge Bewegung. Daraus leitet er ab, dass „auf Fürbitte Mariens ein Einbruch göttlicher Kräfte in Gang“[386] gekommen ist und Maria auch heute noch im schönstättischen Coenaculum, dem Heiligtum[387], als die Königin der Apostel und die große Missionarin wirkt. So sagt er voller Zuversicht den über Jahrzehnte prägenden Satz für die Schönstattbewegung 1929: „Im Schatten des Heiligtums werden sich in den nächsten Jahrhunderten in Deutschland, ja darüber hinaus die Schicksale der Kirche wesentlich mitentscheiden.“[388] P. Kentenich war davon überzeugt, dass „nicht eigenes

384 Vgl. ebd., S. 199f.

385 Vgl. ebd., S. 199f.

386 Ebd., S. 200.

387 Vgl. Kapitel 9: Heiligtum oder „Wo das schönste Land in Deutschlands Gauen liegt".

388 Kentenich, Joseph: Im Schatten des Heiligtums!, in: Locher, Peter; Niehaus, Jonathan; Unkel, Hans-Werner; Vautier, Paul (alle Hg.): Kentenich Reader, Band I, Dem Vater begegnen, Vallendar-Schönstatt 2008, S. 121-133. Hier: S. 132.

Organisationstalent oder neue Strukturen"[389], die Zukunft der Kirche sichern würden, sondern das Rückbesinnen auf die göttlichen Kräfte innerhalb dieser Kirche. Wolf und Weigand machen darauf aufmerksam, dass die lebensmäßige Vertiefung der paulinischen Theologie vom Leib Christi in der Gedankenwelt von P. Kentenich immer schon präsent war, aber vor allem in der Dachau-Zeit[390] eine eigene Vertiefung erfahren hat. Diese Leib-Christi-Metaphorik wurde von P. Kentenich bestätigend wahrgenommen, da sie sehr anschlussfähig an die Enzyklika Pius XII. ‚Mystici Corporis'[391] ist. Als dann durch das Konzil vor allem auf das Bild des pilgernden Gottesvolkes als Ausdruck für die Kirche gesetzt wird, greift P. Kentenich dies auf und spricht von der postkonziliaren Sendung Schönstatts, die es zu verwirklichen gilt.[392] Die Spiritualität Schönstatts

389 Weigand, Rudolf; Wolf, Peter: Kirche, in: Brantzen, Hubertus; King, Herbert; Penners, Lothar; Pollak, Gertrud; Schlosser, Herta; Schmiedl, Joachim und Wolf, Peter (alle Hg.): Schönstattlexikon, Fakten Ideen Leben, Vallendar-Schönstatt [2]2002, S. 199-202. Hier: S. 200.

390 Vgl. weiter oben Kapitel 10: Himmelwärts oder „Warum es gut ist eine Oma Friedi im Himmel zu haben". Vgl. zudem Monnerjahn, Engelbert: Häftling 29392, Der Gründer des Schönstattwerkes als Gefangener der Gestapo 1941-1945, Vallendar-Schönstatt 1972.

391 Vgl. P. Pius XII.: Enzyklika „Mystici Corporis Christi," in: AAS 35 (1943), S. 193 - 248.

392 Vgl. Kentenich, Joseph: Auszug aus einem Vortrag am 31.12.1965 für die gesamte Schönstattfamilie, in: Locher, Peter; Niehaus, Jonathan; Unkel, Hans-Werner; Vautier, Paul (alle Hg.): Kentenich Reader, Band III, Dem Propheten folgen, Vallendar-Schönstatt 2010, S. 358. P. Kentenich deutet die Dokumente des Konzils dahingehend, dass die Kirche der Zukunft brüderlich (d.h. geschwisterlich und familienhaft), arm, demütig, dynamisch und eine vom Heiligen Geist regierte, die Welt

lässt sich daher als ekklesiogenetisch beschreiben, da sie einerseits prophetisch antizipierend, andererseits aber auch kirchentreu beweglich und zukunftsorientiert sich einordnen ließe. In der eher polemischen Gegenüberstellung von „Amt und Charisma"[393] verorten Wolf/Weigand P. Kentenichs Position dahingehend, dass er „Schönstatt als einen charismatischen Aufbruch in der Kirche"[394] versteht, aber sich dem Urteil der kirchlichen Autorität beugt und dieses selbst in der Verbannung verteidigt.[395]

Tobias: „Und die Kirchenentwicklungsprozesse heute? Ich bin der Meinung, dass Schönstatt da mindestens genauso nötig ist und eine prophetische Sendung für die Kirche hat."

Domenica: „Zumindest zeigt sich für mich innerhalb der Bewegung viel von der Kraft und Begeisterungsfähigkeit, die Christentum und Kirche ausmachen sollte."

---

durchdringende Kirche sein wird (vgl. Kentenich, Joseph: Vortrag vom 10.02.1968 bei der Standesleitertagung in Haus Mariengart, zitiert nach: Weigand, Rudolf; Wolf, Peter: Kirche, in: Brantzen, Hubertus; King, Herbert; Penners, Lothar; Pollak, Gertrud; Schlosser, Herta; Schmiedl, Joachim und Wolf, Peter (alle Hg.): Schönstattlexikon, Fakten Ideen Leben, Vallendar-Schönstatt [2]2002, S. 199-202. Hier: S. 201).

393 Weigand, Rudolf; Wolf, Peter: Kirche, in: Brantzen, Hubertus; King, Herbert; Penners, Lothar; Pollak, Gertrud; Schlosser, Herta; Schmiedl, Joachim und Wolf, Peter (alle Hg.): Schönstattlexikon, Fakten Ideen Leben, Vallendar-Schönstatt [2]2002, S. 199-202. Hier: S. 200.

394 Ebd., S. 200.

395 Vgl. ebd., S. 200.

Zeitlebens spricht P. Kentenich von einem ,Gestaltwandel in der Kirche'[396] und sieht einen Schlüssel dabei durch eine „stärkere Personalisierung und Familiarisierung der Kirche".[397] Dabei steht für ihn fest, dass sich Kirche diesbezüglich gestaltwandlerisch dahingehend verändert, dass sie sich „von einem Nachwuchschristentum hin zu einem Wahlchristentum, von einem Rechtschristentum zu einem Liebeschristentum, von einem Rückzug ins Ghetto zu einem Erobererchristentum, von einem Klerikerchristentum zu einem Laienchristentum"[398] entwickeln wird. Zudem gehört es zur DNA der schönstättischen Spiritualität, dass die Zukunft der Kirche marianisch gedacht wird: „Wie die Gottesmutter möchte die Schönstatt-Bewegung ,Herz der Kirche' und so die von innen bewegende Liebesmacht sein, wobei das Herz in seiner dem Leben dienenden Weise und in seiner Verborgenheit gemeint ist."[399] Gerade in Bezug auf die ekklesiologische Dimension innerhalb der Spiritualität Schönstatts lässt sich zudem in der Sprachwahl ,Schönstatt*familie*' erkennen, dass die Sozialform der Familie ein Idealbild darstellt, wie Kirche verwirklicht

396 Vgl. ebd., S. 199-202. Hier: S. 201.

397 Kentenich, Joseph: Brief an Pater Turowski SAC 1952, zitiert nach: Weigand, Rudolf; Wolf, Peter: Kirche, in: Brantzen, Hubertus; King, Herbert; Penners, Lothar; Pollak, Gertrud; Schlosser, Herta; Schmiedl, Joachim und Wolf, Peter (alle Hg.): Schönstattlexikon, Fakten Ideen Leben, Vallendar-Schönstatt ^{2}2002, S. 199-202. Hier: S. 201.

398 Weigand, Rudolf; Wolf, Peter: Kirche, in: Brantzen, Hubertus; King, Herbert; Penners, Lothar; Pollak, Gertrud; Schlosser, Herta; Schmiedl, Joachim und Wolf, Peter (alle Hg.): Schönstattlexikon, Fakten Ideen Leben, Vallendar-Schönstatt ^{2}2002, S. 199-202. Hier: S. 201. Vgl. vertiefend und erläuternd ebd., S. 201.

399 Ebd., S. 202.

und gedacht werden soll. Dabei kann der Begriff ‚Familie' durchaus modern im Sinne unserer pluralen Denkmodelle verstanden werden. Kirche als Familie zu denken, bedeutet nicht in erster Linie patriarchal-überholt zu fragen, ‚wer das Sagen hat', sondern Menschen miteinander in einen wechselseitigen aufrichtigen Lebens- und Liebesvorgang hineinzunehmen:

- Familiale Bindungen beinhalten idealerweise ausreichend Freiraum zum persönlichen Wachstum in Kombination mit sicheren und belastbaren Bindungsstrukturen.

- Familiale Beziehungsmuster sind geprägt von wechselseitigem Einfluss der einzelnen Mitglieder zueinander.

- Familiale Rahmenbedingungen bieten einen Schutzraum, wo jeder sich so entwickeln darf, wie er von Gott erdacht wurde und so zur besten Version seiner Selbst werden kann.

- Familiales Miteinander braucht soziale Kompetenzen und die Fähigkeiten respektvoll miteinander umzugehen und entsprechend zu kommunizieren, sowie Bereitschaft zur Versöhnung.

- Familiale Strukturen bedingen gegenseitige Verantwortlichkeiten und (Für-)Sorge umeinander.

- Familiales Zusammenleben beinhaltet die Bereitschaft einander am Leben teilhaben zu lassen; miteinander Träume, Wünsche und Visionen zu teilen; Vertrauen, Geborgenheit und Verlässlichkeit zu erfahren.

- Und schließlich bedeutet Familie-Sein aus religiös-gläubiger Perspektive auf einen Gott zu setzen, der gegenwärtig ist in den inter- und innerfamiliären Beziehungsstrukturen. Es bedeutet, an einen Gott zu glauben, der erfahrbar ist in wahrhaftigen Liebesbeziehungen und eben auch im typischen familialem Miteinander. Ein Gott, der uns durch die anderen Familienmitglieder erahnen lässt, dass es etwas gibt, das uns selbst übersteigt und hineinführt in das Mysterium des Transzendenten.

Domenica: „Hat dieses Bild der Pfarrfamilie nicht schon längst ausgedient?“

Tobias: „Ja, das glaube ich auch. Zumindest, wenn man diese Gemeindemodelle der 1970er Jahre als Grundlage hernimmt.“

Domenica: „Kirche als Familie … Das hängt dann auch wieder stark vom jeweiligen Familienbild ab. Und das ist heutzutage durchaus deutlich vielfältiger. Außerdem bin ich dagegen, solche Bilder spirituell zu verklären. Familie ist auch mal sehr temperamentvoll. In unserm Fall mit viel glitzernder Prinzessinnenfreude und emotionsgeladener Gefühlstornados.“

Resümierend, in Bezug auf die von P. Kentenich gewählte Grabinschrift, halten Wolf/Weigand schließlich fest, dass die Schönstatt-Bewegung in diesem Sinne als eine Initiative für die Kirche und als Ausdruck der Liebe zur Kirche verstanden sein will. So wollte P. Kentenich der Kirche im Zeitenumbruch der Postmoderne ein ‚Modell‘ anbieten: Mit der internationalen, geistlichen Schönstattfamilie wollte er „viele Probleme und Fragestellungen der neuesten Zeit im Sinne ‚exemplarischer Fälle‘

lösen und diese Lösungen der Kirche anbieten und in sie einbringen“[400] ohne etwa eine neue Ekklesiologie oder nur theoretische Thesen für die Reform der Kirche zu präsentieren.[401]

Erfahrungstheologie und Resonanzraum zum Thema: „Dilexit Ecclesiam – Unser Kirchenbild“

Wir kennen viele Menschen, die sich ausgeschlossen fühlen und verletzt worden sind von der Kirche, der wir immer noch treu sind. Wir verschließen nicht die Augen vor den guten Gründen auszutreten, die auch uns herausfordern: Die Fragen nach Macht und Missbrauch? Die persönlichen Verletzungen, die Nicht-Akzeptanz aufgrund von so-sein wie Gott einen gedacht hat, die Hilflosigkeit im Angesicht von Verrat an der Botschaft Jesu – um nur einige Gründe zu nennen. Und dennoch! Wir bleiben! Wir bleiben, weil es ihn noch gibt in seiner Kirche, weil die Botschaft Jesu der Kern dieser Gemeinschaft ist, weil der Geist Gottes hierin für uns erfahrbar ist und er uns als seine Werkzeuge will, um auch mitzuarbeiten, dass die Kirche Wegbereiterin des Reiches Gottes wird, als die sie gedacht ist. Als eine Ansammlung von Menschen, die gemeinsam als Pilgerinnen und Pilger des einen Gottesvolkes, als Zweifelnde und Hoffende, als Glaubende und Liebende

400 Ebd., S. 202.

401 Vgl. ebd., S. 202.

unterwegs sind hin zu einer neuen Wirklichkeit. Hin zu einem Traum, den Jesus ‚Reich Gottes' genannt hat und von P. Kentenich als ‚neuer Mensch in neuer Gemeinschaft' ausgedrückt wird.

Ob wir die Kirche lieben? Wohl eher nicht. Wir lieben uns und unsere Töchter – die Kirche nicht. Aber wir lieben es einen Traum von Kirche zu träumen, der begeistert und verbindet.

***

Das Ziel ist, irgendwann einen Garten mit einem grünen Rasen zu haben. Nun ist es so, dass wir zwar mittlerweile einen Garten haben, der auch ganz schön grün ist – von Rasen ist dieses Grün aber weit entfernt. Es handelt sich dabei um sämtliches Unkraut, das in dem auf unserm Grundstück verteilten Mutterboden enthalten war. Nun gilt es, bevor man tatsächlich Rasen einsähen kann, sämtliches Unkraut inklusive der Wurzeln zu entfernen. Das ist eine müßige Arbeit. Spaß und Freude sieht sicher anders aus. Als wir vor einigen Jahren von einem eigenen Garten geträumt haben, hatten wir dabei sicher nicht als erstes an Unkraut-jäten gedacht. Trotzdem. In dem Wissen, dass jedes herausgerissene Unkraut uns dem Traum von einem eigenen Garten mit grünem Rasen ein Stück näherbringt, sind wir motiviert, hier gut voran zu kommen. Die Vision ist größer als die herausfordernde Realität. Der Traum und die Vision von dem, was sein könnte – beziehungsweise dem, was sein wird – lässt uns die Gegenwart gestalten. So ist es auch mit der Kirche. Die Realität ist manchmal zäh und oft mühsam, aber wie viele andere träumen wir von einer Zukunft in der Kirche, die attraktiv ist und für die Mühen der Gegenwart entschädigt.

***

Das Thema ‚Dilexit Ecclesiam' beinhaltet auch die Dimension, dass wir manchmal aus Liebe Dinge tun, die in einem objektiven Licht betrachtet vielleicht gar nicht so sinnvoll erscheinen. Sophia ist großartig dabei, uns als Eltern im Haushalt zu unterstützen. Sie liebt es zu helfen. Ganz genau beobachtet sie Domenica dabei, wie die Fenster geputzt werden. Und dann ist ihr klar, das kann ich auch. So kann ich die Mama, die ich sehr lieb hab', unterstützen. Was Sophia nicht ganz einsichtig ist, ist die Tatsache, mit welchen Materialien die Fenster geputzt werden. Aber warum sich lange darüber den Kopf zerbrechen. Da wird kurzerhand das genommen, was zur Verfügung ist. Derzeit ist es eben die Kindersonnencreme. Einige Momente der elterlichen Unaufmerksamkeit werden ausgenutzt, um die ‚Überraschung' in die Tat umzusetzen: Sämtliche bodentiefe Fenster des Wohnzimmers sind feinsäuberlich mit der klebrigen Sonnencreme beschmiert und sorgen zwar nicht für saubere Fenster, dafür aber für einen Duft nach Sommer und Urlaub mitten in unserem Haus. „Für Mama!“, erklärt Sophia ihre uneigennützige Liebestat noch genauer.

***

Tobias: „Beim Thema ‚Kirche' sollten wir auch auf die derzeitige kirchliche Situation eingehen.“

Domenica: „Du meinst die Frage nach Reformen, die Realität der Austrittszahlen, der ganze erschreckende

Komplex der Missbrauchsfälle, die sich verändernden Kirchenstrukturen …“

Tobias: „Auch wenn man deiner Aufzählung noch einiges hinzufügen könnte: Genau diese Situation meine ich.“

Domenica: „Willst du dich jetzt ernsthaft hier im letzten Kapitel unseres Buches auf kirchenpolitisches Glatteis begeben?“

Tobias: „Nicht ganz. Vielmehr bin ich daran interessiert, aufzuzeigen, dass wir in Schönstatt durch die Realität des Liebesbündnisses etwas haben, das verbindet.“

Domenica: „Das stimmt. Die Verbundenheit im Liebesbündnis wirkt über spaltende Denkkategorien wie ‚konservativ‘ oder ‚progressiv‘ einfach hinweg.“

Tobias: „Genau. Dabei werden keinesfalls die unterschiedlichen Positionen nivelliert oder relativiert, aber man hat eine gemeinsame Brücke, die über das Trennende hinweg von einem zum andern gespannt ist. Ich glaube daher, dass die Spiritualität Schönstatts und die Erfahrung des gelebten Liebesbündnisses eine ekklesiologische, beziehungsweise kirchliche Dimension hat.“

Domenica: „Ich finde, dass dieser verbindende Charakter über unterschiedlichste Denkansätze und Positionen hinweg sicher etwas ist, wovon wir mehr bräuchten in Kirche und Gesellschaft. In Zeiten von Echokammern und Denk-Blasen, wo die Dialogunfähigkeit oder -Verweigerung gesellschaftlich wie kirchlich Hochkonjunktur hat, braucht es Brückenbauer.“

Tobias: „Und dabei können Familien ein Vorbild sein. Familien, wo über trennende Unterschiede einfach hinweggeliebt wird und der Beziehung- und Kommunikationsfaden nicht abreißt."

Domenica: „Hier idealisierst du jetzt aber Familie ganz schön. Familienerfahrungen sind häufig nicht wie im Bilderbuch."

Tobias: „Ohne Frage eignet sich nicht alles, was Familie automatisch ausmacht, als Blaupause für gesellschaftliches oder kirchliches Miteinander. Ich glaube dennoch, dass die eigene Familienerfahrung für viele Menschen nachvollziehbar und anschlussfähig ist, wenn es darum geht miteinander klar zu kommen trotz offensichtlicher unterschiedlicher Meinungen, Haltungen und Wertvorstellungen."

***

Für uns als Familie ist Kirche erfahrbar. Im Kleinen, wir als Hauskirche[402]; aber auch im Großen: Kirche als die Gemeinschaft von Gläubigen. Kirche in diesem Sinne wird für uns als Familie vor allem auch dort erfahrbar, wo wir mit anderen Familien als Glaubende unterwegs sind. Sie wird erlebbar, wenn hier bei uns im Nahraum andere zum gemeinsamen Beten und Gottesdienst feiern zusammenkommen.

402 Vgl. Kapitel 6 in diesem Werk: Kapitel 6: Hauskirche oder „Wie Stinkefüße ein Ausdruck familiärer Wertschätzung sein können".

Impuls: Wo hängt unser Herz?

Dem Wunsch Pater Kentenichs entsprechend, steht auf seinem Grabstein „Dilexit Ecclesiam“ – Er liebte die Kirche. Was würde wohl als abschließendes Resümee auf meinem Grabstein stehen? Oder anders gefragt: Woran hängt denn mein Herz so sehr, dass dies für mich eine wichtige Dimension und Denkkategorie ist: quasi eine Überschrift unter der ich lebe?

Nehmen Sie sich Zeit und tauschen Sie sich aus.

1. Welche materiellen Dinge sind mir so wertvoll, dass ich sie immer mitnehmen würde?

2. Was tue ich, obwohl ich darauf eigentlich keine Lust habe? Warum?

3. Wer oder was bereichert mein Leben und ist für mich unbezahlbar?

Mein Herz
Ist ein pulsierender Muskel,
der mich leben lässt.

Mein Herz
Ringt manchmal mit meinem Kopf,
und korrigiert zuweilen mein Bauchgefühl.

Mein Herz
Ist ein treuer Ratgeber
Und Ort der Gottesbegegnung in mir

Mein Herz
Gehört mir nicht allein,
es braucht die Beziehungen

Mein Herz
Sehnt sich danach, sich zu verschenken,
und zu lieben.

Mein Herz
Ist mehr als ein pulsierender Muskel,
der mich leben lässt.

Was noch zu sagen wäre …

Es ist eine ganz eigene Herausforderung, als Ehepaar miteinander so ein Buch zu verantworten.

Domenica: „Das ist jetzt aber schon ein wenig beschönigend formuliert. Gerade die Kommentierungsabschnitte waren doch phasenweise deutlich anstrengender als ‚herausfordernd'."

Tobias: „Aber wir hatten doch sehr spannende Diskussionen dabei."

Domenica: „Na gut, ich werde es anders ausdrücken: Du warst mitunter sehr anstrengend – vor allem bei den Kommentierungen. Oder um es mit deinen Worten zu sagen: ‚herausfordernd'."

Als dieses Buch am Entstehen ist laufen gerade die ersten Planungen für das Familienfestival der Schönstattbewegung 2024. Dort wird sicher darüber nachgedacht werden, wie von Familien Hoffnungszeichen in unsere Zeit ausgesandt werden können. Hoffnungszeichen von Familien, die aus dem Schatz der Spiritualität Schönstatts leben und sich von Pater Kentenich und seiner Denkweise inspiriert wissen. Eines dieser familiären, persönlichen Zeugnisse stellt dieses Buch dar.

Natürlich ist das, was hier unter Erfahrungstheologie aufgezeigt wurde, sehr subjektiv, situations- und zeitgebunden. Andere Realitäten, die von unseren eigenen Familiensituationen abweichen, sind höchstens andeutungsweise dabei. Was bedeutet beispielsweise aus erfahrungstheologischer Sicht der Umgang mit pubertierenden Kindern, mit Scheitern und Beziehungskrisen, mit psychischen Krankheiten, mit Angst- und Verlusterfahrungen? – um nur einige zu nennen. Gibt es dabei einen Eigenwert, der sich aus der Spiritualität Schönstatts ableiten ließe? Die These lautet: Ja. Selbstverständlich spielen dabei dann die unterschiedlichen Persönlichkeits- und Charaktereigenschaften eine ganz eigene Rolle.

Nun ist es so, dass dieses Buch – wie eingangs erwähnt – ja keinesfalls den Anspruch hat, *alles* abzubilden. Hoffentlich können die angeführten, sehr individuellen Beispiele aber als Anregung dienen, um zumindest ansatzweise ein Verständnis dafür zu entwickeln, was es für die je eigene (familiale) Lebenswirklichkeit bedeutet, aus der Kraft der Spiritualität Schönstatts und dabei vor allem aus dem Liebesbündnis heraus zu leben.

„Wir glauben fest, dass nie zugrunde geht, wer treu zu seinem Liebesbündnis steht.“

Literatur- und Quellenverzeichnis

Quellenverzeichnis von P. Joseph Kentenich

- Kentenich, Joseph: Ansprache vom 17.07.1966 vor dem Studentat der Schönstattpatres in Münster, An seine pars motrix, Bd. 4, Vallendar-Schönstatt 1993.
- Kentenich, Joseph: Auszug aus einem Vortrag am 31.12.1965 für die gesamte Schönstattfamilie, in: Locher, Peter; Niehaus, Jonathan; Unkel, Hans-Werner; Vautier, Paul (alle Hg.): Kentenich Reader, Band III, Dem Propheten folgen, Vallendar-Schönstatt 2010.
- Kentenich, Joseph: Autorität und Freiheit in schöpferischer Spannung (September 1961), bearbeitet durch Schlosser, Herta, Vallendar-Schönstatt 1993.
- Kentenich, Joseph: Brief zum 20. Mai 1948, in: Schlosser, Herta: Der neue Mensch, die neue Gesellschaftsordnung, Mit Originaltexten von Pater Josef Kentenich im zweiten Teil, Vallendar-Schönstatt 1971.
- Kentenich, Joseph: Christussinnigkeit des Werktagsheiligen, Exerzitien für Schönstätter Marienschwestern, 04.-11.03.1933, in: Boll, Günther; Buesge, Pia; Wolf, Peter (alle Hg.): Christus mein Leben, Ausgewählte Texte zum Christus-Jahr, Vallendar-Schönstatt [3]1997, S. 46-49.
- Kentenich, Joseph: Das Weltgrundgesetz der Liebe, in: Locher, Peter; Niehaus, Jonathan; Unkel, Hans-Werner; Vautier, Paul (alle Hg.): Kentenich Reader, Band II, Den Gründer studieren, Vallendar-Schönstatt 2010, S. 39-54.
- Kentenich, Joseph: Dass neue Menschen werden: Eine pädagogische Religionspsychologie, Tagung von 1951, Vallendar-Schönstatt 1971.

- Kentenich, Joseph: Ethos und Ideal in der Erziehung, Wege zur Persönlichkeitsbildung, bearbeitete Nachschrift durch Frömbgen, M. Erika, Vallendar-Schönstatt [2]1992.
- Kentenich, Joseph: Himmelwärts, Gebete aus Dachau, Gebete für den Gebrauch in der Schönstatt-Familie, Vallendar-Schönstatt 1973.
- Kentenich, Joseph: Grundriß einer neuzeitlichen Pädagogik für den katholischen Erzieher, Vorträge der Pädagogischen Tagung 1950, Vallendar-Schönstatt 1971.
- Kentenich, Joseph: Gründungsurkunde des Familienwerkes, in: Locher, Peter; Niehaus, Jonathan; Unkel, Hans-Werner; Vautier, Paul (alle Hg.): Kentenich Reader, Band I, Dem Vater begegnen, Vallendar-Schönstatt 2008.
- Kentenich, Joseph: Josephsbrief, Das Lebensgeheimnis Schönstatts, ab dem 03. Mai 1952, I. Teil Geist und Form, in: Schmitz, Joseph (Hg.) , Vallendar-Schönstatt 1971.
- Kentenich, Joseph: Josephsbrief, Das Lebensgeheimnis Schönstatts, ab dem 03. Mai 1952, II. Teil Bündnisfrömmigkeit, in: Schmitz, Joseph (Hg.), Vallendar-Schönstatt 1971, S. 43-60.
- Kentenich, Joseph: Kindsein vor Gott, bearbeitet von Boll, Günther Maria und Penners, Lothar, Vallendar-Schönstatt 1979.
- Kentenich, Joseph: Maria – Mutter und Erzieherin, bearbeitet durch Frömbgen, M. Erika, Vallendar-Schönstatt 1973.
- Kentenich Joseph: Marianische Werkzeugsfrömmigkeit, gehalten April-Juni 1944, bearbeitete Nachschrift durch Freitag, Maria, Schönstatt-Vallendar 1974.
- Kentenich, Joseph: Oktoberwoche 1967, Vorträge (14.-18. Oktober 1967) an die Delegierten der internationalen Schönstattfamilie, nicht editiert, 223 Seiten in Format A5.

- Kentenich, Joseph: Propheta locutus est. Vorträge und Ansprachen von Pater J. Kentenich aus seinen drei letzten Lebensjahren, Grußwort vom 07.09.1968 anlässlich des Katholikentages in Essen, in: Locher, Peter; Niehaus, Jonathan; Unkel, Hans-Werner; Vautier, Paul (alle Hg.): Kentenich Reader, Band I, Dem Vater begegnen, Vallendar-Schönstatt 2008.
- Kentenich, Joseph: Schlüssel zum Verständnis Schönstatts (September 1951), in: Boll, Günther: Texte zum Verständnis Schönstatts, Vallendar-Schönstatt, S. 148-228.
- Kentenich, Joseph: Schönstatt, Die Gründungsurkunden, Schönstatt-Verlag (Hg.), Vallendar-Schönstatt [7]1995.
- Kentenich, Joseph: Studie 1952/52, veröffentlicht in: Ziegler, August (Hg.): Texte zum Vorsehungsglauben, [3]Vallendar-Schönstatt 1988.
- Kentenich, Joseph: Texte zum 31. Mai 1949, Vortrag im Heiligtum von Bellavista am 31. Mai 1949, bearbeitet durch Fernandez, Rafael und Unkel, Hans-Werner, Santiago de Chile 1974.
- Kentenich, Joseph: Unsere marianische Sendung, Vorträge auf der Liebfrauenhöhe, Mai-Juni 1966.
- Kentenich, Joseph: Vortrag für den Führungskreis der Schönstatt-Mädchenjugend vom 19.08.1967, in: Boll, Günther; Stosiek, Nurrit; Wolf, Peter (alle Hg.): Geborgen im Vater-Gott, Ausgewählte Texte zum Gott-Vater-Jahr, Vallendar-Schönstatt 1998, S. 84-86.
- Kentenich Joseph: What is my philosophy of education?, in: Philosophie der Erziehung, Prinzipien zur Formung eines neuen Menschen- und Gemeinschaftstyps, aus dem Jahr 1961 bearbeitet von Schlosser, Herta, Vallendar-Schönstatt 1991, S. 39-89.

Kirchliche und Lehramtliche Dokumente

- Papst Pius IX.: Bulle „Ineffabilis Deus“ vom 8. Dezember 1854, in: Denzinger, Heinrich und Hünermann, Peter (Hg.): Kompendium der Glaubensbekenntnisse und kirchlichen Lehrentscheidungen, verbessert, erweitert, ins Deutsche übertragen unter Mitarbeit von Hoping, Helmut, Freiburg im Breisgau, Basel, Rom, Wien [37]1991, 2800–2804, S. 774-776.
- P. Pius XII.: Enzyklika „Mystici Corporis Christi," in: AAS 35 (1943), S. 193-248.
- P. Pius XII.: Apostolische Konstitution „Provida Mater Ecclesia“, in: AAS 39 (1947), S. 114-124.
- Concilium Vaticanum Secundum, Constitutio dogmatica de Ecclesia „Lumen Gentium", in: AAS 57 (1965) 5-71. Lateinisch – deutscher Text in: LThK2, Bd. 12, S. 156-347.
- Dass., Decretum de apostolatou laicorum „Apostolicam Actuositatem", in: AAS 58 (1966) S. 837-864. Lateinisch – deutscher Text in: LThK2, Bd. 13, 602-701.
- P. Johannes Paul II.: Nachsynodales Apostolisches Schreiben „Familiaris Consortio“ vom 22.11.1981, in: AAS 74 (1982), S. 180-186. Deutscher Text in: Verlautbarungen des Apostolischen Stuhls Nr. 33, 22. November 1981, Sekretariat der Deutschen Bischofskonferenz (Hg.), Bonn 1981.
- Die Gemeinsame Erklärung zur Rechtfertigungslehre, Alle offiziellen Dokumente von Lutherischem Weltbund und Vatikan (= Texte aus der VELKD; Nr. 87, Juni 1999), Lutherisches Kirchenamt der VELKD, Hannover 1999.
- P. Franziskus: Nachsynodales Apostolisches Schreiben „Amoris Laetitia“ vom 19.03.2016, in: AAS: 108 (2016),

S. 1071-1074. Deutscher Text in: Verlautbarungen des Apostolischen Stuhls Nr. 204, 19. März 2016, Sekretariat der Deutschen Bischofskonferenz (Hg.), Bonn 2016.

Literatur

- Aguirre, Eduardo (Hg.): Auseinandersetzung mit dem Heiligen Offizium, Der Briefverkehr zwischen Pater Kentenich und Generalrektor Turowski SAC, Bd. 1-3, Vallendar-Schönstatt, 2022/2023.
  - Ders. (Hg.): Berichte der Bischöflichen und Apostolischen Visitationen 1949-1953, Vallendar-Schönstatt, 2021.
  - Ders. (Hg.): Korrespondenz und Ansprachen zur Bischöflichen Visitation 1949, Briefverkehr zwischen Pater Kentenich und Weihbischof Dr. Bernhard Stein, Trier, Vallendar-Schönstatt, 2022.
- Ainsworth. Mary: Muster von Bindungsverhalten, die vom Kind in der Interaktion mit seiner Mutter gezeigt werden, in: Grossmann, Karin und Grossmann Klaus Erwin (beide Hg.): Bindung und menschliche Entwicklung, John Bowlby, Mary Ainsworth und die Grundlagen der Bindungstheorie, Stuttgart 2003, S. 102-111.
- Amberger, Otto: Gnade, in: Brantzen, Hubertus; King, Herbert; Penners, Lothar; Pollak, Gertrud; Schlosser, Herta; Schmiedl, Joachim und Wolf, Peter (alle Hg.): Schönstattlexikon, Fakten Ideen Leben, Vallendar-Schönstatt ^{2}2002, S. 126.
- Boll, Günther: … vor allem mein Herz, Joseph Kentenich – Pädagoge und Gründer, Vallender-Schönstatt 2012.

- Ders.: Bindung, Bindungspädagogik, in: Brantzen, Hubertus; King, Herbert; Penners, Lothar; Pollak, Gertrud; Schlosser, Herta; Schmiedl, Joachim und Wolf, Peter (alle Hg.): Schönstattlexikon, Fakten Ideen Leben, Vallendar-Schönstatt [2]2002, S. 29-34.
- Ders.: Gott, Gottesfrage, in: Brantzen, Hubertus; King, Herbert; Penners, Lothar; Pollak, Gertrud; Schlosser, Herta; Schmiedl, Joachim und Wolf, Peter (alle Hg.): Schönstattlexikon, Fakten Ideen Leben, Vallendar-Schönstatt [2]2002, S. 129-130.
- Ders.: Gottesbild, in: Brantzen, Hubertus; King, Herbert; Penners, Lothar; Pollak, Gertrud; Schlosser, Herta; Schmiedl, Joachim und Wolf, Peter (alle Hg.): Schönstattlexikon, Fakten Ideen Leben, Vallendar-Schönstatt [2]2002, S. 130-135.

- Bowlby, John: Mutterliebe und kindliche Entwicklung, München/Basel 1972.
- Brantzen, Hubertus: Apostolat, in: Brantzen, Hubertus; King, Herbert; Penners, Lothar; Pollak, Gertrud; Schlosser, Herta; Schmiedl, Joachim und Wolf, Peter (alle Hg.): Schönstattlexikon, Fakten Ideen Leben, Vallendar-Schönstatt [2]2002, S. 3-8.
  - Ders.: Ehe, in: Brantzen, Hubertus; King, Herbert; Penners, Lothar; Pollak, Gertrud; Schlosser, Herta; Schmiedl, Joachim und Wolf, Peter (alle Hg.): Schönstattlexikon, Fakten Ideen Leben, Vallendar-Schönstatt [2]2002, S. 62-65.
  - Ders.: Erkenntnisquellen, in: Brantzen, Hubertus; King, Herbert; Penners, Lothar; Pollak, Gertrud; Schlosser, Herta; Schmiedl, Joachim und Wolf, Peter (alle Hg.): Schönstattlexikon, Fakten Ideen Leben, Vallendar-Schönstatt [2]2002, S. 70-71.
  - Ders.: Familienwerk, Familenbewegung, in: Brantzen, Hubertus; King, Herbert; Penners, Lothar;

Pollak, Gertrud; Schlosser, Herta; Schmiedl, Joachim und Wolf, Peter (alle Hg.): Schönstattlexikon, Fakten Ideen Leben, Vallendar-Schönstatt [2]2002, S. 81-82.

  - Ders.: Mehr als Worte und Gefühle, Liebe leben in Partnerschaft, Ehe und Familie, Freiburg i. Br. 2022.

- Czarkowski, Hans: Psychologie als Organismuslehre, Joseph Kentenich und die moderne Psychologie unter besonderer Berücksichtigung der Tiefenpsychologie, Vallendar-Schönstatt 1978.
- Diem-Wille, Gertraud: Das Kleinkind und seine Eltern, Perspektiven psychoanalytischer Babybeobachtungen, Stuttgart 2003.
- Erikson, Erik: Der junge Mann Luther, Eine psychoanalytische und historische Studie, Frankfurt 1989.
  - Ders.: Einsicht und Verantwortung, Die Rolle des Ethischen in der Psychoanalyse, Stuttgart 1966.
  - Ders.: Identität und Lebenszyklus, Berlin [29]1973.
- Essen, Georg: Vorsehung, systematisch-theologisch, In: LThK3, S. 898f.
- Faatz, Martin: Heimat, in: Brantzen, Hubertus; King, Herbert; Penners, Lothar; Pollak, Gertrud; Schlosser, Herta; Schmiedl, Joachim und Wolf, Peter (alle Hg.): Schönstattlexikon, Fakten Ideen Leben, Vallendar-Schönstatt [2]2002, S. 153-155.
- Feldmann, Christian: Gottes sanfter Rebell, Vallendar-Schönstatt 2005.
- Flade, Antje: Wohnen psychologisch betrachtet, Bern 2006.
  - Dies.: Wohnen und Wohnbedürfnisse im Blickpunkt, in: Harloff, Hans Joachim (Hg.): Psychologie des Wohnungs- und Siedlungsbaus., Göttingen/Stuttgart 1993, S. 45-56.

- Frankl, Viktor: Der unbewußte Gott, Psychotherapie und Religion, München 1974.
- Fritsch, Harald: Vollendende Selbstmitteilung Gottes an seine Schöpfung, Die Eschatologie Karl Rahners, Würzburg 2006.
- Frömbgen, M. Erika: Bündnispädagogik, in: Brantzen, Hubertus; King, Herbert; Penners, Lothar; Pollak, Gertrud; Schlosser, Herta; Schmiedl, Joachim und Wolf, Peter (alle Hg.): Schönstattlexikon, Fakten Ideen Leben, Vallendar-Schönstatt ^{2}2002, S. 24-27.
  - Dies.: Bündnispädagogik, in: Brantzen, Hubertus; King, Herbert; Penners, Lothar; Pollak, Gertrud; Schlosser, Herta; Schmiedl, Joachim und Wolf, Peter (alle Hg.): Schönstattlexikon, Fakten Ideen Leben, Vallendar-Schönstatt ^{2}2002, S. 49-52.
  - Dies.: Idealpädagogik, in: Brantzen, Hubertus; King, Herbert; Penners, Lothar; Pollak, Gertrud; Schlosser, Herta; Schmiedl, Joachim und Wolf, Peter (alle Hg.): Schönstattlexikon, Fakten Ideen Leben, Vallendar-Schönstatt ^{2}2002, S. 169-174.
  - Dies.: Neuer Mensch in neuer Gemeinschaft, Zur Geschichte und Systematik der pädagogischen Konzeption Schönstatts, Vallendar-Schönstatt 1973.
  - Dies.: Pädagogik, in: Brantzen, Hubertus; King, Herbert; Penners, Lothar; Pollak, Gertrud; Schlosser, Herta; Schmiedl, Joachim und Wolf, Peter (alle Hg.): Schönstattlexikon, Fakten Ideen Leben, Vallendar-Schönstatt ^{2}2002, S. 293-297.
  - Dies.: Ungelebtes Lebens, in: Brantzen, Hubertus; King, Herbert; Penners, Lothar; Pollak, Gertrud; Schlosser, Herta; Schmiedl, Joachim und Wolf, Peter (alle Hg.): Schönstattlexikon, Fakten Ideen Leben, Vallendar-Schönstatt ^{2}2002, S. 399-401.

- Dies.: Vertrauenspädagogik, in: Brantzen, Hubertus; King, Herbert; Penners, Lothar; Pollak, Gertrud; Schlosser, Herta; Schmiedl, Joachim und Wolf, Peter (alle Hg.): Schönstattlexikon, Fakten Ideen Leben, Vallendar-Schönstatt ²2002, S. 413-414.
- Dies.: Vorwort, in: Kentenich, Josef: Maria – Mutter und Erzieherin, Vallendar-Schönstatt 1973, S. 13-18.

- Fuhrer, Urs: Ortsidentität, Selbst und Umwelt, In: Lantermann, Ernst-Dieter und Linneweber, Volker (beide Hg.): Enzyklopädie für Psychologie, Themenbereich C: Theorie und Forschung, Serie IX Umweltpsychologie, Band 1, Göttingen 2008, S. 415-442.
- Garhammer, Erich: Hauskirche, III. praktisch-theologisch, in: LTHK3, S. 1218-1219.
- Gerber, Michael: Barfuß klettern, Ermutigungen für Christen heute, Freiburg i. Br. 2015.
- Gerber, Michael; Brantzen, Hubertus; Faulhaber, Kurt; Schmid, Bernhard (alle Hg.): Pastoral am Puls, Glaubenswege gehen – geistlich Prozesse leiten, Freiburg i. Br. 2019.
- Geyer, Felix; Göttke, Peter; Jehle, Stephan und weitere: Jemand muss sie tragen!, Fackelläufer erzählen, Vallendar-Schönstatt 2015.
- Greshake Gisbert: Maria ist die Kirche, Aktuelle Herausforderungen eines alten Themas. Kevelaer 2016.
- Hilberath, Bernd Jochen: Karl Rahner, Gottgeheimnis Mensch, Mainz 1995.
- Hofmann, Tobias: „Aber pink wär' mir lieber!“, Alltag und Herausforderungen eines Vaters, unabhängig publiziert 2022, ISBN: 979-8836740207.
  - Ders.: Das Kirchenamt des Pastoralreferenten, Eine kanonistische Studie zu den Rahmenstatuten der DBK von 2011, Münster 2022.

- Honneth, Axel: Facetten des vorsozialen Selbst, Eine Erwiderung auf Joel Whitebook, in: Psyche 55, 2001, S. 790-802.
- Hug, Heinrich und Schmiedl, Joachim: Schönstatt, Struktur, in: Brantzen, Hubertus; King, Herbert; Penners, Lothar; Pollak, Gertrud; Schlosser, Herta; Schmiedl, Joachim und Wolf, Peter (alle Hg.): Schönstattlexikon, Fakten Ideen Leben, Vallendar-Schönstatt [2]2002, S. 350-353.
- Jehle, Gertrud und Norbert: Bünde, in: Brantzen, Hubertus; King, Herbert; Penners, Lothar; Pollak, Gertrud; Schlosser, Herta; Schmiedl, Joachim und Wolf, Peter (alle Hg.): Schönstattlexikon, Fakten Ideen Leben, Vallendar-Schönstatt [2]2002, S. 40-43.
- Jungmann, Tanja; Reichenbach, Christina: Bindungstheorie und pädagogisches Handeln, Ein Praxisleitfaden, Basel 2009.
- Karen, Robert: Becoming attached, First relationships and how they shape our capacity to love, New York/Oxford 1998.
- Keller, Heidi: Geographische Identität als Teil der Entwicklung eines Selbstkonzepts, Aspekte angewandter Entwicklungspsychologie – ein Projektbericht, in: Schweizerische Zeitschrift für Psychologie 47 (2/3) (1988), S. 183-192.
- King, Herbert: Herzensheiligtum, in: Brantzen, Hubertus; King, Herbert; Penners, Lothar; Pollak, Gertrud; Schlosser, Herta; Schmiedl, Joachim und Wolf, Peter (alle Hg.): Schönstattlexikon, Fakten Ideen Leben, Vallendar-Schönstatt [2]2002, S. 155-161.
- Knapp, Markus: Verantwortetes Christsein heute, Theologie zwischen Metaphysik und Postmoderne, Freiburg/Basel/Wien 2006.

- Knop, Julia (Hg.): Die Gottesfrage zwischen Umbruch und Aufbruch, Theologie und Pastoral unter säkularen Bedingungen, in: Quaestiones disputatae 297, Freiburg 2019.
- Kuhl, Julius: Spirituelle Intelligenz, Glaube zwischen ICH und SELBST, Freiburg 2015.
- Küng, Hans: Existiert Gott?, Antwort auf die Gottesfrage der Neuzeit, München 1978.
- Lindgren, Astrid: Die Kinder aus Bullerbü, Immer lustig in Bullerbü, [33]Hamburg 1988.
- Mahlmeister, Wilhelm: Liga, in: Brantzen, Hubertus; King, Herbert; Penners, Lothar; Pollak, Gertrud; Schlosser, Herta; Schmiedl, Joachim und Wolf, Peter (alle Hg.): Schönstattlexikon, Fakten Ideen Leben, Vallendar-Schönstatt [2]2002, S. 236.
- Marmann, Michael: Praeambula ad gratiam. Ideengeschichtliche Untersuchung über die Entstehung des Axioms gratia praesupponit naturam, herausgegeben von Simone Billeci, Saarbrücken 2018.
- Martin, Norbert: Dr. Friedrich Kühr, Eine Biographie an Hand von Dokumenten, Gesprächen und Berichten, Vallendar-Schönstatt 1975.
- Meckel, Thomas: Konzil und Codex. Zur Hermeneutik des Kirchenrechts am Beispiel der christifideles laici, Paderborn 2017.
- Mello, Alexandre: Das seelsorgliche Gespräch, Grundhaltungen nach Joseph Kentenich, Vallendar-Schönstatt 2001.
- Mengedodt, Karl-Heinz; Pollak, Gertrud; Schmiedl, Joachim: In seinem Herzen ein Feuer, Joseph Kentenich 1885-1968, Vallendar-Schönstatt 1999.

- Mohr, Daniela: Blankovollmacht, in: Brantzen, Hubertus; King, Herbert; Penners, Lothar; Pollak, Gertrud; Schlosser, Herta; Schmiedl, Joachim und Wolf, Peter (alle Hg.): Schönstattlexikon, Fakten Ideen Leben, Vallendar-Schönstatt [2]2002, S. 38-29.
  - Dies.: Inscriptio, in: Brantzen, Hubertus; King, Herbert; Penners, Lothar; Pollak, Gertrud; Schlosser, Herta; Schmiedl, Joachim und Wolf, Peter (alle Hg.): Schönstattlexikon, Fakten Ideen Leben, Vallendar-Schönstatt [2]2002, S. 174-175.
- Monnerjahn, Engelbert: Häftling 29392, Der Gründer des Schönstattwerkes als Gefangener der Gestapo 1941-1945, Vallendar-Schönstatt 1972.
  - Ders.: P. Joseph Kentenich, Ein Leben für die Kirche, Vallendar-Schönstatt 1975.
- Murray, Thomas; Feldmann, BirgiTobias: Die Entwicklung des Kindes, Weinheim/Basel 1986.
- Nailis, M. Annette (Hg.): Werktagsheiligkeit, gemeinverständlicher Niederschlag einer Vortragsreihe von P. Joseph Kentenich aus dem Jahr 1937, Limburg 1964.
- Niehüser, Günther: Bindung und menschliche Entwicklung, Der Bindungsorganismus im Spiegel der Bindungsforschung unter besonderer Berücksichtigung der ‚personalen Bindung', Vallendar-Schönstatt 2011.
- Niemeyer, Susanne: Schau hin, Vom Hellersehen und Entdecken, Freiburg 2021.
- Pais, Abraham: Ich vertraue auf die Intuition, Der andere Albert Einstein, Heidelberg und Berlin 1998.
- Pannenberg, Wolfhart: Anthropologie in theologischer Perspektive, Göttingen 1983.
- Penners, Lothar: Bundesspiritualität, in: Brantzen, Hubertus; King, Herbert; Penners, Lothar; Pollak, Gertrud; Schlosser, Herta; Schmiedl, Joachim und Wolf, Peter

(alle Hg.): Schönstattlexikon, Fakten Ideen Leben, Vallendar-Schönstatt [2]2002, S. 43-49.

  - Ders.: Eine Pädagogik des Katholischen, Vallendar-Schönstatt 1983.
  - Ders.: Engling-Weihe, in: Brantzen, Hubertus; King, Herbert; Penners, Lothar; Pollak, Gertrud; Schlosser, Herta; Schmiedl, Joachim und Wolf, Peter (alle Hg.): Schönstattlexikon, Fakten Ideen Leben, Vallendar-Schönstatt [2]2002, S. 69.
  - Ders.: Gnadenkapital, Beiträge zum, in: Brantzen, Hubertus; King, Herbert; Penners, Lothar; Pollak, Gertrud; Schlosser, Herta; Schmiedl, Joachim und Wolf, Peter (alle Hg.): Schönstattlexikon, Fakten Ideen Leben, Vallendar-Schönstatt [2]2002, S. 127-129.
  - Ders.: Heiligtum, in: Brantzen, Hubertus; King, Herbert; Penners, Lothar; Pollak, Gertrud; Schlosser, Herta; Schmiedl, Joachim und Wolf, Peter (alle Hg.): Schönstattlexikon, Fakten Ideen Leben, Vallendar-Schönstatt [2]2002, S. 147-149.
  - Ders.: Liebesbündnis, in: Brantzen, Hubertus; King, Herbert; Penners, Lothar; Pollak, Gertrud; Schlosser, Herta; Schmiedl, Joachim und Wolf, Peter (alle Hg.): Schönstattlexikon, Fakten Ideen Leben, Vallendar-Schönstatt [2]2002, S. 229-233.

- Pollak, Gertrud: Säkularinstitute, in: LThK3, 1465-1466.
  - Dies: Verbände, in: Brantzen, Hubertus; King, Herbert; Penners, Lothar; Pollak, Gertrud; Schlosser, Herta; Schmiedl, Joachim und Wolf, Peter (alle Hg.): Schönstattlexikon, Fakten Ideen Leben, Vallendar-Schönstatt [2]2002, S. 407-411.
- Rahner, Karl: Schriften zur Theologie XIII, Einsiedeln/Zürich/Köln 1978.

- Ratzinger, Joseph: Erwägungen zur Stellung der Mariologie und Marienfrömmigkeit im Ganzen von Glaube und Theologie. In: ders. und von Balthasar, Hans-Urs (beide Hg.): Maria – Kirche im Ursprung, Einsiedeln-Freiburg [5]2005, S. 15-30.
- Reiter, Gabriele: Urvertrauen und Evolution der Kindheit, Untersuchung der psychogenetisch und familienhistorisch bedingten Störung von Eltern-Kind-Beziehungen, Frankfurt 1997.
- Rosa, Hartmut: Resonanz, Eine Soziologie der Weltbeziehung, Berlin [6]2019.
- Schlickmann, M. Dorothea: Die verborgenen Jahre, Pater Joseph Kentenich Kindheit und Jugend (1885-1910), Vallendar-Schönstatt 2007.
  - Dies.: Josef Kentenich, Ein Leben am Rande des Vulkans, Freiburg 2019.
- Schlosser, Herta: Freiheit, in: Brantzen, Hubertus; King, Herbert; Penners, Lothar; Pollak, Gertrud; Schlosser, Herta; Schmiedl, Joachim und Wolf, Peter (alle Hg.): Schönstattlexikon, Fakten Ideen Leben, Vallendar-Schönstatt [2]2002, S. 91-94.
  - Dies.: Mechanistisches Denken, in: Brantzen, Hubertus; King, Herbert; Penners, Lothar; Pollak, Gertrud; Schlosser, Herta; Schmiedl, Joachim und Wolf, Peter (alle Hg.): Schönstattlexikon, Fakten Ideen Leben, Vallendar-Schönstatt [2]2002, S. 253.
  - Dies.: Organisches Denken, in: Brantzen, Hubertus; King, Herbert; Penners, Lothar; Pollak, Gertrud; Schlosser, Herta; Schmiedl, Joachim und Wolf, Peter (alle Hg.): Schönstattlexikon, Fakten Ideen Leben, Vallendar-Schönstatt [2]2002, S. 286-291.

- Dies.: Zukunftsvision, in: in: Brantzen, Hubertus; King, Herbert; Penners, Lothar; Pollak, Gertrud; Schlosser, Herta; Schmiedl, Joachim und Wolf, Peter (alle Hg.): Schönstattlexikon, Fakten Ideen Leben, Vallendar-Schönstatt [2]2002, S. 443-444.

- Schmidbauer, Wolfgang: Alles oder nicht, Über die Destruktivität von Idealen, Hamburg [7]1987.
- Schmiedl, Joachim: Dreimal Wunderbare Mutter (Mater ter admirabilis), in: Brantzen, Hubertus; King, Herbert; Penners, Lothar; Pollak, Gertrud; Schlosser, Herta; Schmiedl, Joachim und Wolf, Peter (alle Hg.): Schönstattlexikon, Fakten Ideen Leben, Vallendar-Schönstatt [2]2002, S. 60-61.
    - Ders.: Marianische Kongregation, in: Brantzen, Hubertus; King, Herbert; Penners, Lothar; Pollak, Gertrud; Schlosser, Herta; Schmiedl, Joachim und Wolf, Peter (alle Hg.): Schönstattlexikon, Fakten Ideen Leben, Vallendar-Schönstatt [2]2002, S. 246.
    - Ders.: Meilensteine, in: Brantzen, Hubertus; King, Herbert; Penners, Lothar; Pollak, Gertrud; Schlosser, Herta; Schmiedl, Joachim und Wolf, Peter (alle Hg.): Schönstattlexikon, Fakten Ideen Leben, Vallendar-Schönstatt [2]2002, S. 254-256.
    - Ders.: Zielgestalt, in: Brantzen, Hubertus; King, Herbert; Penners, Lothar; Pollak, Gertrud; Schlosser, Herta; Schmiedl, Joachim und Wolf, Peter (alle Hg.): Schönstattlexikon, Fakten Ideen Leben, Vallendar-Schönstatt [2]2002, S. 443.
- Schulz, Angelika: Identitätsbindung, Der Pädagoge Pater J. Kentenich und die Identitätstheorie von Erik H. Erikson, Vallendar-Schönstatt 1995.
- Striet, Magnus: Ernstfall Freiheit, Arbeit an der Schleifung der Bastionen, Freiburg i. Br. 2018.

- Stutz, Ulrich: Der Geist des Codex iuris canonici, Eine Einführung in das auf Geheiß Papst Pius X. verfasste und von Papst Benedikt XV. erlassene Gesetzbuch der katholischen Kirche, Stuttgart 1918.
- Unkel, Hans-Werner: Geöffnete Tür, in: Brantzen, Hubertus; King, Herbert; Penners, Lothar; Pollak, Gertrud; Schlosser, Herta; Schmiedl, Joachim und Wolf, Peter (alle Hg.): Schönstattlexikon, Fakten Ideen Leben, Vallendar-Schönstatt ²2002, S. 111-112.
    - Ders.: Praktischer Vorsehungsglaube, in: Brantzen, Hubertus; King, Herbert; Penners, Lothar; Pollak, Gertrud; Schlosser, Herta; Schmiedl, Joachim und Wolf, Peter (alle Hg.): Schönstattlexikon, Fakten Ideen Leben, Vallendar-Schönstatt ²2002, S. 313-318.
    - Ders.: Schöpferische Resultante, in: Brantzen, Hubertus; King, Herbert; Penners, Lothar; Pollak, Gertrud; Schlosser, Herta; Schmiedl, Joachim und Wolf, Peter (alle Hg.): Schönstattlexikon, Fakten Ideen Leben, Vallendar-Schönstatt ²2002, S. 365-367.
    - Vautier, Paul: Maria, in: Brantzen, Hubertus; King, Herbert; Penners, Lothar; Pollak, Gertrud; Schlosser, Herta; Schmiedl, Joachim und Wolf, Peter (alle Hg.): Schönstattlexikon, Fakten Ideen Leben, Vallendar-Schönstatt ²2002, S. 242-246.
    - Ders.: Maria, die Erzieherin, Vallendar-Schönstatt 1981. (Zitiert als: Vautier, Maria, die Erzieherin).
    - Ders.: Natur und Gnade in: Brantzen, Hubertus; King, Herbert; Penners, Lothar; Pollak, Gertrud; Schlosser, Herta; Schmiedl, Joachim und Wolf, Peter (alle Hg.): Schönstattlexikon, Fakten Ideen Leben, Vallendar-Schönstatt ²2002, S. 269-272.
- Von Balthasar, Hans-Urs: Klarstellungen, Freiburg im Breisgau 1971.

- Weigand, Rudolf; Wolf, Peter: Kirche, in: Brantzen, Hubertus; King, Herbert; Penners, Lothar; Pollak, Gertrud; Schlosser, Herta; Schmiedl, Joachim und Wolf, Peter (alle Hg.): Schönstattlexikon, Fakten Ideen Leben, Vallendar-Schönstatt [2]2002, S. 199-202.
- Wiesel, Elie: Die Nacht, Erinnerung und Zeugnis, Freiburg [8]1996.
- Winnicott, Donald: Reifungsprozesse und fördernde Umwelt, 3. Auflage der unveränderten Neuauflage von 2001 der deutschen Erstausgabe, Berlin 1974.
    - Ders.: Übergangsobjekte und Übergangsphänomene, in: ders. (Hg.): Vom Spiel zur Kreativität, Stuttgart [14]2015.
- Wolf, Peter: Gebetsschule ‚Himmelwärts', geistlicher Kommentar zu den Dachauer Gebeten von Pater Josef Kentenich, Vallendar-Schönstatt 1996.
    - Ders.: Himmelwärts, in: Brantzen, Hubertus; King, Herbert; Penners, Lothar; Pollak, Gertrud; Schlosser, Herta; Schmiedl, Joachim und Wolf, Peter (alle Hg.): Schönstattlexikon, Fakten Ideen Leben, Vallendar-Schönstatt [2]2002, S. 161-166.
    - Ders.: Spiritualität, in: Brantzen, Hubertus; King, Herbert; Penners, Lothar; Pollak, Gertrud; Schlosser, Herta; Schmiedl, Joachim und Wolf, Peter (alle Hg.): Schönstattlexikon, Fakten Ideen Leben, Vallendar-Schönstatt [2]2002, S. 383-384.

Digitale Quellen

- https://akademie-ehe-familie.de/5-sterne-fuers-leben (zuletzt aufgerufen am 06.06.2023).
- https://de.wikipedia.org/wiki/B%C3%BCndnis (zuletzt aufgerufen am 06.06.2023).
- https://de.wikipedia.org/wiki/Trend_(Soziologie) (zuletzt aufgerufen am 06.06.2023).
- https://lexikon.stangl.eu/6181/generativitat (zuletzt aufgerufen am 06.06.2023).
- https://www.bedeutungonline.de/?s=karma (zuletzt aufgerufen am 06.06.2023).
- https://www.cts-berlin.org (zuletzt aufgerufen am 06.06.2023).
- https://www.feinschwarz.net/berufung-teil-ii/ (zuletzt aufgerufen am 06.06.2023).
- https://www.insa-consulere.de/wp-content/uploads/2022/05/PM-Familienstudie-2022.pdf (zuletzt aufgerufen am 06.06.2023).
- https://www.j-k-i.de/cs63-causa-secunda-text-63/ (zuletzt aufgerufen am 06.06.2023).
- https://www.spurensuche.info/portfolio/unser-haus-in-mitten-der-sterne/ (zuletzt aufgerufen am 06.06.2023).
- https://wir-familienmagazin.de/ (zuletzt aufgerufen am 06.06.2023).
- https://www.deutschlandfunkkultur.de/der-alte-wuerfelt-nicht-100.html (zuletzt aufgerufen am 06.06.2023).
- https://www.zukunftsinstitut.de/dossier/megatrends/ (zuletzt aufgerufen am 06.06.2023).

Abkürzungsverzeichnis

1 Kor	1. Brief an die Korinther
2 Kor	2. Brief an die Korinther
AA	Dekret Apostolicam Actuositatem
AAS	Acta Apostolicae Sedis
Bd./Bde.	Band/Bände
bspw.	beispielsweise
bzw.	beziehungsweise
c., cc.	Canon, Canones (CIC/1983)
CIC/1983	Codex Iuris Canonici auctoritate Ioannis Pauli PP. II promulgatus
dass.	dasselbe
DBK	Deutsche Bischofskonferenz
ders.	derselbe
dies.	dieselbe
d.h.	das heißt
ebd.	Ebenda
Eph	Brief an die Ephesser
f.	folgende(r)
Hg.	Herausgeber
hg. v.	herausgegeben von
Hl.	Heilig/e/r
i.Br.	im Breisgau
ISch	Kürzel des Säkularinstituts der Schönstatt-patres
Kol	Brief an die Kolosser

LG	Konstitution Lumen Gentium
Lk	Evangelium nach Lukas
LTHK1	Lexikon für Theologie und Kirche, 10 Bde., hg. v. Buchberger, Michael, Freiburg 1930-1938.
LTHK2	Lexikon für Theologie und Kirche, 11 Bde. + 3 Ergänzungsbde., hg. v. Höfer, Josef; Rahner, Karl; Freiburg 1957-1968.
LTHK3	Lexikon für Theologie und Kirche, 11 Bde., hg. v. Kaper, Walter, Freiburg – Basel – Rom – Wien 1993-2001.
KZ	Konzentrationslager
Mt	Evangelium nach Matthäus
MTA	Mater ter admirabilis
Nr.	Nummer/n
Offb	Offenbarung des Johannes
PP./P.	Papa/Papst bzw. Pater
Phlm	Brief an Philemon
Röm	Brief an die Römer
S.	Seite/n
SAC	Societas Apostolatus Catholici, Ordenskürzel der Pallottiner
SJ	Societas Jesu, Ordenskürzel der Jesuiten
VELKD	Vereinigte Evangelisch-Lutherische Kirche Deutschlands
vgl.	vergleiche
z.B.	zum Beispiel